기독교 기본 진리 위에
삶을 세우라

Building Your Life on the Basic Truths of Christianity
copyright ⓒ 2009-Larry Kreider
All right reserved.
Destiny Image Publisher, Inc
P.O. Box 310 Shippensburg, PA 17257-0310
All rights reserved.
Korean Translation Copyright ⓒ 2011 Shekinah publications.

이 책의 한국어판 저작권은 쉐키나 출판사에 있습니다.
저작권법에 의해 한국에서 보호받는 저작물이므로 무단전재와 무단복제를 금합니다.

기독교 기본 진리 위에
삶을 세우라

래리 크라이더

Larry Kreider

바치는 글

지난 30년간 주님을 섬기는 특권을 함께 누린 아내 라 베르네, 우리 가족, 그리고 세계 방방곡곡에 퍼져있는 DCFI(국제 도우브 크리스천 펠로우십) 식구들에게, 그리고 삶에 견고한 영적 기반을 닦기 원하는 모든 독자들에게도 이 책을 바친다. 그리고 무엇보다 우선 우리 안에 그 분의 생명을 주시고 그 분의 교회를 세우시겠다고 약속하신 예수 그리스도께 이 책을 바치고 싶다.

주님께 영원토록 감사드리며.

이 닦아 둔 것 외에 능히 다른 터를 닦아 둘 자가 없으니 이 터는 곧 예수 그리스도라(고린도전서 3:11).

감사의 글

우선 참으로 놀라운 일을 해낸 편집인이자 나의 집필 도우미 캐런 루이쯔에게 심심한 감사를 표하는 바이다. 또한 주님을 섬기며 지난 30년간 기독교의 기본 진리를 함께 학습해온 수천의 DCFI 가족들에게도 감사를 드린다. 말씀의 기본 진리들을 실천으로 옮기면서 우리 DCFI 가족들은 신앙의 여정을 함께 걸어왔다. 이 책의 형성에 무수한 통찰력을 제공해준 다양한 교단의 수많은 영적 리더들에게도 감사를 드린다. 특히 나는 DCFI의 팀 리더들에게 고마움을 감출 수 없다. 나는 지난 25년간 그들을 섬기는 영예를 만끽했고, 그들의 지칠 줄 모르는 신앙의 경주로 인하여 이 책이 가능케 되었다. 넘치도록 수고하는 리더들과 함께 주님을 섬긴다는 것이 나에게는 얼마나 큰 기쁨이었는지!

추천의 글

예수님을 기초로 교회를 확고히 세우는 일에 대한 래리 크라이더 목사의 열정은 가히 놀랄만하다. 그는 오로지 교회를 세우려는 목적으로 다방면에서 노력을 경주하는 사람이다. 본서에 명백히 나타나있듯이, 그는 전도에 불을 붙이는 자일뿐만 아니라 교회의 개척자이기도하다. 그는 새신자에게 인생을 변혁시키는 진리를 주입해주기도 하고, 하나님 나라의 지속적인 성장을 위해 제자를 키워내기도 한다. 본서를 통해 래리 크라이더 목사는 그리스도인으로 건강하게 자라나 결국 예수 그리스도의 증인이 되도록 당신을 인도해 줄 것이다.

- 잭 W. 헤이포드 박사
국제 정사각형 복음주의 교회협의회 회장
왕의 대학과 신학교 총장
도상교회 설립자

많은 경우에 교회에서는 기초가 무시된다. 그 결과, 거듭났지만 제 기능을 발휘하지 못하는 역기능적 신자들이 속출하고 있다. 그런 의미에서 나는 래리 크라이더 목사가〈기독교 기본 진리의 재발견〉이라는 책과 그 속편인〈기독교의 기본 진리 위에 다신의 삶을 세우라〉을 통해 신앙의 확고한 기초를 닦을 수 있게 해준 것에 대해 마냥 신이 난다. 이 2권의 책을 통해 당신은 믿음의 진수가 무엇이며 그 믿음이 현실에서 어떻게 실현되는지 알게 될 것이다. 래리 목사님은 그리스도의 몸에 참으로 보배로운 책을 선사했다.

-C. 피터 와그너 박사
와그너 리더십 협회 총장

목차

들어가는 글 10

제1부 하나님과 사귀는 법 배워가기

1장. 말씀을 통해 하나님 알아가기 14
2장. 기도와 예배를 통해 하나님 알아가기 28
3장. 하나님의 음성을 어떻게 들을 수 있을까? 42
4장. 하나님의 말씀을 선명하게 듣기 56

제2부 교회란 무엇인가?

5장. 지역교회의 중요성 72
6장. 영적 가족관계 85
7장. 당신을 지켜보는 사람은 과연 누구인가? 99
8장. 지역교회에 대한 헌신 113

제3부 권위와 책임

9장. 주님을 경외하는 것과 권위를 이해하는 것 126
10장. 정부, 회사, 가정, 교회에서의 위임받은 권세 139
11장. 권세로부터 오는 축복 151
12장. 책임지는 것의 축복 162

제4부 재정에 관한 하나님의 관점

13장. 우리는 하나님의 돈을 관리하는 자들이다 174
14장. 십일조 187
15장. 십일조와 헌금, 둘 다 드려라 202
16장. 하나님의 재정을 관리하라 214

제5부 사역으로의 부르심

17장. 모든 사람은 다 사역자가 될 수 있다 228
18장. 우리는 섬기라고 부르심을 받았다 241
19장. 긍휼(矜恤)로 사역하기 253
20장. 우리는 예수님과 한 팀이다 266

제6부 지상명령

21장. 지상명령이란 무엇인가? 278
22장. 영적 전쟁준비 291
23장. 잃은 자를 찾아 제자로 만들기 305
24장. 영적 아비와 어미 되기 321

들어가는 글

　미국의 프로 골퍼 타이거 우즈는 역사상 가장 성공적인 골퍼로 알려졌다. 그는 파워 있고 창의적인 골퍼로, 한결같은 정확도를 유지하는 선수로 유명하다.
　골퍼로서 그는 다른 모든 운동선수와 마찬가지로, 기본기를 닦는 부단한 연습을 통해 골프의 기초를 확고히 함으로 정확도와 파워를 구사해내고 있다. 골프 연습장에서 그는 스탠스(지면과 연결되는 자세), 그립(클럽을 쥐는 동작), 그리고 스윙(획 돌려 후려치기)을 연습한다. 그리고 퍼팅(putting이란 구멍이 있는 그린에서 주로 사용하는 골프채인 퍼터를 이용해 공을 타격하는 것을 뜻한다, 옮긴이)도 연습한다. 그리고 벙커(모래 구덩이)로부터 빠져 나오는 것도 연습한다. 무수한 반복을 통해 타이거 우즈는 골프 경기의 기초를 끊임없이 닦는다.
　얼마나 큰 재능이 있건 얼마나 많은 경험이 있건 관계없이, 어느 것에라도 두각을 나타내려면 반드시 기반을 잘 닦아야한다. 기본(근본)을 무시하고는 탁월해질 수가 없다. 야구를 하든, 피아노를 연주하든, 골프를 치든, 그리스도인으로 신앙생활을 하든지 이 원리는 누구에게나 적용된다.

두 권으로 구성된 시리즈의 제2권인 본서를 통해 당신은 제1권에서 배운 기독교의 기본진리를 어떻게 삶에 적용할지 그 실질적인 것들을 배우게 될 것이다. 이는 하나님과의 관계를 더욱 돈독케 하고, 교회에서 다른 성도들과의 관계를 정립하고, 이웃을 위해 봉사하고, 하나님이 주신 재물을 관리하고, 불신자에게 접근하여 생명을 나누어주는 일들을 포함한다. 그리고 그런 일들을 통해 당신은 예수 그리스도라는 기반과 하나님의 말씀 위에 계속적으로 영적인 집을 지어가게 될 것이다.

본서에서는 영적인 진리를 알아듣기 쉽게 설명하기 위해, 현대의 삶을 소재로 한 예화들을 활용하였다. 나는 본서를 통해 당신이 영적으로 튼튼한 기반을 닦고, 당신을 향한 하나님의 목적을 발견하고, 매일 실제적으로 하나님을 체험하는 신자가 되기를 바란다.

시리즈의 제2권인 본서와 더불어 이전의 제1권을 사용하여 영적으로 견고한 기반을 닦고, 당신의 인생이 온전히 재정립되기를 소원한다. 만일 당신이 이미 성숙한 그리스도인이 되었다면, 이 두 권의 책은 타인을 멘토링해주거나 제자훈련을 시키는데 크나큰 도움을 줄 것이다. 하나님의 말씀이 오늘 당신에게 생명이 되기를 축원한다.

하나님이 당신을 축복해 주시기를 빌며!

제1부

하나님과 사귀는 법 배워가기

영생은 하나님을 알고, 하나님과 의사소통하고,
예수 그리스도를 통해 자신을 알게 하신
그 하나님과 교제를 나누는 것을 수반한다.

1장

말씀을 통해 하나님 알아가기

당신이 미국의 수도인 워싱턴에서 조깅을 하고 있다고 가정하자. 그런데 미국의 대통령도 조깅을 하며 근거리로 다가온다면 당신은 어떤 반응을 보일 것인가? 손을 흔들며 "안녕하세요, 대통령 각하!"하며 인사를 할 것인가? 대통령이 당신을 아는가? 당신과 대통령이 서로 친분이 있는 사이인가? 아마도 대통령과 당신은 그런 사이가 아닐 것이다. 당신은 대통령에 관하여 많은 것을 알고 있을 수 있다. 그러나 대통령에 관해 많은 사실을 아는 것과 대통령을 개인적으로 아는 것은 다른 것이다.

마찬가지로 많은 이들이 하나님에 관해 알고 있다고 주장한다. 그러나 많은 경우에 그들은 하나님을 개인적으로 알지 못한다. 하나님은 우주의 창조주요, 만물의 근원이시며, 무한하시고, 주권을 가지고 만물을 다스리시는 분이다. 하나님은 만들어진 분이 아니시다(사도행전 17:23-25 참조). 하나님은 언제나 계셨고 앞으로도 계속 계실 분이다(히브리서 13:8 참조). 그렇다면 유한한 인간이 어떻게 무한한 하나님을 알 수 있을까? 인간의 마음이 어떻게 하나님이라는 분을 이해할 것인가?

인간은 예수 그리스도를 통해 하나님을 알게 된다. 하나님께서 예수 그리스도를 통해 자신을 계시하셨기 때문이다. 하나님은 그 분의 아들을 이 세상에 보내어 그 분의 뜻을 행하게 하셨다. 그로 인하여 인간은 하나님의 아들과의 관계를 통해 생생하게 하나님 아버지를 만날 수 있게 되었다. 예수님이 인격적으로 인간을 만나주셨기에, 우리 인간에게도 하나님을 인격적으로 만날 문이 열렸다. 그리고 예수님이 우리를 위해 죽으심으로 인간에게는 영원한 생명의 길도 열리게 되었다 "영생은 곧 유일하신 참 하나님과 그가 보내신 자 예수 그리스도를 아는 것이니이다"(요한복음 17:3). 성경에 의하면, 영생은 하나님을 알고, 하나님과 의사소통하고, 예수 그리스도를 통해 자신을 알게 하신 그 하나님과 교제를 나누는 것을 수반한다고 한다. 그래서 본서에서는 하나님의 말씀을 묵상하며 기도하고 예배를 드리면서 하나님과 교제하는 법을 다루고자 한다.

그러나 교제를 나누는 것에 앞서서 하나님이 누구인지 아는 것이 중요하다고 생각된다. 우리는 오직 유일하신 하나님을 믿고 경배한다. 옛적에 하나님께서 모세에게 말씀하셨을 때에, 그 분은 자신을 '유일'신으로 계시하셨다. 수천 년이 지난 후에, 가장 큰 계명이 무엇이냐고 묻는 질문에 예수님은 쉐마를 암송하며 이렇게 대답하셨다. "이스라엘아 들으라 주 곧 우리 하나님은 유일한 주시라"(마가복음 12:29). 성경은 가르치기를 하나님은 오직 한 분이라고 한다. 그렇지만 우리는 또한 성경을 통해 하나님은 아버지이시며, 하나님은 예수님이시고, 또한 하나님은 성령님이라는 사실을 안다. 그것은 하나님이 세 분이라는 것을 의미하는 것이 아니다. 우리가 사랑하고 예배를 드리는 하나님은 오직 한 분이시다. 그렇다면 하나님이 어떻게 세 분이며 동시에 한 분인가?

셋이 하나와 동일할 때

성경에 따르면 하나님은 세 인격을 가진 한 분이시다. 신학적으로는 삼위일체(三位一體)라는 표현이 이 진리를 기술하는데 사용되고 있다. 예수님께서 제자들에게 지상명령을 주시며 열방을 제자 삼으라고 하셨을 때에 그는 삼위의 세 인격을 한데 묶어 언급하셨다. "아버지와 아들과 성령의 이름으로 세례를 베풀고"(마태복음 28:19). 성경의 창세기를 보면 "하나님이 이르시되 우리의 형상을 따라 우리의 모양대로 우리가 사람을 만들고…"라는 표현이 나온다(창세기 1:26). 이 표현으로부터 우리는 우주 만물이 창조되던 때, 아버지 하나님, 아들 하나님, 성령 하나님이 모두 함께 동역함으로 지구를 비롯하여 모든 것을 만드신 것을 알 수 있다. 아버지 하나님, 아들 하나님, 성령 하나님은 모두 영원히 함께 존재하는 분들이다.

아버지와 아들과 성령은 동등하고 영원히 공존하신다. 물론 이 개념은 인간들이 이해하기 어려운 개념이지만, 우리 하나님은 신적 본질을 공유하는 뚜렷이 구분되는 세 인격체로 구성된 분이시다. 이 세 인격체는 하늘에 계신 우리 아버지 하나님, 아버지가 이 땅으로 보내신 아들 하나님, 예수 그리스도를 믿음으로 모든 신자들 안에 내재하시는 성령 하나님을 지칭한다.

그러나 이 삼위는 세 분 하나님이 아니시며, 한 하나님의 세 가지 다른 표현 양식도 아니다. 삼위는 온전히 하나로 연합되어서 오직 한 분의 참되고 영원한 하나님을 이루고 있다. 이러한 신비를 헤아리기 위해서는 상상의 날개를 펼치고 우리의 지성과 감성을 뛰어 넘는 위대하신 하나님을 그려 보아야한다! 하나님은 너무나도 위대한 분이시다. 그래서 우리의 마음은 하나님을 쉽사리 이해하지 못한다. 그렇지만 때론 창조된 세계를 바라보면 감을 조금 잡게 되는 수도 있다. 자연에서 우리들은 서로 다른 모양을 가졌고 다른 영향을 끼치지만 사실 하나인 것들을 관찰한다. 예컨대 물은 고체(固體), 액체(液體), 기체(氣體)의 세 가지 형태를 지녔다. 물이 끓게 되면 육안으로 볼 수 없는 수증기 혹은 가스 상태가 된다. 그러나 차갑게 되면 얼음이라는 결정체로 변한다. 그렇지만 어떠한 상태(狀態)로 있든지 물은 물이다.

자연으로부터 비유하자면 태양의 예를 들 수도 있겠다. 과학자들에 따르면, 그 누구도 직접적으로 태양을 본 사람은 없다고 한다. 왜냐하면 너무 강렬하기 때문이다. 사실 인간이 태양을 바라볼 때에 우리는 태양 자체를 보는 것이 아니라, 지구에 도달하는 태양의 광선을 보는 것이다. 그 빛을 통해 우리는 태양으로부터 빛과 열을 받는다. 그리고 식물들은 광합성이라는 신비로운 과정을 통해 영양분을 만들어 낸다. 우리에게 태양은 빛이 되기도 하고, 열이 되기도 하며, 생명을 만들어내는 에너지의 근원이 되기도 한다. 그 안에 아무런 모순 없이, 태양은 그 모든 것이 된다. 그러면서도 태양은 그냥 태양으로 머물고 있다.

이러한 자연으로부터의 본보기는 하나님이 아버지, 예수, 성령이 하나로 어우러진 존재라는 것을 간접적으로 나타내지만, 그것만으로는 부족하다. 눈으로 보고, 귀로 듣고, 손으로 만지는 것에 기초해서는 하나님이 누구이시며 어떠하다는 것을 확정지을 수 없기 때문이다. 그러므로 최상의 길은 하나님을 믿는 것이다. 그리고 또한 하나님의 말씀을 기반으로, 무엇을 어떻게 믿을지 판단하는 것이다.

우리는 하나님을 추구하고 그 분을 더 깊이 알아 가는데 삶을 투자해야한다. 성경도 읽어야하고 그것이 지시하는 바를 행하기도 해야 한다. 하나님을 알지도 못하고 사랑하지도 않으면서 어떻게 하나님을 이해할 수 있겠는가? 하나님을 믿지도 않고 그 분께 순종하지도 않으면서 어떻게 하나님을 볼 수 있겠는가? 이 세상에 하나님에 대한 모든 것을 설명할 수 있는 사람은 단 한 사람도 없다. 우리는 단지 하나님을 추구하고 그 분을 알아가려 할 따름이다. "믿음이 없이는 하나님을 기쁘시게 하지 못하나니 하나님께 나아가는 자는 반드시 그가 계신 것과 또한 그가 자기를 찾는 자들에게 상 주시는 이심을 믿어야 할지니라"(히브리서 11:6).

예수님은 하나님이다

진실한 마음으로 하나님을 추구할 때, 인간은 예수 그리스도를 통해서 하나님을 만날 수 있다. 이 단원의 나머지 부분을 다루기 전에, 먼저 예수님의 주장을 간략하게 다루어보고자 한다. 그리스도인이라면 예수님이 자신에 대하여 주장하신 바를 믿어야하는데, 그 분의 주장을 따라가다 보면 예수님의 신성이라는 문제에 봉착하게 된다. 나사렛 예수라는 분이 전혀 존재한 적이 없다고 말할 사람은 거의 없을 것이다. 종교적이건 세속적이건 거의 모든 고대의 문헌들은 역사에서 예수의 자리를 확인하고 있다. 그렇지만 많은 사람들이 예수는 단지 선한 사람이었거나 훌륭한 종교 교사였다고 말할 것이다. 예수가 다른 모든 사람처럼 살과 피를 가진 인간에 불과했다고 믿는 사람들도 많다. 예수님 당시의 종교 지도자들도 그렇게 생각했기에, 예수를 돌로 쳐 죽이려고 했다. 예수님의 말씀들이 그 지도자들의 분노를 자아냈는데, 이는 예수님이 자기를 하나님과 동등하다고 주장했기 때문이다(요한복음 10:24-38 참조). 하나님은 오직 한 분이시라는 믿음을 가졌던 당시의 종교 지도자들은 예수님의 주장을 신성모독으로 받아들였다.

우리는 예수님의 자기주장을 어떻게 받아들일 수 있을까? 돌을 던지

려던 자들에게 예수님이 대답한 바는 예수님의 신성에 대한 네 가지 이유를 제공하고 있다.

성경: 예수님은 끊임없이 성경을 인용하며 자신의 신성에 대한 증거를 제시하였다. 그 분은 성경을 알았으며 성경 말씀에 순종했다. 예수님은 성경에 메시아에 관해 기록된 모든 예언을 성취하셨다.

아들 됨: 예언에 따라, 예수님은 베들레헴에서 동정녀로부터 탄생했다. 예수님은 하나님을 "아버지"로 불렀으며, 독생자로서 자신이 하나님과의 독보적인 관계를 가진 자임을 강조했다.

행위: 예수님은 자신을 비방하는 자들에게, 하나님이 하시는 일을 예수님도 하지 않는다면 믿지 말라고 주장했다. 예수님의 일생은 하나님의 뜻을 받들고 하나님의 뜻대로 행하는 것으로 일관되어 있다. 예수님은 하나님이 하시는 말을 하고, 하나님이 하시는 일을 했다. 많은 이들이 예수님을 힐난하려 했으나 성공하지 못한 이유는 예수님이 그릇된 일을 한 적이 없기 때문이다.

기적: 다른 것들이 예수님의 신성을 증명하는데 실패할지라도, 이것만은 분명하다. 예수님은, 태어날 때부터 소경인 자의 눈을 뜨게 하셨다. 귀머거리가 듣고 말하게 하셨다. 절름발이를 걷게 하셨고, 나병환자를 고치셨으며, 각색 병자들을 치유하셨다. 귀신들도 예수님이 누구인지 알아보고 즉시로 굴복하였다. 예수님에게는 자연을 다스리는 권세도 있어서, 말씀 한마디로 풍랑을 잠잠케 하셨다. 예수님은 물을 포도주로 변화시키셨으며, 한 어린아이의 점심을 불려서 수천 명을 먹이는 기적을 행하기도 하셨다. 예수님은 물위를 걸으셨다. 사람들이 앞으로 어떤 행위를 할 것이며 향후 역사에 어떤 사건이 발생할지 정확하게 예측하셨다. 그리고 기적 중에 기적은 예수님이 죽은 자 가운데서 살아나서

다시 죽지 않았다는 사실이다. 죽음의 권세는 예수님을 다스릴 수 없었다! 예수님의 부활은 그 분의 신성에 대한 증거이며 실연(實演)이다.

예수님 자신의 신성에 대한 주장과 그 분의 모든 능력에도 불구하고, 단 한번도 '하나님은 오직 한 분'이라는 걸 예수님이 부인한 적이 없다는 것은 참으로 흥미로운 사실이다. 예수님의 주장은 하나님이 두 분이라는 것이 아니라, 하나님 아버지와 아들인 예수님이 하나라는 것뿐이다. 예수님은 그냥 인간이거나 일개 예언자에 불과한 그런 분이 아니다. 예수님은 자신이 자기에 대하여 주장했던 것과 동일한 분이다. 예수님은 진정 하나님의 아들이다. 그분은 하나님 아버지와 동등한 분이다. 예수님이 바로 그런 분이기에, 온 세상을 아버지 하나님과 화해시킬 수 있을 만한 인물인 것이다.

하나님의 말씀은 생명이다

하나님은 인간이 그분과 알고 지내기를 원하신다. 성경은 요한계시록 3:20에서 다음과 같이 말씀하신다. "볼지어다 내가 문 밖에 서서 두드리노니 누구든지 내 음성을 듣고 문을 열면 내가 그에게로 들어가 그와 더불어 먹고 그는 나와 더불어 먹으리라." 이는 하나님의 초대이다! 예수님을 영접할 때에, 우리는 친구로 한 상에서 먹고 마시도록 초대된다. 이것이 바로 하나님이 우리와 함께 하고자하는 친밀한 정도를 나타내는 그림이다.

우리는 어떻게 하나님과의 친분관계를 맺을 수 있을까? 우선 먼저, 하나님의 말씀을 묵상함으로 하나님과의 관계를 시작할 수 있다. 요한복음 6:63의 가르침을 읽어보자. "살리는 것은 영이니 육은 무익하니라 내가 너희에게 이른 말은 영이요 생명이라." 하나님의 말씀을 영과 생명으로 취하지 않기에, 오늘날 많은 그리스도인들의 영혼이 말라있는 것을 보게 된다. 성경은 단순히 바람직한 인생의 원리나 역사적 사실을 담고 있는 책이 아니다. 성경은 생명을 공급한다! 하나님의 말씀을 묵상하면서 우리는 하나님과의 관계를 형성해간다. 하나님은 성경을 통해 우리에게 말씀하신다.

오래 전에 내 친구가 엘리베이터에 올라탔는데, 거기에 유명한 전도자인 빌리 그래함이 서 있었다고 한다. 깜짝 놀란 내 친구는 기회를 놓칠세라 아주 간단한 질문 하나를 던졌다. "그래함 목사님, 나 같은 젊은이에게 주실 가장 소중한 충고 한 마디는 무엇인가요?"

빌리 그래함은 진심어린 눈으로 내 친구를 바라보면서, 인생 최대의 조언을 해주었다고 한다. "성경을 읽고 하나님의 말씀을 깨닫기 바랍니다." 일생동안 하나님과 동행하면서 빌리 그래함이 발견한 바는 하나님을 알아 가는 최선의 방법이 성경에 있다는 것이었다.

사실 예수님과 말씀은 하나다. "태초에 말씀이 계시니라 이 말씀이 하나님과 함께 계셨으니 이 말씀은 곧 하나님이시니라"(요한복음 1:1). 그러므로 예수님을 아는 것은 즉 그 분의 말씀을 아는 것이다. 하나님의 말씀과 예수 그리스도는 분리될 수 없다. 그래서 요한계시록 19:13은 "그 이름은 하나님의 말씀이라 칭하더라"고 하신다.

수년 전에 나는 놀라운 설문조사 결과를 읽은 적이 있다. 이는 미국의 개신교 지도자 중 4분의 1은 예수님을 하나님의 아들로 믿는 거듭난 그리스도인이 아니라는 사실이었다. 그리고 기독교 지도자중 대략 절반(정확히는 53%)가량만이 이 세상에 하나님이 설정하신 절대적인 도덕 기준의 존재를 인정하는 것으로 나타났다. 오늘날 미국에서 영적 능력이 사라져 가는 데는 그 만한 이유가 있다! 예수님께서 그 분의 백성들과 소통하시는 통로인 성경을 하나님의 말씀으로 인정하지 않는다면, 신자들은 영적으로 파산하게 된다. 영적 능력이 고갈된다는 말이다. 그렇게 되면 하나님은 더 이상 우리 인생에서 초자연적으로 역사하지 않으실 것이다. 믿음 없음(unbelief: 불신, 회의)은 하나님의 초자연적 역사를 방해한다. 예수님조차도 본인의 고향에서는 많은 기적을 베풀 수 없었는데, 그 주된 이유는 그들의 믿지 않음이었다(요한복음 7:1-5 참조).

하나님의 말씀은 우리의 마음을 새롭게 한다

로마서 12:2에는 "너희는 이 세대를 본받지 말고 오직 마음을 새롭게 함으로 변화를 받아 하나님의 선하시고 기뻐하시고 온전하신 뜻이 무엇인지 분별하도록 하라"고 기록되어 있다.

이 세대를 본받지 말라는 것은 무엇일까? '이 세대'는 우리들이 현재 살아가는 세상 혹은 현재의 세계 시스템을 말한다. '이 세대'는 이 세상의 신인 마귀에게 속해있다(고린도후서 4:4 참조). 그렇기에 이 세상은 끊임없는 죄악과 고통에 휩싸여 있다.

이 세대에서는 사탄이 세상의 사고, 도덕, 철학, 대중매체 등을 사용하여 하나님의 사람들과 하나님의 말씀을 대적한다. 세계 시스템은 사탄의 통치하에 놓여있으며 그 핵심에는 이기심(selfishness)이라는 것이 자리 잡고 있다. 그와 대조적으로 하나님의 나라는 사랑의 왕국이다.

로마서 12장 2절을 다른 번역은 '세상이 만든 틀 안으로 자신을 짜 맞추려 하지 말라'고 표현하고 있다. 더운물에 젤라틴을 타서 주형에 부어본 적이 있는가? 식으면 모두 똑같이 일정한 모양을 형성하게 되어있다. 그러므로 성경은 경고하기를, 그리스도인들이 세상으로부터 자신을 분리시키지 않으면, 모두 판에 박은 듯 세상과 똑같이 될 것이라고 하신다.

마음을 새롭게 하는 작업은 마치 낡은 엔진을 가진 중고 자동차를 수리하는 것과도 같다. 카센터에서 정비사가 새 부품으로 갈고 기름을 치고 제대로 작동하도록 조절하면 낡은 중고차라도 마치 새 자동차처럼 달릴 수 있게 된다. 하나님의 말씀으로 우리의 마음에 '기름을 치고 재조정하듯' 새롭게 하지 않으면, 십중팔구 우리의 마음은 세계 시스템과 발맞추어 움직이게 된다. 하나님의 말씀은 우리를 에워싸고 있는 세계 시스템으로부터 우리의 마음과 생각을 정화시켜준다. 이는 마치 정기적으로 영적 목욕을 하는 것과도 같다. 이 세상에서 살다보면 영적으로 더러워지게 되어있다. 그렇지만 하나님의 말씀은 우리의 마음을 깨끗하고 새롭게 해준다. 이것이 바로 에베소서 5:25-26의 말씀이 의미하는 바이다. "남편들아 아내 사랑하기를 그리스도께서 교회를 사랑하시고 그 교회를 위하여 자신을 주심 같이 하라 이는 곧 물로 씻어 말씀으로 깨끗하게 하사 거룩하게 하시고."

사도행전에 보면 사도 바울이 베뢰아에 있는 사람들로부터 감명을 받는 장면이 나온다. 그들은 바울이 설교할 때마다 간절한 마음으로 말씀을 받고 바울의 가르침이 성경과 합치하는지 날마다 상고했다고 한다. 누가 설교를 하든 상관없이 하나님의 말씀이 선포될 때마다, 그 설교는 성경과 부합되어야한다는 것을 주지하기 바란다. 인간은 오류를 범하기 쉬운 존재이다. 그러나 하나님의 말씀은 언제나 믿을만하다. 최종 권위는 성경에 있다. 그러므로 누구든지 하나님의 말씀을 공부하여 그 말씀에 담긴 진리를 습득해야한다(디모데후서 2:15 참조).

하나님의 말씀은 살아갈 능력을 부여한다

수년 전에 내 친구는 만성 고질병에 시달리는 이웃을 방문했다고 한다. 그 이웃은 의식을 잃고 방문자들을 알아보지 못했다. 그런데 내 친구가 성경을 들고 읽기 시작했을 적에 놀라운 일이 발생했다. 지난 몇 주 동안 꼼짝도 않던 환자가 몸을 움직이기 시작한 것이다. 하나님의 말씀에는 생명력이 있다. "하나님의 말씀은 살아 있고 활력(活力)이 있어"(히브리서 4:12).

하나님의 생명력에 접속하는 길은 하나님의 말씀을 알고 하늘에 계신 아버지와 교통하는 것이다. 하나님은 우리에게 성경을 주심으로, 그것으로 하나님의 말씀을 알고 그것을 우리의 삶에 적용하여 마귀를 무찌르도록 하셨다. 매일 시간을 내어 하나님의 말씀을 읽으며 하나님과 소통하면 원수의 거짓으로부터 보호받을 수 있다. 마태복음 4:4에 보면, 광야에서 사탄에게 시험받을 때에 예수님께서 이렇게 대응하신 것을 읽을 수 있다. "사람이 떡으로만 살 것이 아니요 하나님의 입으로부터 나오는 모든 말씀으로 살 것이라."

내가 어떤 사람으로부터 이-메일(E-mail)을 받았다면, 그 사람과의 의사소통이 가능케 된다. 성경을 읽으면 하나님의 말씀이 분명하게 들린다. 예수님과 말씀은 하나이기 때문이다(요한복음 1:1 참조).

매일 성경을 읽고 묵상할 시간을 내지 못한다는 것을 거의 모든 그리스도인들이 겪고 있는 공통의 문제이다. 사탄과 지옥의 마귀들은, 그리스도인으로 하여금 성경을 읽지 못하게 방해하는 일이라면 무슨 짓이든 할 준비가 되어 있다. 그리스도인이 성경을 공부하며 하나님과 교통하는 것을 마귀는 가장 싫어한다. 그러나 하나님은 매일 그리스도인들이 시간을 따로 떼어놓고 기도하며 성경 읽기를 원하신다. 경건의 시간을 가질 것을 심각하게 고려하며 철저히 계획하라. 그런 일은 절대로 저절로 발생하지 않는다.

아침에 허겁지겁 일어나 간단하게 시리얼을 먹으며 성경 읽고, 직장에 출근하며 차안에서 약2분간 기도하고서, 그것으로 경건의 시간을 때우려고 생각하지 말라. 예수님과 교통하는 시간을 가지려면 특정한 시작 시점이 필요하다. 매일 성경 몇 절씩이라도 읽고, 하나님께서 말씀해 주실 것을 기대하며 경건의 시간을 시작하라. 당신 인생 최고의 친구인 예수님과 함께 하는 좋은 시간들을 놓치지 말라! 일단 시작하고 보면, 주님 안에서 신앙이 자라감에 따라 더 많은 시간을 주님과 함께 보낼 수 있게 될 것이다.

나는 매일 신약성경을 한두 장(章) 구약성경을 두세 장씩 읽어가다 보면 매년 성경을 통독할 수 있다는 사실을 발견했다. 그러나 초신자였을 때에는 그렇지 못했다. 그 당시는 경건의 시간을 매일 7분 이상 갖지 못했다.

매일 하나님의 말씀 안에서 생활하지 않는 그리스도인들은 영적으로 약해지게 되어있다. 며칠간 단식한 후에도 몸에 기운이 펄펄 넘쳐나겠는가? 아무리 건강한 사람이라도 며칠 굶으면 원기가 떨어지게 되어있다. 마찬가지로 얼마간 하나님의 말씀을 묵상하지 않으면 영적으로 허약해진다.

우리가 믿음으로 예수 그리스도를 영접했을 그 시점에, 우리들의 영은 하나님의 성령으로 거듭났다. 그래서 우리는 하나님의 말씀을 묵상하며 우리의 영혼과 마음과 의지와 감정이 매일 새롭게 될 수 있게 변하였다.

하나님의 말씀을 묵상하라

우리 신자들의 삶에는 예수님과 그 분의 말씀이 매일 필요하다. 우리는 예수님 없이는 아무 것도 할 수 없으나, 예수님과 함께 있으면 무엇이든 가능하다(빌립보서 4:13 참조). 매일 기도하는 마음으로 성경을 묵상하며 내 영혼에 차고 넘치는 하나님의 말씀을 체험하지 못하면, 나는 영적으로 점차 쇠약해지는 것을 느낀다. 그러면 하나님께서 맡기신 일을 감당할 수 없게 된다. 예수님은 요한복음 15:4-5에서 다음과 같은 약속을 주셨다.

> 내 안에 거하라 나도 너희 안에 거하리라 가지가 포도나무에 붙어 있지 아니하면 스스로 열매를 맺을 수 없음 같이 너희도 내 안에 있지 아니하면 그러하리라 나는 포도나무요 너희는 가지라 그가 내 안에, 내가 그 안에 거하면 사람이 열매를 많이 맺나니 나를 떠나서는 너희가 아무 것도 할 수 없음이라

말씀 안에서 하나님과 매일 교통하며 하나님의 생명이 우리의 삶 속으로 흘러 들어오도록 허락하면, 우리의 인생은 영적 열매를 맺게 된다. 열매를 맺는 것, 바로 그것이 주님이 우리를 부르신 주된 이유이다.

"마음이 비뚤어진 사람은 그 행실로 쓴맛을 되씹고 착한 사람은 그 행동으로 단맛을 한껏 즐긴다"라는 말씀이 있다(잠언 14:14, 공동번역개정판). 하나님과 사귀며 그 분의 말씀이 인생의 많은 장애물들을 극복하는 능력으로 작용하는 것을 경험하게 되면, 우리의 삶은 달콤한 인생으로 변한다. 그러면 주변의 사람들이 "달콤한 인생의 비결이 뭔가요? 나도 그걸 소유하기 원합니다"라고 당신에게 문의하게 될 것이다. 하나님의 말씀을 묵상함에 따라, 주님은 그 분의 뜻을 행할 만큼의 믿음을 우리 안에 형성시킨다. 그러므로 신자는 밤낮으로 하나님의 말씀을 묵상해야한다.

> 오직 여호와의 율법을 즐거워하여 그의 율법을 주야로 묵상하는도다 그는 시냇가에 심은 나무가 철을 따라 열매를 맺으며 그 잎사귀가 마르지 아니함 같으니 그가 하는 모든 일이 다 형통하리로다(시편 1:2-3)

묵상의 사전적 의미는 '숙고하거나 곰곰이 생각하는 것'이다. 성경 암송도 묵상의 과정 중 하나가 될 수 있다. 당신과 내가 음식을 먹으면 그 음식은 우리 몸의 뼈와 피와 조직이 된다. 마찬가지로 하나님의 말씀을 묵상하면 그것은 영적으로 우리의 일부분이 된다. 그러면 그 말씀 안에 있는 능력으로 말미암아, 우리는 예수님이 하신 것처럼 행동하고 반응하게 된다. 하나님의 말씀 안에서 사는 자는 누구든 영적 열매를 맺게 된다. 갈라디아서 5:22-23은 다음과 같이 말씀하신다.

오직 성령의 열매는 사랑과 희락과 화평과 오래 참음과 자비와 양선과 충성과 온유와 절제니 이 같은 것을 금지할 법이 없느니라

하나님의 말씀을 묵상하며 매일 주님과 교통하다보면, 성령의 열매는 우리 삶에 대단한 활력을 제공하게 된다. 당신은 하나님의 말씀을 매일 묵상하는가? 아니라면, 바로 오늘이 당신이 묵상생활을 시작할 날이다.

복습문제

1. 히브리서 11:6에 따르면, 하나님을 진정으로 알 수 있는 길은 무엇인가?

2. 예수님의 신성을 확정지을 수 있는 4가지 증거를 제시해 보라.

3. 당신의 경우, 각별히 마음을 새롭게 해야 할 때는 언제인가?

4. 영이 잘 자라나게 하기 위해 어떻게 영을 먹일 수 있을까?

2장

기도와 예배를 통해
하나님 알아가기

영적 통신망

하나님의 말씀을 묵상하는 것 외에 매일 하나님과 사귐을 가질 수 있는 수단은 기도다. 주님은 우리와 의사소통을 하기 원하신다! 에베소서 6:18에는 "모든 기도와 간구를 하되 항상 성령 안에서 기도하고 이를 위하여 깨어 구하기를 항상 힘쓰며 여러 성도를 위하여 구하라"고 기록되어 있다.

기도는 하나님과 신자 사이에 설립된 영적 통신망이다. 전투 중에, 전방 부대가 후방의 본부와 연락이 두절되면 병사들은 곤경에 처하게 된다. 그리스도인의 삶에도 동일한 일이 발생한다. 우리는 현재 영적 전쟁을 벌이고 있다. 그리고 마귀는 우리와 하나님 사이에 설립된 통신망을 계속 교란 내지는 단절시키려하고 있다.

기도는 인간이 일부러 복잡하게 만들지 않는 한, 그렇게 난해한 것이 아니다. 하나님은 호화찬란한 기도를 요구하지 않으신다. 기도는 하나님과 대화를 나누는 것이다. 이는 단순히 마음을 털어놓고 하나님과 이야기를 나누는 것이며, 때론 하나님의 말씀을 그냥 듣는 것이다. 이는 마치 친한 친구와 담화를 나누는 것과도 같다. 나는 기도문을 종이에 적기도 하는데, 그런 기도들도 다 응답이 되는 것을 보면서 나는 하나님을 찬양한다. 하나님으로부터 기도 응답을 받으면 받을수록 우리의 믿음은 점차 더 견고해진다.

기도를 드리는 형태는 다양하다. 인간의 언어(영어, 불어, 서반아어, 스와힐리어)로 기도할 수도 있고 혹은 방언으로 기도할 수도 있다. 사적인 방언은 종종 하나님과의 친밀감을 증대시켜서 영적 관계를 돈독하게 해준다. 바울은 고린도전서 14:15에서 기도에 관해 다루면서 그 두 가지 종류의 기도를 모두 언급하고 있다. "내가 영으로 기도하고 또 마음으로 기도하며."

바울은 신령한 언어로 기도하고 또한 이성으로 기도한다고 했다. 다른 말로 하자면 성령께서 그 혀를 움직이시면 신자는 방언으로 기도할 수도 있고(고린도전서 12:7, 사도행전 2:4), 성령의 감화 감동을 받으면 인간에게 알려진 언어로 기도할 수도 있다는 말이다.

우리의 영이 천상의 언어인 방언으로 기도하게 되면, 우리는 하나님이 주신 직통전화를 사용하는 것처럼 되어, 사탄의 방해를 피하게 된다. 그렇지만 하나님의 인도함을 받으며 이성을 사용하여 인간의 언어로 기도하는 것도 역시 중요하다. 이 두 가지는 동등한 가치를 가지며, 신자에게는 모두 필요하다.

주여, 우리에게도 기도를 가르쳐 주소서

예수님은 기도하는 삶의 양식을 사셨다. 그 분은 하늘에 계신 아버지와의 끊임없는 대화로 늘 교제하신 분이다.

예수는 물러가사 한적한 곳에서 기도하시니라(누가복음 5:16)

이 때에 예수께서 기도하시러 산으로 가사 밤이 새도록 하나님께 기도하시고 (누가복음 6:12)

예수님의 기도생활을 평상시 목격한 제자들은 자기들에게도 기도하는 법을 가르쳐 달라고 요청하였다. "예수께서 한 곳에서 기도하시고 마치시매 제자 중 하나가 여짜오되 주여… 기도를 가르친 것과 같이 우리에게도 가르쳐 주옵소서"(누가복음 11:1).

내가 알기로 제자들이 예수님께 공식적으로 가르쳐달라고 요청한 주제는 오직 한 가지, 즉 "기도"였던 것으로 기억한다. 예수님께서 사람들과 함께 하는 곳마다, 놀라운 기적과 이사가 발생하는 걸 제자들은 목격하였다. 그래서 그들이 목격하는 초자연적인 일들과 예수님의 기도 사이에 어떤 연관성이 있을 것으로 제자들은 추정하였다. 예수님은 다양한 상황 속에서 성령의 음성을 들으며 인도함을 받는 본보기를 제자들에게 보여주셨다. 하늘 아버지는 예수님에게 어디로 가야하며 어떤 사람들에게 어떤 목회사역을 해야 하는지 늘 알려주셨다.

기도의 견본

예수님은 제자들에게 하나의 모형이 되는 기도를 제시해주셨는데, 우리는 그것을 '주기도문'이라 부른다. 이러한 기도를 주신 목적은 우리에게 기도의 방법과 내용을 가르쳐주시기 위함이다. 예수님이 가르쳐주신 기도의 내용은 마태복음 6:9-13에 기록되어 있다.

그러므로 너희는 이렇게 기도하라 하늘에 계신 우리 아버지여 이름이 거룩히 여김을 받으시오며 나라가 임하시오며 뜻이 하늘에서 이루어진 것 같이 땅에서도 이루어지이다 오늘 우리에게 일용할 양식을 주시옵고 우리가 우리에게 죄지은 자를 사하여 준 것 같이 우리 죄를 사하여 주시옵고 우리를 시험에 들게 하지 마시옵고 다만 악에서 구하시옵소서 (나라와 권세와 영광이 아버지께 영원히 있사옵나이다 아멘)

주기도문은 내가 지난 40년간 주님과 동행하며 기도생활을 하는데 크나큰 도움을 주었다. 그런데 나는 지난 6년간 매일의 기도생활에 가히 혁명적이라 할 만한 변화를 가져온 한 가지 특별한 계시를 받았다. 하나님은 나에게 그림을 하나 보여주셨는데, 이는 안마당 뜰 중앙에 위치한 12개의 방을 가진 큰 집에 관한 환상이었다. 그 12개의 방들은 주기도문의 12부분에 상응하는 것들이었다. 그래서 나는 〈기도의 사적인 집짓기〉라는 책을 저술하게 되었는데, 그 책에서 나는 주기도문의 각 부분에 해당하는 12개의 방을 돌아다니며, 주님께서 주신 기도의 독특한 요소들을 살펴보았다. 각 부분의 주안점을 여기에서 간략하게 살펴보자.

우선 먼저 하늘 아버지께서 우리를 기다리시는 "거실"로 들어가 보자. "하늘에 계신 우리 아버지"는 혼자 너무 바쁜 나머지 우리가 들어오는 것에 아랑곳하지 않는 그런 분이 아니시다.

"경배의 방"에서 우리들은 하나님의 거룩하심을 인정하며 "이름이 거룩히 여김을 받으시오며"라는 찬사로 아버지에게 경의를 표시한다. 그리고 우리가 아버지를 얼마나 사랑하는지 고백한다.

다음에는 "선포의 방"으로 들어간다. 거기에서 우리는 "나라가 임하시오며"라고 선포한다. 하나님이 우리의 마음을 다스리시며, 그분의 형상을 닮도록 우리를 변화시킨다는 확신은 다음과 같은 선포를 가능케 한다. "하나님의 나라가 이 땅에 임하고, 그 분의 뜻이 우리 가정, 지역사회, 교회, 학교, 일터, 소그룹, 및 모든 지역과 영역에서 이루어질 것입니다."

"뜻이 하늘에서 이루어진 것 같이 땅에서도 이루어지이다." "순복하는 방"에서는 삶의 모든 부분을 몽땅 하나님께 맡겨버린다. 우리는 하나님께 완전히 항복하면서, 여기 이 땅에서 주님의 뜻이 이루어지길 기도한다.

"공급의 방"에서 우리는 "오늘 우리에게 일용할 양식을 주시옵고"라고 기도한다. 우리의 필요를 채워주시기를 요구한다는 것이다. 하나님은 우리가 '요청'하길 바라신다. 그분은 우리에게 '받지 못함은 구하지 않기 때문이다'라고 말씀하신다(야고보서 4:2 참조).

"우리 죄를 사하여 주시옵고." "사죄의 방"에서는, 하나님께서 우리의 마음속을 살피시도록 허락한다. 그래서 우리의 죄를 살피고, 하나님의 용서를 구하며, 용서받는 삶을 추구한다.

"우리가 우리에게 죄지은 자를 사하여 준 것 같이." "자유의 방"에서는 우리의 삶의 전 영역이 자유롭게 되기를 원하는 주님의 뜻을 받아들인다. 이 자유를 획득하려면 우리에게 죄지은 자들을 용서해야한다. 우리가 용서하지 않으면 하나님도 용서하지 않으신다(마태복음 6:14-15절).

"보호의 방"에서 우리는 "우리를 시험에 들게 하지 마시옵고"라고 기도한다. 이는 "하나님이여 시험에 빠지지 않게 나를 인도하시고 보호하소서. 죄에 걸려들지 않도록 오직 주님만 의지합니다"라고 말하는 것이다.

"다만 악에서 구하시옵소서." "전투의 방"은 우리가 예수의 이름으로 어두움의 권세를 대적하도록 불리심을 받았다는 진실을 상기시켜준다. 마귀를 대적하면 도망가리라고 말씀에 기록되어 있다(야고보서 4:7 참조).

이 귀감이 되는 기도원형의 마지막 부분은 다음과 같은 말로 시작된다. "나라와." "하나님 나라의 방"에서 우리가 천국 시민이요 하나님의 아들과 딸들인 것을 새삼 깨닫게 된다. 그렇게 깨달은 우리는 하나님의 통치가 현실화되도록 원수를 사랑하고, 우리에게 못된 짓을 한 사람을 용서하고, 병든 자를 치유하며, 굶는 자를 먹이고, 죄의 세력과 대결하면서 매일 그리스도 공동체의 활동적인 멤버로 살아간다.

"권세와 영광이 아버지께 영원히 있사옵나이다 아멘." 주기도문의 시종은 예수 그리스도를 통해 하나님께 경배하며 영광을 돌리는 것이다. 이 "권세"의 방에서는 하나님께서 우리 인생을 위해 계획하신 모든 것의 충만함으로 들어간다. 이는 능력의 근원인 성령님과의 접속을 통해 이루어지는데, 성령님은 우리의 인생뿐만 아니라 우리가 중보의 기도를 드려주는 사람들의 삶에도 큰 영향을 끼치는 분이시다.

하나님의 귓가에 당신의 기도소리가 늘 울려 퍼지게 하라

성경은 끊임없이 기도하라고 가르친다(데살로니가전서 5:17). 신자는, 직장에 있건 집에 있건 학교에 있건 친구와 있건, 늘 견실한 기도의 자세를 유지해야 한다. 출근길에 기도할 수도 있고, 잔디를 깎으며 기도할 수도 있다. 예수님께서 누가복음 11:9-10에 주신 약속을 굳게 믿는다면 그렇게 할 수 있다.

내가 또 너희에게 이르노니 구하라 그러면 너희에게 주실 것이요 찾으라 그러면 찾아낼 것이요 문을 두드리라 그러면 너희에게 열릴 것이니 구하는 이마

다 받을 것이요 찾는 이는 찾아낼 것이요 두드리는 이에게는 열릴 것이니라

일주일간 일한 대가로 임금을 수표로 받았다고 가정하자. 만일 당신이 그 급료를 잃어버렸다면 얼마 동안 그 수표를 찾으려하겠는가? 아마도 발견할 때까지 찾아 헤맬 것이다. 기도에도 그런 불굴의 집요한 끈기가 필요하다. 우리는 지속적으로 기도로 요청하고, 응답해 주실 것으로 믿고 감사하는 일을 반복해야한다. 언제까지인가? 온전한 응답을 받을 때까지이다. 하나님의 응답은 다음 세 가지 중 하나가 될 것이다. 요구한 대로 "이루어준다", "안 이루어준다", "기다려야한다."

나는 하나님께서 특별히 초신자의 기도라면 무엇이든 들어주시는 걸 목격하며 항상 놀라움을 금치 못한다. 가정에 아기가 태어나면, 아기가 울 때마다 모든 어른들의 주의는 그리로 집중된다. 그러나 아기가 어느 정도 자라나면, 원하는 것을 어른들이 다 들어주지 않는다. 마찬가지로, 그리스도인들도 점차 성숙함에 따라 하늘 아버지는 때론 기도로 요청하는 것을 다 들어주지 않을 경우가 있다. 왜냐하면 하나님은 우리가 원하는 것이 아니라 우리에게 가장 좋은 것을 주시기 원하기 때문이다.

하나님은 기도로 나아올 때에 염려하는 태도로 나오지 말고, 언제나 감사하는 자세로 나오라고 지시하셨다. 이는 빌립보서 4:6에 기록되어 있다.

아무 것도 염려하지 말고 다만 모든 일에 기도와 간구로, 너희 구할 것을 감사함으로 하나님께 아뢰라

몇 년 전에 우리 가정은 재정적으로 허덕이는 상태에 처했었다. 하

나님께 순종하는 삶을 살기는 했으나, 수입이 적었기에 모든 면에서 허리띠를 졸라매야만 했다. 그런데 하루는 주님께 재정적인 풍요를 놓고 기도하기 시작했다. 그러고 나서 나는 출근하려고 현관문을 열고 밖으로 나섰다. 그런데 참으로 놀랄만한 광경을 목격하였다. 지폐가 우리 집을 에워싸고 온 사방 군데에 놓여있는 것이 아닌가! 앞마당에도, 현관에도, 뒤뜰에도, 온 사방 천지가 돈으로 둘러싸였다. 독자 중에는 "대체 어떻게 된 일인가요?"라고 물을 사람도 있을 것이다. 그러나 나도 어찌된 영문인지 모르겠다. 그런 다음에 재정을 위해 기도했을 적에 그런 돈벼락맞는 일이 또 나에게 발생했겠는가? 아니다! 그러나 그 사건은 참으로 잊지 못할 사건이다. 나는 그것이 하나님께서 하신 일이라고 믿는다. 그것은 하나님의 축복이었다. 하나님은 초자연적인 분이시므로 우리의 기도에 초자연적으로 응답하실 수 있다.

찬미와 예배

하나님과 교제하는 과정은 말씀을 묵상하고 기도하는 것 이외에 주님을 찬미하며 예배를 드리는 것을 포함한다. 하나님을 찬미한다는 것은 하나님께서 하신 일에 대해 반응을 보이는 것이다. 당신의 삶에 하나님께서 하신 구체적인 일들에 대해 하나님을 찬양하라.

예배는 특히 하나님이 누구신가에, 즉 하나님의 인격에 그 초점이 맞추어져있어야 한다. 우리 인간은 하나님이 하나님이시기에 그분께 감사를 드린다. 인간은 누군가를(무엇인가를) 예배(숭배)하게 되어있다. 혹자는 자기 자신을 숭배한다. 또 어떤 이들은 자신의 자동차, 직장, 스포츠, 혹은 배우자를 숭배한다. 그러나 그리스도인들은 오직 하나님 한 분만 예배하도록 부르심을 받았다. 예배(worship)라는 단어는 앵글로색슨

고대영어인 weorthscipe로부터 유래된 말로, "가치 있음, 존중"이라는 뜻을 가진다. 오직 하나님만이 경배를 받기에 합당하며, 예배를 받을 만큼 충분한 가치가 있는 분이라는 말이다. 예배는 단순히 형식으로만 드릴 수 없다. 요한복음 4:23-24에 기록된 대로, 하나님께서는 마음 중심으로부터 우러나오는 예배드리는 자를 찾고 계시기 때문이다.

아버지께 참되게 예배하는 자들은 영과 진리로 예배할 때가 오나니 곧 이 때라 아버지께서는 자기에게 이렇게 예배하는 자들을 찾으시느니라 하나님은 영이시니 예배하는 자가 영과 진리로 예배할지니라

사실 솔직히 인정하는데, 나는 항상 예배드릴 기분이 생기는 것은 아니다. 그렇지만 주님을 향한 찬양과 경배는 인간의 감정에 달린 것이 아니다. 중요한 것은 예배드리기로 결단하는 것이다. 하나님은 모든 영광과 찬양을 받으시기에 합당한 분이시기에, 성경은 우리에게 끊임없이 찬양의 제사를 드리라고 권고한다.

그러니 우리는 예수로 말미암아 끊임없이 하나님께 찬양의 제사를 드립시다. 곧, 그분의 이름을 고백하는 입술의 열매를 드립시다.(히브리서 13:15, 표준새번역)

구약에서 다윗의 장막은 찬양과 예배의 자유를 체험한 장소로 알려져 있다. 다윗은 특히 음악을 중시하여 그 곳에서 악기로 찬양할 사람들을 골라 예배자로 임명하였다(역대상 16:5-6 참조). 이제 마지막 날에 하나님께서는 다윗의 장막을 다시 세우실 것이다(사도행전 15:16 참조). 그

분의 교회 안에서 억제할 수 없이 마구 터져 나오는 찬양과 경배를 통해 다윗의 장막을 다시 새롭게 세우실 것이다.

그렇지만 교회에서 뿐 아니라 개인적으로도 우리는 하나님을 찬양하고 예배드려야한다. 한적한 곳에서 하나님과 따로 함께 하는 조용한 시간을 통해 하나님을 경외하는 것이다. 달이 해의 빛을 반사하듯이, 인간이 하나님과 함께 시간을 보내면, 우리도 우리의 삶에서 하나님의 영광을 반사하게 되어있다. 시편은 하나님을 찬미하는 노래들을 많이 담고 있다. 시편을 중심으로 하나님을 찬양해보기를 바라며, 하나님을 경배하는 나름대로의 노래도 작곡해보기 바란다.

찬송을 받으시기에 합당한 분

천국은 찬송과 예배로 가득 채워질 곳이다! 요한계시록 5:11-12는 천국의 모습을 다음과 같이 기술하고 있다.

> 내가 또 보고 들으매 보좌와 생물들과 장로들을 둘러 선 많은 천사의 음성이 있으니 그 수가 만만이요 천천이라 큰 음성으로 이르되 죽임을 당하신 어린 양은 능력과 부와 지혜와 힘과 존귀와 영광과 찬송을 받으시기에 합당하도다 하더라

어떤 이들은, 예배는 조용히 드려져야한다고 생각한다. 물론 고요한 가운데 예배를 드려야할 때도 있다. 그렇지만 성경은 또한 큰 소리를 지르며 예배를 드리라고도 하신다. "너희 만민들아 손바닥을 치고 즐거운 소리로 하나님께 외칠지어다"(시편 47:1). 미식축구 경기장에 가보면 돼지껍질로 만들어진 작은 공이 던져질 때에 수천 명의 관중이 환호성을

지르는 모습을 관찰할 수 있다. 그렇다면 인류를 위해 십자가에서 자신을 희생한 어린양을 경배할 때에 어떻게 반응해야 할 것 같은가? 예배자들이 주님을 찬양하며 하나님 앞에서 더 없이 행복하다고 소리 지르는 것이 당연하지 않은가! 하나님께서 받아 마땅한 찬양을 받으시는 것이 당연하지 않은가!

신자들은 하늘의 예배를 예비하며 이 땅에서 예배를 드린다. 나는 하나님을 찬양하지 못하는 영적으로 죽은 자가 되고 싶지 않다. "죽은 자들은 여호와를 찬양하지 못하나니 적막한 데로 내려가는 자들은 아무도 찬양하지 못하리로다"(시편 115:17).

나는 전혀 감정적인 사람이 아니지만, 예수님께서 나를 위해 죽으셨다는 것이 강렬하게 느껴지면, 나도 모르게 저절로 내 영과 혼과 몸이 하나님을 향한 열성적인 예배에 사로잡힌다. 성경에 따르면 지옥의 마귀들은 찬양과 경배의 권세로 결박된다고(영적으로 묶임을 당한다고) 한다.

> 그들의 입에는 하나님에 대한 찬양이 있고 그들의 손에는 두 날 가진 칼이 있도다 이것으로 뭇 나라에 보수하며 민족들을 벌하며 그들의 왕들은 사슬로, 그들의 귀인은 철고랑으로 결박하고(시편 149:6-8)

한 명이든, 두세 사람이든 아니면 수천 명이 모여 있는 성도들이 찬양과 예배로 하나님과 교통하기 시작하면 사탄은 무서워 떤다. 사실 하나님은 찬송 중에 계신다. 아니 사실은 찬송과 함께 사시며 거기에 머무신다.

"이스라엘의 찬송 중에 계시는 주여 주는 거룩하시니이다"(시편 22:3).

예배의 표현

예배를 표현하는 방법은 다양하다. 여기에서는 찬양과 경배에 관해 성경이 제시하시는 것 몇 가지만 살펴보도록 하자. 우선 먼저 무릎을 꿇고 경배드릴 수 있다. "오라 우리가 굽혀 경배하며 우리를 지으신 여호와 앞에 무릎을 꿇자"(시편 95:6).

아니면 요한계시록 7:9-10에 나타나있는 수많은 무리들처럼, 서서 큰 소리로 예배드릴 수도 있다.

이 일 후에 내가 보니 각 나라와 족속과 백성과 방언에서 아무도 능히 셀 수 없는 큰 무리가 나와 흰 옷을 입고 손에 종려 가지를 들고 보좌 앞과 어린 양 앞에 서서 큰 소리로 외쳐 이르되 구원하심이 보좌에 앉으신 우리 하나님과 어린 양에게 있도다 하니

성경은 말씀하시기를 때론 손을 들어 기도하며 예배하라고 하신다. "그러므로 각처에서 남자들이 분노와 다툼이 없이 거룩한 손을 들어 기도하기를 원하노라"(디모데전서 2:8).

그리고 다른 성경 구절은 주님 앞에서 잠잠하며 조용히 예배드리라고도 한다. "너희는 가만히 있어 내가 하나님 됨을 알지어다"(시편 46:10).

그렇지만 때론 악기로 하나님을 찬양할 것을 권고하기도 한다. "나팔 소리로 찬양하며 비파와 수금으로 찬양할지어다 소고 치며 춤추어 찬양하며 현악과 퉁소로 찬양할지어다 큰 소리 나는 제금으로 찬양하며 높은 소리 나는 제금으로 찬양할지어다"(시편 150:3-5).

춤을 추며 하나님께 예배를 드릴 수도 있다. 히브리어에서 '춤'은 발을 드는 행위를 의미한다. 구약 성경에 보면 다윗 왕이 하나님 앞에서 춤

춘 기록이 나온다(사무엘하 6:14). 오늘날 마귀는 교묘하게 춤을 선정적인 것으로 만들어놓았다. 그러나 하나님은 왕이신 예수님께 춤추며 찬양과 경배드릴 수 있게 교회에서 춤을 회복시키고 계신다. 시편 149:3은 "춤추며 그의 이름을 찬양하며 소고와 수금으로 그를 찬양할지어다"라고 말씀하신다.

하나님은 주님께 새로운 노래로 찬양하도록 성도들을 부르신다. 새 노래로 하나님께 노래한다는 것은 주께 곡조나 멜로디를 달라고 하면서 성령께서 주시는 가사로 찬양하는 것을 말한다. 혹은 가사는 성경 말씀 중에서 취하고 흥이 나는 대로 성령의 감동으로 노래하는 것을 말하기도 한다. "할렐루야 새 노래로 여호와께 노래하며 성도의 모임 가운데서 찬양할지어다"(시편 149:1).

성경은 또한 손뼉 치며 함성을 지르며 주께 예배를 드리는 것도 말하고 있다. 하나님의 백성이 여리고 성을 빙빙 돌던 때를 기억하는가? 일곱째 날에 제사장들이 나팔을 불고 백성이 크게 소리 질러 외칠 때 성이 무너졌다(여호수아 6장 참조). 신자들이 하나님의 인격을 의지하여 소리 지를 때에 귀신들은 무서워 떤다. 성경은 손뼉 치며 기쁨의 함성을 지르며 예배드리라고 하신다. "너희 만민아, 손뼉을 쳐라. 하나님께 기쁨의 함성을 외쳐라"(시편 47:1, 표준새번역).

하나님을 예배하고 찬양하는 삶은 찬송가와 최신 유행의 복음성가를 부르는 것 그 이상이다. 언제든지 주님께 순종하는 삶을 살기로 선택하면 그것이 바로 예배의 행위가 된다(로마서 12:1-2). 늘 하나님께 감사를 드리는 삶은 하나님이 늘 우리와 함께 하시며 어떤 상황에서도 그분이 모든 것을 다스리신다는 것을 고백하는 삶이다. 그러한 신앙고백이 하나님의 임재를 체험케 한다.

에베소서 5:19는 신자가 시와 찬미와 신령한 노래로 서로 화답하며 마음으로 주님께 노래하며 찬송해야 한다고 한다. 결혼한 부부의 최대 갈망은 아마도 함께 하는 시간을 많이 가지는 것일 것이다. 하나님은 늘 우리와 교통하며 친밀한 관계를 가지길 원하신다. 때때로 우리는 조용히 듣기만 하면서 주님과의 관계를 가진다. 그러나 가끔 주님께 큰 함성으로 나아가기도 한다. 그리고 다른 경우에는 조용히 말을 건네며 대화를 나누기도 하고, 심지어 주님 앞에서 울기도 한다. 하여간 인간은 멋진 하늘의 아빠인 하나님을 찬양하며 그분과 교감하도록 창조되었다.

복습문제

1. 당신 자신의 표현으로 기도가 무엇인지 기술해보라.

2. 빌립보서 4:6에 따르면 우리는 어떻게 염려를 극복할 수 있다고 하는가?

3. 하나님은 어떤 방식으로 우리의 찬양 속에 거하시는가?

4. 하나님께 예배를 드리는 다양한 방식을 이야기해보라. 그 중에 당신이 사용하는 방식은 몇 가지나 되는가?

3장

하나님의 음성을
어떻게 들을 수 있을까?

"하나님, 당신이 아닌가요?"

    교회에서 성경공부를 인도하고 난 어느 지녁, 한 젊은이가 나를 찾아와 자신의 고민을 털어놓았다. "주님께서 나를 선교사로 부르신다는 확신이 왔습니다. 그렇지만 직장을 그만두어야하는지 아닌지 잘 모르겠습니다. 하나님의 음성이 계속 바뀝니다. 하나님의 음성을 확실히 듣고 있는지 알 수 있는 방법이 있을까요?"

    이전에 십대 후반기에 있는 한 청년이 우리 집으로 찾아와 자신이 확실한 하나님의 음성을 들었다고 주장한 적이 있다. 그는 이상한 표정을 지으며 이렇게 말했다. "주께서 오늘 나에게 분명히 말씀하셨습니다… 주께서는 자살하라고 지시하셨습니다." 나는 순간적으로 기절할 것처럼 움찔했다! 하나님의 말씀인 성경에는 인간에게 자살하라고 하신 말씀이 단 한마디도 기록되어 있지 않다는 것을 아는 나로서는 참 당혹스러웠다. 그 청년이 만일 어떤 음성을 들었다면 하나님이 아닌 다른 존재로부터 온 음성을 들은 것이 분명했다.

한때 시골길을 따라 운전하는데, 히치하이커(남의 차를 얻어 타고 다니며 여행하는 사람, 옮긴이)가 눈에 띄었다. 이미 지나쳤지만, 돌아가서 그를 태우라는 하나님의 음성이 내게 들렸다. 그 사람에게 복음을 전하라는 주님의 음성이었다. 그래서 나는 차를 돌려 다시 그 장소로 갔다. 그런데 그 사람은 어디론가 온데 간데 없이 사라졌다. 나는 마음이 혼란스러웠다. 주께서 나에게 분명히 말씀하셨다고 느꼈는데 말이다.

그리스도인들은 이따금 하나님의 음성을 듣는데 힘겨워하며 버둥거린다. 신자들 모두는 하나님의 뜻을 행하기 원한다. 신자는 우리에게 늘 말씀하시는 살아계신 하나님을 섬기지만, 우리가 원하는 만큼 하나님의 음성을 또렷이 듣지 못하여 발버둥치는 경우가 많다. 혹은 하나님의 음성을 듣고 순종했다고 생각했으나, 결국 잘못 들었다는 것이 나중에 입증되는 것을 경험하기도 한다. 그러면 왜 하나님의 말씀을 정확히 듣지 못했는지 집요하게 추구하기보다는 적극적인 신앙으로부터 한 걸음 뒤로 물러서 버린다. 개중에 어떤 그리스도인들은 세상사에 몰두한 나머지, 하나님의 음성 듣는 일을 간과하며, 매일 일상의 삶에 지시를 내리시는 하나님의 인도하심에 무심하기도 하다.

독자들도 주지하는 사실이겠으나, 하나님은 잔향(殘響)으로 말씀하지 않으신다. 이미 클래식이 된 영화인 십계를 보면 하나님이 모세에게 깊고도 울려 퍼지는 메아리 같은 목소리로 말씀하시는 것을 들을 수 있다. 그건 하나님께서 말씀하시는 실제 방법이라기보다는 영화의 음향 효과일 뿐이다! 그렇다면 하나님은 실제로 어떻게 말씀하실까? 그리고 우리는 어떻게 그분의 음성을 명확히 들을 수 있을까?

이제 하나님의 말씀을 듣는 것에 관한 성경의 가르침을 살펴보자. 예수님께서는 이 문제에 관해 참으로 중요한 진술을 하셨다. "나를 보내신

이가 나와 함께 하시도다 나는 항상 그가 기뻐하시는 일을 행하므로 나를 혼자 두지 아니하셨느니라"(요한복음 8:29).

예수님은 하늘 아버지가 하라고 시킨 일만 하신 분이다. 예수님께 있어서 하나님의 음성을 듣는 일은 참으로 중요했다. 그렇다면 우리에게 하나님의 음성을 분명히 듣는 일은 더욱 중요하지 않겠는가?

하나님의 음성 감지하기

인생의 중요한 결정들을 하나님과 함께 하고픈 이들에게 성경은 잠언 3:5-6을 통해 이런 약속을 하고 있다. "너는 마음을 다하여 여호와를 신뢰하고 네 명철을 의지하지 말라 너는 범사에 그를 인정하라 그리하면 네 길을 지도하시리라."

내가 지난 40년간 주님을 섬기면서 느낀 점은, 적어도 참된 신자라면 하나님의 뜻에 벗어난 삶을 사는 것이 생각보다 쉽지 않다는 것이다. 일단 하나님 아버지의 뜻에 어긋난 길로 들어서면, 아버지는 사랑의 손길을 뻗으시고, 우리의 옆구리를 툭툭 치시며 바른 길로 가라고 지시하신다. 신자는 하늘 아버지를 진실로 의뢰하고, 삶을 통해 그 분을 늘 '인정'할 운명에 처해있다는 말이다.

인정한다는 말의 뜻은 무엇일까? 웹스터 사전에 의하면, 인정한다는 것은 "권리, 지위, 권위를 받아들인다; 감사를 표현하거나 의무를 받아들인다; 진정하고 유효한 것으로 받아들인다"는 말이다. 예컨대 친구를 인정한다는 건, 그 친구와 대화를 나누고 감사의 표현을 하며 우리의 삶에서 그의 존재를 받아들이는 것을 뜻한다.

당신의 존재를 인정하지 않는 어떤 친구를 상상해보자. 그런 경우에는 당신이 아무리 관심을 끌어보려 해도 그는 당신을 무시해버릴 것이다. 마치 당신이 거기에 없는 것처럼, 계속 다른 사람들과만 대화를 나눌 것이다. 비슷하게, 우리도 우리 인생에서 순간순간 주님을 인정하지 않는 경우가 있다. 그냥 없는 것처럼 무시하고 자기 일만 보는 것이다. 우리 삶에 함께 하시는 하나님을 인정하지 않으면, 마땅히 들어야할 그분의 음성을 제대로 들을 수 없다.

하나님은 다양한 방법으로 신자들에게 말씀하기 원하신다. 그러므로 열린 마음을 가지고 하나님의 말씀을 받을 준비가 되어있어야 한다. 나는 성경을 가르치기 위해 전 세계로 돌아다니며 여행을 많이 하는 사람이다. 여행 할 때 가장 아쉬운 점은 가족과 대화를 나누지 못하는 것이다. 나는 나의 사랑하는 아내인 라 베르네와 함께 시간 보내기를 간절히 원한다. 요즘 통신시설의 발달로 아내와 자주 통화를 할 수 있게 되었다. 전화, 팩스, 이-메일, 편지 등 온갖 수단을 다 동원하여 나는 아내와 대화하려고 한다. 나는 그녀의 목소리가 늘 듣고 싶다.

이처럼 신자에게는 하나님의 음성이 듣고 싶어 못 견딜 정도의 그런 간절함이 있어야한다. 이러한 열망은 하나님과 사랑하는 관계로부터 생성된다. 하나님이 인간에게 말씀하시는 방법은 정말 다양하다. 그러므로 하나님의 음성을 듣는 방법에 대해 너무 까다롭게 선택하려고 하지 말자. 〈주여 말씀하소서 내가 듣겠나이다: 잡다한 소음을 넘어서 하나님의 음성을 듣는 법〉이라는 책에서 나는 하나님이 말씀하시는 50가지의 다양한 방법을 다루었다. 그렇지만 그것도 전부 다는 아니다.

하나님은 타인을 통해 우리에게 말씀하시기도 하고, 우리의 상황, 처지, 꿈, 환상, 죄의 자각을 통해서도 말씀하신다. 그렇지만 주님은 특히 하나님의 말씀인 성경을 통해서, 그리고 성령을 통해 우리의 영에 직접 말씀하신다. 예수님은 가르치기를 우리가 주님의 말씀에 계속 거하고 있으면 진리를 터득하게 된다고 하셨다. "내 말에 거하면 참으로 내 제자가 되고 진리를 알지니 진리가 너희를 자유롭게 하리라"(요한복음 8:31-32). 하나님은 늘 예수님의 말씀을 통해 우리에게 그분의 음성을 들려주시기에, 성경 말씀에만 순종하면 그릇된 길로 나가는 법이 없게 된다.

성경에 비추어 모순이 없어야 함

신자라면 자신을 하나님의 말씀에 흠뻑 적셔야 한다. 포화될 정도로 몰두해야한다는 말이다. 원수에게 속지 않으려면 우리 안의 말씀이 저수지를 가득 채워 두어야 한다. 그래야만 분별력을 발휘할 수 있다. 어떤 꿈, 예언, 귀에 들리는 음성, 환상이라도 성경과 일치하지 않으면 하나님의 말씀이 아니다. 하나님은 믿는 자들이 엉뚱한 길로 가지 않도록 성경을 신앙의 기준(규범)으로 주셨다. 디모데후서 3:16-17은 하나님이 말씀을 주신 이유를 다음과 같이 기술하고 있다.

모든 성경은 하나님의 감동으로 된 것으로 교훈과 책망과 바르게 함과 의로 교육하기에 유익하니 이는 하나님의 사람으로 온전하게 하며 모든 선한 일을 행할 능력을 갖추게 하려 함이라

한번은 어떤 사람이 나에게 이혼을 허락한다는 도장을 찍어 줄 수 있냐고 부탁해온 적이 있다. 그는 주장하기를, 교회에 다른 여자가 하나가 있는데, 현재 부인보다 훨씬 더 자기와 잘 맞으며 교회 사역을 함께 하기에도 더욱 적합한 여자라는 것이었다. 나는 그에게, 아무리 바른 일처럼 느껴진다 할지라도, 그 결정은 그릇된 것이라고 말해주었다. 나는 그런 행동이 주님께 반역하는 일이라는 것을 어떻게 알았을까? 나는 마가복

음 12:11-12절에 기록된 말씀을 보았는데, 거기에는 그런 행위가 '간음' 이라고 기록되어 있었다.

그리스도 안에서 성숙한 신앙인으로 발돋움하려면, 하나님의 말씀으로 늘 마음을 새롭게 함으로 선과 악을 분별하는 데까지 이르러야 한다. 그 다음에는 바른 것을 실천으로 옮기며 연단을 받아야한다. "단단한 음식은 장성한 자의 것이니 그들은 지각을 사용함으로 연단을 받아 선악을 분별하는 자들이니라"(히브리서 5:14).

하나님의 말씀은 절대로 변하지 않는다. 그렇지만 많은 경우에, 인생의 중대 결정을 내려야하는 시기에 우리는 성경을 통해 세세한 인도를 받을 수 없다. 사실 어떻게 결정을 내려도 성경과 위배되지 않는 일들이 세상에는 많다. 그래서 신자는 더 섬세한 성령의 조명을 받기 원하는 것이다. 예컨대 이는 다음과 같은 질문에 대한 해답과 관련된 것들이다. "대학에서 무엇을 전공할 것인가? 직업 훈련을 받을 것인가? 학업을 지속할 것인가? 어떤 직업을 선택할 것인가? 어느 지역에 거주할 것인가? 자동차를 먼저 구입할 것인가 아니면 집을 먼저 장만할 것인가? 주님은 어느 집단을 위해 봉사하도록 나는 부르시고 계신가?" 이런 질문에 대한 해답은 성경에 직접적으로 언급되어 있지 않기 때문에, 성령의 음성 듣는 법을 습득해야만 한다.

성령님께서 당신의 영을 조명하시도록 하라

주님은 성령을 통해 우리에게 말씀하시기를 바라신다. 로마서 8:16 에는 "성령이 친히 우리의 영과 더불어 우리가 하나님의 자녀인 것을 증언하시나니"라고 적혀있고, 잠언 20:27에는 "사람의 영혼은 여호와의 등불이라 사람의 깊은 속을 살피느니라"고 기록되어 있다.

당신의 영은 혼과 더불어 당신의 몸 안에 존재한다. 당신의 영과 혼은 불멸(不滅)이다. 혼은 지정의(知情意)를 포함하고 있으며, 인간의 영과 혼은 성령과 교통한다.

신자들은 이 땅에서 성령과 교통하는 법을 배우고 있는 중이다. 이따금 우리는 마음의 깊은 곳으로부터 흘러나오는 성령의 음성을 듣는다. 그러나 많은 경우에 우리는 그것을 그냥 무시해버린다. 주님은 우리의 영에 말씀하시는 성령님을 신뢰하는 법을 가르쳐주기 원하신다. 우리의 영은 마치 등과 같은데, 주님은 거기에 성령으로 불을 붙여 빛이 나게 하시며 우리를 인도하신다.

하나님의 음성 듣는 것을 복잡한 일로 간주하는 사람들도 있다. 그러나 생각처럼 어려운 일이 아니다. 나와 아내는 젊었을 때에 국내 선교사로 나가려고 준비하고 있었다. 그런데 우리 앞에 두가지의 선택이 놓여졌다. 우리 교단의 선교부는 사우스캐롤라이나와 코네티컷 두 군데에 사역의 기회가 열려있다고 했다. 기도해보니 하나님은 사우스캐롤라이나 앞 바닷가 한 한적한 섬에 위치한 사람들에 대한 영적 부담감으로 우리의 마음을 채우셨다. 물론 우리들은 어떠한 귀에 들리는 확연한 음성을 듣지는 못했다. 그렇지만 느낌이 점차 강해졌기에, 우리를 위해 예비하신 장소로 받아들였다.

주님의 음성 듣는 일에 관해 진지해질수록 주님이 반드시 응답하시리라는 기대감도 증진되어야한다. 성경은 이렇게 약속한다. "사람이 마음으로 자기의 길을 계획할지라도 그의 걸음을 인도하시는 이는 여호와시니라"(잠언 16:9). 당신의 지난 과거를 돌이켜보며, 하나님께서 어떻게 당신 인생의 발걸음을 인도해 오셨는지 한번 고찰해 보아라. 종종 하나님은 우리 마음에 부담감 내지는 열망을 주신다. 그러면 신자는 그런

중압감이나 소망이 다른 곳으로부터 온 게 아니라 바로 하나님으로부터 온 것이라는 것을 감지한다.

신자는 하나님을 신뢰할 수 있으며 또한 신뢰해야 한다. 하나님은 오직 그분을 신뢰하는 자에게 음성을 들려주시기 때문이다. 어린 시절 나는 매년 겨울마다 사향뒤쥐 사냥을 하곤 했다. 해뜨기 전 이른 아침에 나가서 설치된 올가미 줄을 따라 덫들을 점검했다. 그렇지만 산 속에는 난폭한 야생 짐승들도 많았으므로, 이상한 소리나 뭔가 움직이는 그림자를 보면 나는 섬뜩하여 그 자리에 얼어붙곤 했다. 그 어두침침하고 차가운 새벽에, 나를 위로해준 소리가 있었는데 그것은 하늘 아버지의 음성이었다. 그분은 언제나 올가미 줄 선상에서 나를 만나주셨다. 내 이름을 부르시는 그분의 부드러운 음성은 나에게 평안한 마음과 안도감을 심어주었다.

예수님은 신자들에게 그분의 음성 듣는 법을 가르치고 계신다. 요한복음 10:4에서 예수님은 '양들은 목자의 음성을 반드시 듣는다'고 말씀하셨다. "자기 양을 다 내놓은 후에 앞서 가면 양들이 그의 음성을 아는 고로 따라오되." 양들에게는 수많은 소리가 들려온다. 그렇지만 낯선 사람의 목소리를 듣고 따라가지 않는다. 양들은 오직 목자의 음성만 듣고 따라가도록 훈련되었기 때문이다.

4가지 다른 종류의 음성

처음으로 그리스도인이 되었을 때 나는 속으로 '이제부터는 오직 하나님의 말씀만 듣게 되겠구나'라고 생각했다. 그렇지만 그것은 나의 착각이었고, 그 후로 여러 번의 충격을 받았다. 세상에, 내 머릿속에 얼마나 잡다한 생각들이 떠오르던지! 곧이어 나는 들려오는 모든 음성이 다 성령의 음성은 아니라는 사실을 깨닫게 되었다. 시간이 더 흐르면서 나는 신자가 들을 수 있는 마음의 소리가 대략 4가지가 된다는 사실을 발견하게 되었다. 만일 하나님의 음성을 듣지 못한다면, 우리가 듣는 것은 자기 자신의 소리거나, 다른 사람의 소리거나, 아니면 사단-마귀의 소리이다. 우리 내면에서 들려오는 소리가 과연 누구의 목소리인지 어떻게 분별해낼 수 있을까?

자기 자신의 음성

우리 자신의 소리 즉 자아의 음성을 먼저 다루어보자. 우리의 혼이 지력, 감정, 의지라는 사실을 독자들은 기억할 것이다. 종종 우리의 결정은 일종의 신념으로부터 비롯된다고 할 수도 있다. 그리고 그런 신념은 우리의 감정과 느낌에 반영된다. 이는 개인적으로 애호하는 욕구인데, 예컨대 좋아하는 축구팀은 어디인가, 뭐사를 먹을 것인가, 쇼핑 혹은 영화 관람을 선택할 것인가 하는 것 등이다. 물론 어느 것을 선택해도 그릇된 것은 없지만, 분명한 것은 그것은 개인의 선호도일 뿐 하나님의 음성은 아니라는 것이다. 그렇지만 많은 경우에 그리스도인들은 자신의 욕망과 하나님의 음성을 혼동한다.

다른 사람의 음성

하나님의 음성과 경쟁 관계에 있으면서 우리의 주의를 끌려는 것이 있는데, 그것은 타인의 목소리이다. 고린도후서 10:5에는 "하나님 아는 것을 대적하여 높아진 것을 다 무너뜨리고 모든 생각을 사로잡아 그리스도에게 복종하게 하니"라고 말씀하신다.

우리에게 물건을 팔려고 광고를 낸 사람들의 목소리나 우리를 이용하려고 논리를 편 사람들의 이야기가 우리 안에 내재되어 있다가 흘러나

오는 경우가 있다. 그런 사고나 견해들 중에는 종종 하나님을 대적하는 것들이 많다. 우리는 그런 것들을 사로잡아 복종케 하거나 무너뜨려야 한다.

하나님의 뜻에 관해 서로 상반된 견해를 취하는 경우, 내가 잘못 들었는지 상대가 잘못 들었는지 판가름하기 어려운 경우도 있다. 그래서 요한1서 4:1에서는 "영"을 시험해보라고 권고한다. 다른 그리스도인이 '이것이 하나님의 뜻이다'라고 당신에게 말한다면, 그것이 진정으로 하나님으로부터 온 말씀인지 시험해보라. 진짜 하나님으로부터 온 말씀인지 확증해달라고 주께 직접 여쭈어보라. 만일 의혹이 있으면, 곧바로 담임 목회자나 영성이 탁월한 리더에게 문의하라. 그들에게 당신과 함께 기도해줄 것도 부탁하라.

원수의 음성

하나님의 음성 대신에 우리가 듣게 되는 세 번째 소리는 원수의 목소리이다. 마귀는 새빨간 점프 수트(바지와 상의가 하나로 붙어 있는 의상)에 긴 꼬리를 달고 나타나지 않는다. 그는 매우 교활하기에 광명의 천사로 가장하여 나타난다(고린도후서 11:14 참조). 사탄은 선량한 사람들의 평범한 언어를 이용하여 진리를 희석시키는 일을 자행한다. 혹은 하나님의 말씀에 위배되는 엉뚱한 사고를 합리화시켜 우리 마음속에 집어넣는다.

당신은 개인 성경공부를 심각하게 고려해 본적이 있는가? 혹시 그럴 때마다 당장 처리해야 할 더 급하고 중요한 일이 있다는 생각이 문득 떠오르지는 않았는가? 그랬다면 예수님께서 마귀를 대하신 것과 동일한 방법으로 마귀를 대적하라. 즉 "기록되었으되"라고 말하며 그를 대적하라는 것이다. 하나님께 복종하며 예수의 이름으로 마귀를 대적하면 마귀는 도망갈 것이다(야고보서 4:7 참조).

나의 인생을 돌아보면, 이따금 마귀가 내 인생에 우울한 그림자를 드리워 나를 침체시키려한 적이 있었던 것을 기억한다. 그래서 나는 참다못해 내 자신과 어두움의 권세를 향하여 하나님의 말씀을 담대히 선포하였다. 나는 이렇게 외쳤다. "[내 안에] 계신 이가 세상에 있는 자보다 크시도다!"(요한1서 4:4 참조). 그러자 순식간에 영적 기류가 바뀌었다. 원수의 짓누르던 것이 사라지고 주님의 임재가 임했다. 나는 성경에 기록된 진리를 선포함으로 원수의 목소리를 잠잠케 한 것이다.

하나님의 음성

우리가 참으로 듣기 원하고 또 순종하기 원하는 소리는 우리의 영에 말씀하시는 하나님의 음성이다. 우리는 그 내면에서 울려 퍼지는 소리를 종종 "고요하고 세미한 소리"라고 부르기도 한다. 이는 열왕기상 19:11-13에서 유래한 표현인데, 하나님은 엘리야에게 "세미한 소리"(개역개정) 혹은 "부드럽고 조용한 소리"(표준새번역)로 말씀하셨다. 많은 이들이 지구를 뒤흔드는 듯한 하나님의 음성 듣기를 갈망한다. 그렇지만 많은 경우에 하나님은 우리의 내면 깊숙한 곳에서 나지막이 말씀하신다.

시편 46:10에는 "너희는 가만히 있어 내가 하나님 됨을 알지어다"라는 말씀이 기록되어 있다. 그러므로 조용한 시간을 가지면서 하나님의 음성을 들으려고 '기다리는 것'이 중요하다. 예컨대 당신이 친구와 대화하며 항상 혼자만 수다를 떤다면, 그건 쌍방이 아니라 일방적인 의사소통이 될 것이다. 기도도 마찬가지이다. 우리는 하나님께 아뢰어야하지만, 동시에 하나님의 말씀을 듣기도 해야 한다.

내 인생에 대부분의 중요한 결정들은 바로 "가만히 있으며 듣는 세미한 음성"을 통해 내려졌다. 오래 전에 소그룹을 중심으로 형성된 교회를 개척하려고 했을 적에, 나는 나지막한 하나님의 음성을 들었다. "너는 지하교회 운동에 가담하고 싶으냐?" 그것은 지진이 발생하는 것처럼 온 몸을 전율케 하는 큰 소리가 아니었고, "잠잠히 울려 퍼지는 작은 소리"였다. 그러나 그것은 대단히 "분명한" 소리였으며, 나의 인생의 향방을 송두리째 바꾸어 놓은 음성이었다.

이따금 내가 우리 가족을 위하여 시장에서 쇼핑할 적에, 미리 준비해 간 구매 리스트에 없는 것을 사라는 "조용한 음성"이 들린다. 그런데 집에 돌아와 보면, 그 물품이 꼭 필요한 것이었음이 밝혀진다. 우리가 성령님의 음성에 민감하기만 하면, 언제나 말씀하시는 그분의 음성을 곧잘 들을 수 있다. 한 때 성령님은 나에게 한 선교사 가정에 자금을 대어주라는 음성을 들려주셨다. 나중에 알고 보니 그 선교사 가정은 돈이 떨어져 굶고 있었으며, 나의 선행은 그들의 기도에 대한 응답이었다.

당신이 하나님과 함께 하는 조용한 시간에 성령께서 당신에게 말씀해 주시고, 또한 하루 종일 성령님의 음성을 듣게 해 달라고 요청해 보아라. 계속 영적으로 민감해지다보면, 당신 자신의 음성과 성령의 음성을 구분할 줄 아는 분별력이 키워질 것이다. 그러면 결국 하나님의 음성을 제대로 듣고 순종하는 데까지 이르게 된다.

하나님의 음성 쪽으로 방향을 전환하기

성경을 읽다가, 마치 그 말씀이 당신에게로 튀어나오는 것 같은 경험을 해본 적이 있는가? 이전에도 여러 번 읽었으나, 이번에는 그 말씀이 당신의 영혼을 사로잡는 것 같은 그런 경험 말이다. 이는 하나님께서 당신에게 말씀하시는 순간이다!

예컨대 느긋한 자세로 편히 쉬려 하는데, '집안일을 하며 아내를 좀

도와줘야 하겠다'는 생각이 문득 들 때가 있다. 그러면 쓸데없는 생각이라고 묵살해버리지 말라! 혹시 하나님께서 당신에게 말씀하시고 계신지도 모른다. 청소년이 한쪽 귀로는 음악을 듣고 다른 쪽 귀에 휴대폰으로 친구와 잡담하는데, 불현듯 '방을 청소해야겠다'는 생각이 들 때가 있다. 그렇다면 그것이 하나님의 음성일 가능성도 있다.

우리는 연습과 순종을 통해 하나님의 음성 듣는 법을 배운다. 음성은 들려오지만, 때론 그것이 자기 음성인지, 하나님의 음성인지, 다른 사람의 음성인지, 원수 마귀의 음성인지 분별하다가 혼동을 일으켜 포기해버리는 경우가 있다고 말하는 이들도 있다. 어떤 경우는 마치 미약한 라디오 전파를 잡으려고 바둥대는 것처럼 잘 들리지 않는 경우도 있다. 아니면 여러 방송이 겹쳐서, 들렸다 안 들렸다 하는 것과 같은 것을 경험하기도 한다. 그러나 그래도 포기하지 않고 계속해서 목자이신 예수님의 음성을 들으려고 노력하다보면, 그 모든 것을 분별하여 선명하게 듣는 비법을 터득하게 된다.

YWAM의 설립자인 로렌 커닝햄은 하나님의 음성을 듣는 3단계를 발견하고는, 그것으로 수천의 YWAM에 있는 그리스도인들을 도와주었다. 그는 이렇게 가르쳤다.

첫째는, 하나님의 주님 되심을 인정하라. 나 자신의 모든 생각이 사라지도록 주께 도움을 구하라. 그리고 개인적인 욕망이나 다른 이들의 의견 등 나의 마음을 채우고 있는 모든 것이 잠잠해 지도록 하라(고린도후서 10:5 참조). 당신 자신이 개인적으로 건전한 마음의 소유자라 할지라도, 자신의 판단력을 믿지 말고, 가장 좋은 생각을 하시는 하나님의 음성을 들으려고 하라(잠언 3:5-6 참조).

둘째는, 당신을 속이려 덤벼드는 원수를 대적하라. 원수의 입을 틀어막아버리는 예수 그리스도의 권세를 사용하라(야고보서 4:7, 에베소서 6:10-20 참조).

셋째, 응답을 기대하라. 마음의 소원을 아뢴 후에는 응답을 기다려라. 당신을 진정으로 사랑하시는 하늘 아버지께서 반드시 말씀해 주실 것을 믿으라. 그러면 그 분의 음성을 듣게 될 것이다(요한복음 10:27, 시편 69:13, 출애굽기 33:11 참조).

수년 전에 우리 부부는 두 명의 어린 자녀와 함께 대형 쇼핑몰에 갔다. 그런데 순간 네 살배기 딸이 우리의 시야에서 사라졌다. 나는 즉시로 그 아이의 이름을 불렀다. 감사하게도 어디선가 딸이 응답하는 목소리가 들려왔다. 아버지의 음성을 딸이 들은 것이다. 그녀를 다시 보고서야 놀란 가슴이 진정되었다. 우리의 하늘 아버지는 그의 자녀들이 그분의 음성에 귀 기울이고 반응하기를 바라신다. "하나님 아버지, 주님의 음성을 듣고 순종하는 법을 배우게 하여 주소서!"

복습문제

1. 처음에는 하나님의 음성인줄 알았는데, 나중에 그것이 아니라는 게 밝혀진 적이 있었는가? 그런 경우가 있다면 자세히 설명해보라.

2. 어떤 생각이나 말이 하나님으로부터 온 것인지 확인하는 첫 번째 절차는 무엇일까?(디모데후서 3:16-17 참조)

3. 성령을 통해 하나님께서 당신에게 말씀하시는 방식에는 어떤 것들이 있는가?

4. 마귀를 대적하며 그의 속임수를 피하는 당신 나름대로의 비법을 말해보라.

4장

하나님의 말씀을
선명하게 듣기

　이따금 하나님의 말씀을 듣는 것은 마치 짙은 안개 낀 밤에 내리막길로 자동차를 운전하는 것과도 같다. 한마디로 버둥거리는 고투라는 것이다. 시야가 좋지 않을 경우는 노란 중앙선을 지표로 사용하기도 하고, 앞차 뒤의 미등을 따라가기도 한다. 성경은 마치 중앙선과도 같은 것인데, 그것을 따라가다 보면 엉뚱한 데로 들어서지 않게 된다. 그리고 앞차의 미등은 성령의 조명과도 같은데, 그것을 따라가다 보면 목표 지점에 이르게 된다.

　그렇지만 완전히 길을 잃어버리는 경우도 발생한다. 주님께 순종하기 원하고 우리의 삶 속에서 그분의 뜻이 이루어지기를 소원하지만, 때론 앞차의 미등도 보이질 않고 심지어는 중앙선조차 희미한 경우가 있다. 이렇게 곤란한 경우는 어떻게 해야 하는가? 여기에 우리에게 통찰력을 주는 구약성경의 한 이야기가 있다.

　어떤 사람이 강가에서 나무를 베다가 쇠도끼를 물에 떨어뜨렸다. 그 당시 쇠도끼는 상당히 비싼 공구였다. 그는 쇠도끼를 다시 찾기를 간절히 원했다. 왜냐하면 그 공구는 빌려온 것이었기 때문이다. 그는 하나님의 사람인 엘리사에게 도움을 요청했다. 엘리사는 어디에서 빠졌는지를 물어보고 그 곳에 나뭇가지를 베어 물에 던져 쇠도끼를 떠오르게 하였다(열왕기하 6:1-6 참조). 쇠도끼는 빠졌던 바로 그 지점에서 기적적으로 떠올랐다.

우리는 위의 성경 이야기로부터 소중한 교훈을 하나를 얻을 수 있다. 인생의 향방을 몰라 방황할 때마다, 이전에 하나님의 음성을 분명하게 들었던 곳으로 다시 돌아가는 것이 도움이 된다는 사실이다. 돌아가지 않으면 허우적거리는 괴로운 인생이 계속 될지도 모른다. 영적으로 길을 잃었다는 판단이 서면 처음 은혜 받은 자리로 돌아가라. "그러므로 어디서 떨어졌는지를 생각하고 회개하여 처음 행위를 가지라 만일 그리하지 아니하고 회개하지 아니하면 내가 네게 가서 네 촛대를 그 자리에서 옮기리라"(요한계시록 2:5).

우린 도끼가 떨어진 곳으로 돌아가서 얼마만큼의 높이에서 떨어졌는지 살펴볼 필요가 있다. 즉, 주님을 향한 사랑과 순종의 수위가 얼마나 떨어졌는지 살펴 보아야한다는 말이다. 주님의 길에서 벗어났다면, 회개하고(뒤돌아서), 선명하고 날카롭고 심령 골수를 쪼개는 주님의 음성이 있던 곳으로 다시 돌아가야 한다.

나는 하나님으로부터 성서대학으로 가라는 음성을 듣고 신학교에 입학한 한 젊은이의 이야기를 하고자 한다. 그는 몇 주간 공부를 한 후에 자신의 결정에 대해 재고해보기로 결심했다. 왜냐하면 그 거룩한 분위기, 그리고 혹독한 경건 훈련을 견디기가 어려웠기 때문이다. 겪어본 사람은 다 알 것이다. 그렇지만 그는 주님께서 그를 부르셨던 그 기억을 되새기며, 그를 부르신 분은 하나님이라는 사실을 상기하였다. 그 결과,

계속 머무르기로 결심했다. 그 젊은이는 주님의 부르심에 순종함으로 결국 많은 영적 혜택을 누리게 되었는데, 그 후로 주께서는 그의 인생에 정말로 놀라운 일이 일어나게 하셨다.

되돌아가라

1992년에 나는 과연 교회에서 리더십을 발휘하는 위치로 부르심을 받은 것이 맞는지 의심하게 되었다. 리더십의 역할을 계속 감당하기보다는 차라리 다른 일을 하는 것이 훨씬 더 좋아 보였다. 그렇지만 나는 1980년에 나로 하여금 개척교회를 하도록 부르신 그 하나님의 부르심을 떠올렸다. 나에게는 그 지점이 바로 쇠도끼를 떨어뜨린 곳이었다. 그 당시 주님은 나에게 명확히 말씀하셨는데, 그로 인하여 새 교회를 개척할 사명이 주어졌다는 확신이 생겼다. 그러한 것을 상기함으로 나에게는 포기하지 않고 계속 전진할 자신감이 생겼다. 주님께서 나를 통해 시작하신 일이 아직도 결말이 나지 않았다는 것을 깨달았기 때문이다.

당신도 종종 피곤하고 지치지 않는가? 학업을 감당하기 힘겹고 교회 일에도 기진맥진하지 않은가? 권태감이 찾아올 때마다 과거에 주님의 말씀을 분명히 들었던 그 곳으로 되돌아가라. 그리고 주님으로 하여금 그 시점으로부터 새로 시작하시도록 허락하라. 되돌아가기만 하면, 실수를 저질렀다하더라도 희망이 있다. 이것이 바로 예수님께서 이 땅에 오신 목적이다. 우리가 죄를 자백하기만 하면 우리의 모든 죄를 씻기시고 깨끗케 하셔서, 완전히 새로운 인생을 시작하게 하기 위함 말이다.

요나의 이야기를 기억하는가? 그는 주님의 명령을 거부한 사람이다. 하나님은 요나에게 니느웨 성으로 가서 하나님의 말씀을 전하라고 하셨으나 요나는 불순종했다. 그러자 하나님은 불신자인 뱃사람들을 사용하여 요나를 바다에 던져 넣으시면서 요나의 주의를 환기시키셨다. 그리고 큰 물고기를 준비시키셔서 요나를 삼키게 하심으로 요나에게 다시 생각할 기회도 주셨다. 나는 요나가 물고기 뱃속에서 그가 어디에서 떨어졌는지를, 즉 바로 그 쇠도끼가 떨어진 곳을 상기했을 것으로 상상한다. 요나는 즉시 회개했다! 요나가 감사하는 목소리로 주께 제사를 드리고 서원을 주께 갚겠다는 기도를 마치자마자, 하나님께서는 물고기로 요나를 육지에 토해내도록 하셨다. 요나는 이제 두 번째 기회를 얻은 것이다! 그 다음 이야기는 성경에 이렇게 기록되어 있다.

> 여호와의 말씀이 두 번째로 요나에게 임하니라 이르시되 일어나 저 큰 성읍 니느웨로 가서 내가 네게 명한 바를 그들에게 선포하라 하신지라 요나가 여호와의 말씀대로 일어나서 니느웨로 가니라 니느웨는 사흘 동안 걸을 만큼 하나님 앞에 큰 성읍이더라 (요나 3:1-3)

회개하면 우리는 주님의 음성을 재차 들을 수 있다. 그렇다면 우리 자신에게 물어볼 핵심 질문은 다음과 같은 것이 될 것이다. "지난번에 주께서 나에게 하라고 지시하신 일에 내가 순종했는가?"

나의 인생에 끊임없는 갈등과 스트레스를 쌓이게 하는 한 가지 일이 있었다. 그건 나의 아내인 라 베르네와 내가 운전하여 어디론가 가려할 때에, 지름길로 가려는 과정 중에 발생했다. 문제는 내가 자주 길을 잃어버린다는 점에 있다! 왔던 길로 되돌아가는 건 진정 곤혹스러운 일이었다. 왜냐하면 나의 경우에 친숙한 길로 되돌아가지 않으면 영영 길을 찾지 못하기 때문이다.

인생이 그릇된 길로 들어섰다는 생각이 든다 하더라도, 절대로 그것을 인생의 마지막이라고 판단하지 말라. 우리 주님은 인생을 회복시켜 주시는 분이시다. "내가 전에 너희에게 보낸 큰 군대 곧 메뚜기와 느치와 황충과 팥중이가 먹은 햇수대로 너희에게 갚아 주리니"(요엘 2:25). 그러므로 이전에 하나님의 음성을 확실히 들은 그 지점으로 돌아가라. 그러면 그 곳으로부터 당신의 목적지로 향하는 지름길을 발견하게 될 것이다.

하나님의 말씀과 정렬되어야한다

내가 하나님의 음성을 바로 듣는 길로 들어서려고 발버둥칠 때마다 나를 도와준 하나님의 사람이 한 분 있었다. 그 분은 3가지 종류의 등대에 관한 이야기를 들려주었다. 그 등대들은 바다 밑에 큰 바위가 깔린 항구로 배들이 들어올 때마다, 배가 바위에 부딪치지 않도록 인도해주는 기능을 했다고 한다. 날카로운 바위에 부딪치는 곤란한 일을 피하기 위해 배의 선장은 늘 그 3개의 등대가 일렬로 정렬이 되어 서로 겹쳐 마치 한 개처럼 보이는 길로만 항해를 해야 했다는 것이다. 일렬로 나란히 서지 않고 등대가 2개나 3개로 따로 보이면 위험한 지역으로 들어선 것을 뜻한다고 하였다.

우리의 인생이 조난 사고를 당하지 않으려면 인생을 인도하는 3개의 등대가 나란히 정렬된 곳으로만 인생의 배를 몰고 가야한다.

그 첫 번째 등대는 하나님의 말씀이다. 이 세상에 하나님의 말씀을 대신할 수 있는 것은 없다. 바울은 고린도전서 14:37에서 "만일 누구든지 자기를 선지자나 혹은 신령한 자로 생각하거든 내가 너희에게 편지하는 이 글이 주의 명령인 줄 알라"고 하였다. 하나님은 또한 여호수아에게 하나님의 말씀에 충실할 것을 명령하셨다. "이 율법책을 네 입에서 떠나지 말게 하며 주야로 그것을 묵상하여 그 안에 기록된 대로 다 지켜 행하라 그리하면 네 길이 평탄하게 될 것이며 네가 형통하리라"(여호수아 1:8).

하나님의 말씀에 순종하는 자에게는 형통케 될 것이라는 약속이 주어졌다. 그렇지만 하나님의 말씀을 거역하면, 그것이 인생을 난파시키는 원인이 된다. 얼마간은 순탄하게 항해를 하는 것처럼 보일 수도 있다. 그렇지만 하나님의 말씀에 계속 거역하면 조만간 인생은 기울게 되어있다.

누구든 하나님으로부터 초자연적 계시를 받았다는 사람은 그의 주장이 하나님의 말씀과 정렬되어 있어야한다. 몰몬교라는 종교는 조셉 스미스로부터 시발되었는데, 그는 천사의 방문을 받았다고 주장했다. 그렇지만 우리는 그 천사가 타락한 천사 내지는 마귀라는 사실을 증명할 수 있다. 왜냐하면 몰몬교는 성경에 위배되는 주장을 많이 하고 있기 때문이다. 몰몬교의 주장은 기독교를 왜곡한 것이다. 갈라디아서 1:6-8에서 사도 바울은 가짜 복음에 현혹되지 말 것을 간곡히 부탁했다.

> 그리스도의 은혜로 너희를 부르신 이를 이같이 속히 떠나 다른 복음을 따르는 것을 내가 이상하게 여기노라 다른 복음은 없나니 다만 어떤 사람들이 너희를 교란하여 그리스도의 복음을 변하게 하려 함이라 그러나 우리나 혹은 하늘로부터 온 천사라도 우리가 너희에게 전한 복음 외에 다른 복음을 전하면 저주를 받을지어다

사탄도 광명의 천사로 가장하여 나타날 수 있다는 하나님의 말씀을 기억하라(고린도후서 11:14 참조). 그러므로 하나님의 말씀에 위배되는 것은 없는지 늘 주의하여 살펴보아라. 불확실한 경우는, 교회의 리더나 목회자에게 자문을 구해도 좋을 것이다. 우리가 받는 계시가 하나님의

온전하신 뜻과 일치하는지의 판단기준은 늘 하나님의 말씀이다.

하나님의 평강과 정렬되어야한다

두 번째로 정렬되어야 할 등대는 하나님의 평강이다. 성경은 골로새서 3:15에서 "그리스도의 평강이 너희 마음을 주장하게 하라 너희는 평강을 위하여 한 몸으로 부르심을 받았나니 너희는 또한 감사하는 자가 되라"고 명령하신다. "주장"한다는 말은 문자 그대로 "심판을 본다"는 뜻이다. 다시 말해서, 마음에 있는 하나님의 평강은 우리가 어떤 결정을 내려야할지 판별해주는 심판과도 같다는 말이다.

한 젊은이가 큰 회사로부터 채용제의를 받았는데, 그 어느 직장보다 더 많은 돈을 벌 수 있는 기회였다. 그는 번 돈으로 할 수 있는 많은 멋진 일들을 구상해보았다. 아파트를 사려는 친구를 도와주는 일, 궁핍한 자를 구제하는 일, 노숙자를 돕는 일 등을 상상해보았다. 그렇지만 기도해 보니 마음에 하나님의 평강이 오지 않았다. 그래서 그는 제안을 거절했다. 그 회사의 회장은 그 청년의 정신상태를 의심했고, 친구들도 제정신이 아니라고들 했다. 그것은 일생에 한 번 올까말까 한 그런 기회처럼 보였기 때문이다. 그렇지만 그 젊은이는 어떤 제안이라도 하나님의 축복 없이는 취하고 싶지 않았다. 그런데 얼마 후에 그 회사의 사장은 불법에 연루되어 구속되었고 회사 전체가 어려움에 빠지게 되었다. 만일 그 청년이 그 회사에서 일했다면 어떤 곤경에 빠졌을는지 알 수 없다. 정직함을 지킬 것인지 아니면 강제로 연행될 것인지 기로에 놓이게 되었을는지도 모른다. 하나님은 그 청년으로 하여금 그런 혼란스러운 상태에 빠지지 않도록 보호하셨다.

수년 전에 내 친구 하나가 본인의 차를 내게 주겠다고 했다. 참으로 멋진 자동차였다. 그런데 내 아내인 라 베르네와 나는 그 차를 받는 일에 대하여 마음에 평강이 오질 않았다. 그래서 우리는 점잖게 사양했다. 그런데 얼마 안 가서 주께서는 우리 가정에 승합차를 허락하셨다. 그런데 그 후원자가 승합차를 선사하고자할 때에는 마음에 평강이 왔다. 그래서 우리들은 감사한 마음으로 받았다. 마음속에 하나님이 넣어주시는 평강을 따라 순종하다보면 하나님의 승낙과 더불어 오는 그분의 호의를 덧입고 살아갈 수 있다.

삶의 상황과 정렬되어야한다

정렬되어야 할 세 번째 등대는 상황이다. 종종 하나님의 뜻이라고 확신하는 일들이 있지만, 아직 적합한 때가 찾아오지 않은 경우가 있다. 만일 적기가 아니라는 판단이 서면, 때가 무르익기까지 그냥 포기하는 것이 좋다. 만일 진정으로 하나님이 원하시는 일이라면, 적합한 시점에 이르러 하나님이 기회를 다시 살려내실 것이다.

우리는 자신이 결혼할 배우자를 하나님이 주셨다고 확신하는 수많은 남녀를 상담해주고 있다. 그런데 혼자만 그렇게 생각하지 상대방은 전혀 딴 생각을 한다는 게 항상 문제이다. 그러면 우리는 그런 갈망은 사그라지게 하라고 권유한다. 그리고 진정 그 사람과 결혼하는 게 주님의 뜻이라면, 지금 포기해도 미래에 관계가 다시 되살아날 것을 믿으라고 조언한다.

주께서 어떤 자동차나 가옥을 구입할 것을 허락하셨다는 확신이 있는데도 그것이 마음대로 되지 않는 경우라면, 당신이 적기를 놓쳤든지 아니면 하나님의 응답이 아니든지 둘 중에 하나이다. 타이밍(시기적절함)은 참으로 중요하다. 주님의 뜻을 따라 올바른 길로 가고 있다 하더라도, 적합한 시기가 아니면 주님의 뜻은 성취되지 않는다. 모세는 애굽의 노예 상태로부터 주의 백성을 해방시키려는 올바른 비전을 가진 사람이었다. 그러나 시초에 애굽 사람을 살해함으로 하나님의 타이밍을 놓쳐버렸다. 다음 기회가 오기는 왔다. 40년 후에 말이다! 새로운 사업을 시작한다든지 아니면 선교사가 되는 꿈을 꾸는 사람들이 있다. 그런 꿈이 때론 진정 하나님으로부터 온 것일 수도 있다. 그렇지만 사람들은 너무 조급하게 서둔 나머지 기회를 놓쳐버린다. 주님이 함께 하시면 모든 정황이 받쳐주어 결국 일이 잘 풀려나가게 되어있다.

고린도전서 16:8-9에 따르면 하나님이 바울을 위하여 기회의 문을 여신 것을 볼 수 있다. 평강의 하나님의 뜻을 따라, 모든 상황이 하나님의 말씀과 발맞추어 진행되는 것이 보인 것이다. 그럼에도 불구하고 대적하는 사들이 많았기에, 사도 바울은 기회의 문이 확실히 열렸음에도 불구하고, 하나님의 온전한 시기가 될 때까지 기다리기로 했다. "내가 오순절까지 에베소에 머물려 함은 내게 광대하고 유효한 문이 열렸으나 대적하는 자가 많음이라."

예레미야도 상황을 보면서 주님의 음성에 귀 기울이는 것에 관한 이야기를 전해 준다.

> 예레미야가 이르되 여호와의 말씀이 내게 임하였느니라 이르시기를 보라 네 숙부 살룸의 아들 하나멜이 네게 와서 말하기를 너는 아나돗에 있는 내 밭을 사라 이 기업을 무를 권리가 네게 있느니라 하리라 하시더니 여호와의 말씀과 같이 나의 숙부의 아들 하나멜이 시위대 뜰 안 나에게 와서 이르되 청하노니 너는 베냐민 땅 아나돗에 있는 나의 밭을 사라 기업의 상속권이 네게 있고 무를 권리가 네게 있으니 너를 위하여 사라 하는지라 내가 이것이 여호와

의 말씀인 줄 알았으므로(예레미야32:6-8)

상황이 하나님의 말씀과 잘 정렬된 것을 보면서, 예레미야는 그것이 분명한 하나님의 뜻인 것으로 알아차리게 되었다. 만일 하나님께서 당신에게 어떤 일을 하라고 하신다면, 주님은 그것이 하나님의 뜻임을 삶의 상황을 통해 분명히 보여주실 것이다. 그러면 당신은 주님을 신뢰할 수 있게 된다.

하나님이 분명히 하실 것이다

조지 밀러는 영국의 브리슬에서 활동한 신앙이 돈독한 사람이었는데, 19세기 영국에서 고아원을 설립하여 수백 명의 아동들을 돌본 것으로 유명하다. 그는 하나님의 음성을 듣는 것에 관해 다음과 같은 통찰력을 보여주었다.

나는 주어진 문제에 대하여 내 자신의 주장을 포기하는 작업을 먼저 한다. 인간관계에서 발생하는 문제 중 열이면 아홉은, 나 자신의 마음을 비우고, 무조건 하나님의 뜻을 따르기로 결심하는 것으로 해결되었다. 일반적으로 자신의 뜻을 내려놓으면 하나님의 뜻을 알기가 수월해진다.

그렇게 함으로 나는 감정이나 순간적인 느낌이 나의 결정을 주도하지 못하도록 하였다. 느낌에 집착하다보면, 착각이나 오해가 많이 발생한다.

나는 하나님의 영의 뜻을 온전히 추구한다. 그것도 하나님의 말씀과 관련을 맺으면서 말이다. 성령과 말씀은 반드시 연합되어야한다. 하나님의 말씀을 제쳐놓고 오직 성령만 추구하면 망상에 빠질 위험성이 커진다. 진정으로 성령이 인도하는 경우, 성령님은 성경에 일치하는 곳으로 우리를 인도하지 위배되는 곳으로 인도하지 않으신다.

그 다음에 나는 하나님의 섭리 하에 있는 상황을 고려한다. 하나님이 섭리하시는 삶의 상황은 성령의 인도하심과 하나님의 말씀에 덧붙여 하나님의 뜻을 분명히 드러내준다.

나는 하나님께 그 분의 뜻이 확연히 드러나게 보여 달라고 늘 기도한다.

그래서 기도와 말씀 연구와 심사숙고를 거쳐, 내가 가진 지식과 능력을 총동원하여 신중한 결정을 내린다. 두 번 세 번 간구한 후에 그래도 마음에 평화가 계속 유지되면, 나는 하나님의 뜻으로 알고 그대로 실행에 옮긴다. 사소한 문제뿐만 아니라 중대사를 결정할 때에도 이런 방법이 효과적임을 발견하였다.

지금은 1895년 3월인데, 내가 그리스도인으로 삶을 살아온 지 69년 4개월이 되는 시점이다. 내가 그 동안 줄곧 성령의 가르치심과 하나님의 말씀에 준거하여 신실하고 끈기 있게 하나님의 뜻을 추구해 왔는지는 다 기억해 낼 수 없다. 그래도 한 가지 분명한 사실은, 주님께서 항상 나를 바른길로 인도해 오셨다는 점이다. 그렇지만 하나님 앞에서 올바른 마음을 품지 않았던 경우, 아니면 주께서 주시는 지시를 참을성 있게 기다리지 못한 경우, 혹은 하나님의 말씀보다는 주변 사람들의 조언을 더 선호한 경우는 실패에 실패를 거듭했다.

위의 조지 뮬러의 고백은 참으로 도움이 되는 충고이다. 이제 향후로는 등대로부터 나오는 3개의 신호등(하나님의 말씀, 하나님의 평강, 그리고 상황)이 일렬로 맞아떨어지는 지점으로 나아가자. 표지등이 일렬로 정렬이 안 되면, 바위에 부딪칠 수도 있음을 명심하자. 나의 경우는 항상 경각심을 가지고 그 3개의 불빛을 주시한다. 당신은 어떤가?

경청하고 소통하라

　내 아내인 라 베르네는 오래 전 하나님과 소통하는 법을 터득하고부터 하늘에 계신 아버지와 진정 사랑하는 관계를 맺으며 살아오고 있다. 그리고 종종 일단의 신자들에게 그런 즐거운 영의 관계에 관해 나누기도 한다.

　신자는 교회의 일원으로 예수님과는 '약혼한 사이'이다. 재림하실 주님은 신부인 우리들에게는 신랑이 되시는 분이다. 약혼한 연인들은 서로의 관계를 유지하기 위해 무엇을 할까? 우선 그들은 함께 하는 시간을 많이 보낸다. 그들은 만나서 수다만 떠는 게 아니라 마음속으로부터 우러나오는 대화를 통해 서로의 사연을 경청해주고, 서로의 꿈을 나눈다. 그들은 경청하고 대화하며, 서로를 더 많이 이해하게 된다. 그러나 서로 자기 말만하고 상대방의 말을 듣지 않는다면, 그들의 소통은 비효율적일 것이다. 예수님과의 관계도 마찬가지이다. 예수님은 우리가 그 분의 말씀을 듣고 반응하며 서로 효과적으로 의사소통하기를 갈망한다. 교회는 예수님과 약혼한 상태이기에, 하나님의 말씀이 신자들의 삶에서 강력하게 작용해야함을 깊이 인식할 필요가 있다. 하나님의 말씀이 우리 안에 있으면, 우리는 하나님이 누구인지 알고 이해할 수 있다. 그러면 하나님께서 우리와 대화를 나누고 싶어 하심도 알게 된다. 하나님의 말씀은 신자 안에 있는 생명과 신령이다. 신자는 운전을 하면서, 설거지를 하면서, 안락의자에 등을 대고 쉬면서도 하나님의 함께 하심을 느끼기에, 하나님의 말씀에 근거한 그 "나지막한 목소리" 듣기를 갈망하는 것이다. 왜냐하면 신자들 안에는 하나님의 말씀이 들어있기 때문이다. 하나님께서는 신자들에게 하루 종일 말씀하고 싶어 하신다. 그렇지만 그 분의 말씀을 진정으로 듣는가 하는 것은 신자들에게 달려있다.

마치 부부가 소통하는 법을 배우면서 사랑의 관계를 점차 돈독하게 만들어 가는 것처럼, 하나님은 주님과 성도와의 사랑하는 관계가 자라나는 법을 가르쳐주신다. 우리의 신랑이신 예수님은 다시 오실 것이다. 그러므로 주님과의 관계보다 더 중요하고 영원한 가치를 지니는 것은 없을 것이다.

남편들아 아내 사랑하기를 그리스도께서 교회를 사랑하시고 그 교회를 위하여 자신을 주심 같이 하라 이는 곧 물로 씻어 말씀으로 깨끗하게 하사 거룩하게 하시고 자기 앞에 영광스러운 교회로 세우사 티나 주름 잡힌 것이나 이런 것들이 없이 거룩하고 흠이 없게 하려 하심이라 (에베소서 5:25-27)

2천 년 전에 예수님은 우리를 위해 십자가에서 그분의 생명을 내어주셨다. 그분은 우리가 하늘 아버지와 사랑하는 관계를 체험하게 하시려고 큰 희생을 치르셨다. 그리고 지금도 하나님과의 좋은 관계가 형성되도록 주님은 성령으로 계속 우리를 인도하고 도와주신다. 하나님 아버지는 우리의 예배를 받으시기에 합당하신 분일뿐만 아니라 우리와 '사랑의 관계'를 맺기에도 합당한 분이시다.

복습문제

1. 당신이 그리스도인으로 살아가면서 엘리사의 쇠도끼와 같은 일이 발생한 적이 있다면 그 실례를 들어보라.

2. 구약의 요나처럼 회개하기가 어려워 몸부림쳐본 경험이 있는가? 당신은 무슨 일을 저질렀나? 만일 후회한다면, 어떻게 대처했어야한다는 생각이 드는가?

3. "하나님의 평강"이 당신에게는 어떻게 느껴지는가? 하나님으로부터 오는 평안이 당신의 삶에 미치는 영향이 있는가?

4. 주님으로부터 올바른 계시는 받았으나 타이밍을 놓친 경우를 기술해보아라. 그렇다는 것을 어떻게 아는가?

제2부

교회란 무엇인가?

다른 성도들의 지원 없이 나 홀로 신앙을 지키려다 보면,
사탄에게 공격을 당해 영적으로 금세 파괴된다.
그렇기에 우리에게는 서로의 도움이 필요하다.

5장
지역교회의 중요성

인간은 서로가 서로를 필요로 한다

　주님께 사신의 삶을 의탁한 한 젊은이의 이야기를 읽은 적이 있다. 그는 교회 생활에서 실망과 환멸을 경험한 후 교회를 멀리하고 점차 그리스도인들과도 소원해졌다. 그런데 춥고 바람이 거센 어느 겨울날 저녁에 한 목회자가 그 젊은이의 집을 심방하게 되었다. 밖에서 바람이 쌩쌩 을씨년스럽게 부는데, 둘은 소파에 마주 앉았다.

　그 현명한 목회자는 아무 말 없이 벽난로 쪽으로 가더니 불쏘시개로 숯을 들었다 놓았다 하였다. 그리고 그 중에 한 개를 벽난로 앞의 벽돌로 옮겨다 놓았다. 그러고는 그 청년과 대화를 나누기 시작했다. 얼마 후에 목회자는 숯이 타다 남은 잉걸불을 가리키며 이렇게 말했다. "저기 숯이 보이지요? 타는 장작더미 안에 있을 때에는 잘 타올랐는데, 저렇게 혼자 떨어져있으니까 점차 죽어가네요."

　그리고 그 목회자는 벽난로 쪽으로 걸어가서, 불쏘시개로 그 벽돌 위의 숯을 집어 다시 타는 장작더미 안으로 집어넣었다. 그러니 꺼져가던

숯은 잠시 후 다시 활활 타올랐다.

갑자기 그 젊은이는 목회자가 의도하는 바를 깨닫게 되었다. 그리스도의 몸 안에 있는 동료 신자들의 따뜻한 격려의 불로부터 멀어질 때 우리들은 영적으로 식는다. 지역교회에 참여하여 믿음의 권속들과의 공동체를 이루면 뜨거운 열정을 유지하며 계속 빛을 발하도록 도움을 얻을 수 있다. 위의 청년은 지역교회에 출석하여 열심히 신앙 생활할 결심을 했다고 한다. 신앙의 불이 꺼지는 것을 원치 않았기 때문이다.

히브리서 3:13에는 "오직 오늘이라 일컫는 동안에 매일 피차 권면하여 너희 중에 누구든지 죄의 유혹으로 완고하게 되지 않도록 하라"고 기록되어 있다. 그리스도인의 삶을 혼자서 영위해간다는 건 참으로 어려운 일이다. 그래서 신자들은 매일 '피차' 권면하고 격려하며 '서로'를 세워주어야 한다. 그렇지 않으면 죄에 대한 경각심이 점차로 무뎌지게 되어 있다.

한번은 내 친구 중 연세가 지극한 분이 이렇게 말했다. "독불장군인 영웅은 이따금 말안장 위에 앉은 채로 저격당한다네." 그는 1950년대 미국에서 유행했던 서부극 론 레인저(Lone Ranger)를 언급한 것이다. 법과 질서를 위해 싸우며 홀로 말을 타고 서부를 활보하는 그 정의의 사도는 항상 적의 공격에 그대로 노출되어 있다. 그리스도인도 마찬가지이다. 다른 성도들의 지원 없이 나 홀로 신앙을 지키려다 보면, 사탄에게 공격을 당해 영적으로 금세 파괴된다. 그렇기에 우리에게는 서로의 도움이 필요하다. 히브리서 10:24-25는 이렇게 말씀하신다.

서로 돌아보아 사랑과 선행을 격려하며 모이기를 폐하는 어떤 사람들의 습관과 같이 하지 말고 오직 권하여 그 날이 가까움을 볼수록 더욱 그리하자 주님은 이제 곧 재림하실 것이다. 그렇다면 서로를 각성시켜서 예수님을 향한 신앙의 불이 타오르게 해야 할 것이다. 정기적으로 함께 모이면, 그리스도를 굳게 붙잡아 흔들리지 않도록 서로 고무시켜줄 수 있다. 정기적으로 모이는 집회를 통해 가르침을 받고, 서로 격려하고, 사역을 위한 훈련을 받는 건 하나님께서 성도를 위해 계획하신 바이다. 하나님께서는 그런 하나님의 계획을 실행으로 옮기는 무리를 "교회"라고 부르신다. 이제부터는 확고하게 결속된 지역교회로 모이는 것의 중요성을 살펴보고자 한다.

교회 - 호출된 자들

정확히 교회라는 것은 무엇인가? 교회는 건물도 모임도 프로그램도 아니다. 예수 그리스도의 교회라는 것은 단순히 사람들을 의미한다. 신자들 자신이 바로 교회이다. 교회의 문자적 의미는 "호출된 자들의 모임"이다. 그렇다면 교회란 영적 어두움의 권세로부터 나와 하나님 나라의 빛 안으로 들어오도록 부르심을 받은 자들의 무리라고 정의될 수 있다.

지역교회에서 세례를 받고 교회에 가입하는 순간, 신자는 그리스도의 우주적 교회(보편적 교회)의 일원이 된다. 보편적 교회는 예수 그리스도를 구주로 고백하는 지상의 모든 족속을 포함한다. 예수님은 마태복음 16:18에서 보편적 교회에 대해 말씀하셨다. "또 내가 네게 이르노니 너는 베드로라 내가 이 반석 위에 내 교회를 세우리니 음부의 권세가 이기지 못하리라." 감사하게도 나는 6대주를 여행할 기회가 있었다. 가는 곳마다 나는 성도들을 만났는데, 그들은 다른 배경 다른 피부색 그리고 다른 문화를 가진 사람들이었으나 한 가지 공통점이 있었다. 그것은 그들 모두가 동일한 하늘 아버지를 가졌고, 예수님을 주님으로 영접했으며, 천국 가족의 일원들이라는 것이다.

나는 비행기 안에서 큰 기업의 중역 간부와 옆자리를 같이 한 적이 있다. 그는 자기 회사의 이야기를 한참 하더니 나에게 "당신은 뭐 하시는 분인가요?"라고 물어왔다. 그래서 나는 지상에서 가장 큰 조직체에서 일하는 사람이라고 대답했다. "사실, 전 세계에 우리 조직이 들어가 있지 않은 나라가 없습니다." 물론 내가 의미했던 바는 하나님의 나라가 온 세상에 퍼져있다는 뜻이었다. 하나님의 놀랍고도 우주적인 가족인 예수 그리스도의 교회 말이다.

성경은 하나님의 교회에 속한 성도의 총체를 의미할 때 보편적 교회라는 말을 사용한다. 하늘과 땅에 있는 모든 주님의 자녀들은 오직 예수만이 최고라는 것을 인정한다. "일찍이 죽임을 당하사 각 족속과 방언과 백성과 나라 가운데에서 사람들을 피로 사서 하나님께 드리시고"(요한계시록 5:9).

예수님은 자신이 직접 교회를 세우며, 음부의 권세가 교회를 이기지 못하리라고 예언하셨다. 그렇기에 신자는 이 세상에서 무슨 일이 벌어지든 상관없이, 예수 그리스도는 지금도 그분의 교회를 세우시며 우리는 교회의 일부가 되는 특권을 누린다는 확신 가운데 살아갈 수 있다.

그렇지만 교회라는 용어는 동시에 지역교회를 가리키는 말로도 사용된다. 하나님의 보편적인 교회 안에 하나님은 각 지역마다 작은 신앙 공동체들을 설립하셔서, 성도들끼리 사랑하고 지지하며 서로의 필요를 채워주도록 하셨다.

아기 그리스도인에게는 가정이 필요하다

생존하기 위해 모든 그리스도인에게는 생존을 위한 "지지 시스템"

이 필요하다. 나는 종종 불신자를 전도하여 그리스도에게로 이끄는 특권을 누린다. 그렇게 새로운 신자가 탄생하면 나는 그를 "갓난아기 그리스도인"이라고 부른다. 어린 아기 신자에게는 다음의 4가지 영적 자양분이 공급되어야한다. 첫째로, 모든 아기는 먹고 마셔야한다. 바로 이것이 베드로전서 2:2에서 새 신자가 하나님의 말씀인 젖을 먹고 자라야할 것을 강조한 이유이다. "갓난아기들 같이 순전하고 신령한 젖을 사모하라 이는 그로 말미암아 너희로 구원에 이르도록 자라게 하려 함이라."

둘째로, 살아남으려면 모든 아기는 숨을 쉬어야한다. 아기 그리스도인은(성숙한 그리스도인도 역시!) 기도의 호흡을 통하여 숨을 쉰다. 기도로 하늘에 계신 아버지와 소통하며, 그 분의 임재 안에서 묵상하며 깊은 안식을 취하는 것이다. 그래서 성경은 "끊임없이 기도하십시오"라고 권고한다(데살로니가전서 5:17, 표준새번역).

셋째로, 근육이 제대로 자라나려면 움직여야한다. 영적 운동이란 믿음을 다른 이들과 나누는 전도운동을 말한다. "여호와의 속량을 받은 자들은 이같이 말할지어다…"(시편 107:2).

넷째로, 어린 아기는 보호받을 필요가 있다. 지역교회에 소속되어 헌신하고 다른 그리스도인들과 사랑의 교제를 가지면 따뜻함을 유지할 수 있다. 우리 신자들은 한 가족의 일원인데, 그 가족은 그리스도 안에서 속량되어 한 아버지 밑으로 들어간 대가족이다. "이러므로 내가 하늘과 땅에 있는 각 족속에게 이름을 주신 아버지 앞에 무릎을 꿇고 비노니"(에베소서 3:14-15).

지역교회에서 개개의 신자들은 그리스도 안에서 하나로 연합된 가정의 일부가 된다. 이 영적인 가정은 영적으로 자라날 자리를 마련해주고, 다른 신자들로부터 참된 그리스도인의 삶을 배울 기회를 제공해준다. 이렇게 모든 그리스도인들에게는 다른 신자들로부터 받는 선한 영향력이 필요하다.

교회를 다녀본 사람들은 다 알겠지만, 지상에 완벽한 지역교회는 존재하지 않는다. 그러므로 자신이 거주하는 지역에 있는 교회에 불참할 핑계거리를 발견하려고 하지 말라. 만일 당신이 완벽한 지역교회를 발견했다하더라도, 당신이 그 교회에 가입하는 순간 그 교회는 더 이상 완벽하지 않게 될 것이다. 왜냐하면 당신 자신이 완벽하지 않기 때문이다!

물론 지역교회에 참석한다고 해서 구원이 보장되는 건 아니다. 구원은 오직 예수 그리스도와의 인격적인 친분관계를 통해 하나님 아버지를 아는 것으로부터 온다. 예수 그리스도와 연합될 때에만 인간은 하나님의 아들과 딸들이 될 수 있다. "너희에게 아버지가 되고 너희는 내게 자녀가 되리라 전능하신 주의 말씀이니라 하셨느니라"(고린도후서 6:18).

그렇지만 일단 하나님의 자녀가 된 사람들은 지역교회에 가담하여 다른 하나님의 자녀들과 사랑과 돌봄을 주거니 받거니 하여야한다. 예수님께 우리의 삶을 드리자마자, 하나님께서 우리가 어느 가정에 속하기를 원하시는지, 즉 어느 지역교회에 출석하기 원하시는지 기도로 여쭈어보아야 한다.

지역교회는 하나님의 군대이다

신자는 서로를 필요로 한다. 성도는 홀로 그리스도인의 삶을 살아가도록 부르심을 받지 않았다. 한편, 주님은 우리를 영적 군대에서 복무하는 군인으로 부르셨다. "그대는 그리스도 예수의 훌륭한 군인답게, 고난을 함께 달게 받으십시오"(디모데후서 2:3, 표준새번역).

나와 친분이 있는 한 퇴역 장교는, 전쟁터에서 계속 전투로 나아가게 하는 요인 중에 하나가 동지애(전우애)라고 주장한다. 우리는 현재 영적 전쟁을 치르고 있다. 이 시점에서 우리 모두에게는 전우가 필요하다. 사탄은 오늘도 훔치고 죽이고 파괴하려고 신자들에게 다가온다(요한복음 10:10 참조).

군은 작은 단위인 소대들로 편성되어 있다. 신약에 보면 신자들이 성전에서 큰 그룹으로 모이기도 했지만, 또한 각 가정에서 소그룹으로 모였던 걸 알 수 있다. 신자가 지역교회라는 작은 단위에 등록하여 신앙생활을 하는 것은 참으로 중요하다. 왜냐하면 그 곳으로 가지 않으면 영적 군사로 철저하게 훈련받지 못하기 때문이다. 하나님의 나라를 위하여 주님이 우리를 최대한으로 활용하시는 그 곳으로 우리는 가야한다.

지역교회는 이 세상을 향해 나아가도록 훈련받는 장소만은 아니다. 군대에 의무실이 있는 것처럼, 교회에도 치유 센터가 있다. 신자는 연약해졌을 때에 지역교회에서 예배와 상담을 통해 돌봄과 치유 그리고 위로와 격려를 받는다. 그렇게 함으로 변화를 받아 새로워져 영적 전쟁터로 다시 나아갈 수 있게 된다. 예수 그리스도의 권세와 능력으로 말미암아, 신자들은 지역교회에서 고질적인 죄와 얽매는 문제들과 악한 습관들로부터 해방되어 승리하는 삶을 누릴 수 있다.

그러나 오늘날 보면, 때때로 교회가 영적 군대가 아니라 사교클럽처럼 보일 때도 있다. 교회의 원래 목적을 망각한 채 그냥 사람을 사귀기 위해 교회에 참석하는 사람들이 있다는 말이다. 그래서 교회가 원래 목적을 이루는 길로 돌아가서 이 시대에 의로움의 표준이 될 것을 하나님은 요구하신다. 이사야 59:19에는 "해지는 곳에서 주의 이름을 두려워하며, 해 뜨는 곳에서 주의 영광을 두려워할 것이다. 원수가 강물처럼 몰려 오겠으나, 주의 영이 그들을 물리치실 것이다"라는 말씀이 기록되어 있다(표준새번역). 원수가 이 세대를 파괴하려고 일어설 때에, 의로움의 높은 수준을 유지하며, 그 악한 풍조를 막아설 자는 예수 그리스도의 교회이다. 그러므로 신자들 각자는 하나님의 군대인 지역교회에서 자신의 자리를 잡고 한 몫을 감당해야하겠다.

맞물려지기

사이사이에 시멘트를 발라 쌓아 올린 벽돌집처럼, 교회라는 집의 구성원들은 산 벽돌이 되어 건물의 구성 요소가 된다. 그들은 서로의 관계를 통해 밀접하게 맞물려 있다. 사람에게는 버린바 되었으나 하나님께는 취한바 되어 보배로운 산 돌이 되신 그리스도에게 오는 자마다, 살아있는 작은 돌들이 된다. 그리하여 서로 연결되어 영적 집을 지어가며, 거룩한 제사장이 되고, 예수 그리스도를 통해 하나님이 받으시기에 합당한 영적 제사를 드린다(베드로전서 2:4-5 참조).

> 우리는 하나님의 동역자들이요 너희는 하나님의 밭이요 하나님의 집이니라
> (고린도전서 3:9)

위의 성경 구절에서 주께서 성도들을 "밭" 혹은 "집"이라 명명하시는 데에 주의해보자. 각각의 신자들은 다른 신자들과의 관계를 통해 집을 지어 갈 뿐만 아니라, 영적인 "밭"의 어느 곳에 위치해 있는지도 알 필요가 있다.

아름다운 농경지가 펼쳐진 곳으로 여행할 때마다, 나는 들밭에서 각양각색의 농작물들이 자라나는 걸 바라보곤 한다. 각각의 지역교회는 나름대로 독특한 특징을 가진 농토이다. 거기에 성도들이 심겨지면, 특

별한 경작을 통해 자라나고, 특정한 열매를 맺어 수확하게 된다. 그리고 거기에서는 번식도 발생한다. 즉 새로운 신자들이 탄생한다는 말이다. 이 모든 좋은 일들은 신자가 지역교회에 등록하는 순간부터 시작된다. 그로부터 신자는 영적인 돌봄을 받으면서 주님 안에서 성장하다가, 결국은 다른 이들도 주안에서 성장하도록 돕는 데까지 이르게 된다.

그런 이유로 지역교회는 다양한 소그룹으로 구성되는 것이 바람직하다. 수백 명이 서로의 삶에 맞닿는 것은 불가능한 일이다. 소그룹으로 모여야 효과적으로 서로의 삶에 영적 터치를 가할 수 있다. 어떤 교회에서는 그런 관계형성이 주일학교 내지는 성경공부 반에서 이루어지기도 한다. 또 다른 교회에서는 구역, 셀 그룹, 혹은 가정교회라 불리는 곳에서 이루어진다.

켈리라는 2살 난 아이를 둔 젊은 이혼녀는 그녀의 소그룹에서 형성된 영적 대인관계의 가치를 새삼 실감하였다. 그녀는 자동차 보험이 만기된 것을 모르고 운전하다가 자동차 사고를 냈다. 그 결과 3개월간의 운전면허 정지를 당했다. 직업이 학교 버스 운전사인 그녀는 살길이 막막했다. 이제 직장에서 해고될 가능성도 높았다. 그 소식을 들은 그녀의 소그룹은 그녀를 에워싸고 중보기도의 기치를 드높였다. 운전면허도 직장도 없는 3개월 동안 소그룹 회원들은 필요할 때마다 자동차도 태워주고 식료품도 공급해 주었다. 켈리는 "함께 세워져 가는" 사람들을 통해 하나님께서 공급하신다는 것을 직접 체험한 것이다.

예수님에게는 열두 명의 소그룹 제자단이 있었다. 모세는 주님으로부터 이스라엘 백성을 열 명의 소단위로 나누라는 명령을 받았다(출애굽기 18장 참조). 우리 모두에게는 인간관계가 필요하다. 상호지원을 통해 성도들을 사귀면서, 우리는 인생의 목적을 달성하며 주님 안에서 자라

나는 법을 배우게 된다. 이러한 목표는 공통의 목적을 가진 사람들로 구성된 소그룹 안에서 가장 잘 달성된다.

리더십과 보호

지역교회에 가입하여 활동하는 것이 왜 그리도 중요한지 의아해하는 사람들도 있다. 이는 무엇보다도 지역교회는 평신도가 그리스도인으로 살아갈 채비를 갖추도록 돕는 리더를 공급하기 때문이다. 초대교회는 각 도시에 있는 지역교회에 장로를 임명하도록 권고했다. "내가 그대를 크레타에 남겨 둔 것은, 남은 일들을 정리하게 하고, 내가 명령한 대로 성읍마다 장로들을 세우게 하려 함입니다"(디도서 1:5, 표준새번역).

그러므로 지역교회를 향한 주님의 목적은 장로나 영적 리더를 세워, 그들로 하여금 평신도들을 독려하고 영적으로 무장하도록 돕는 역할을 감당케 하는 것이다. 그 영적 지도자들은 '목자 장'이신 예수님 밑에서 심부름을 하는 '대리 목자'라고 할 수 있다. 지역교회의 영적 지도자들이 감당해야만 하는 역할에 관하여 성경은 명확한 지시를 내리고 있다.

형제자매 여러분, 여러분에게 권면합니다. 무질서하게 사는 사람을 훈계하고, 마음이 약한 사람을 격려하고, 힘이 없는 사람을 도와주고, 모든 사람에게 오래 참으십시오. 아무도 악으로 악을 갚지 말고, 도리어 서로에게, 모든 사람에게, 항상 좋은 일을 하려고 애쓰십시오(데살로니가전서 5:14-15, 표준새번역)

위의 성경구절을 보면, 주님은 지역교회의 리더들을 통해 평신도들을 보호하시고 인도하신다는 것을 알 수 있다. 리더들은 섬기고 격려해

주는 사랑과 인내의 사람이다. 그들은 사랑 안에서 잘못을 교정해주고, 지도해주며, 바른 신앙으로 안내해준다.

마태복음 18:15-17에서 예수님은 지역교회가 어떻게 골칫덩이 신자를 견책(치리와 권징)하고 회복시킬 수 있는지를 말씀해주시고 있다.

네 형제가 죄를 범하거든 가서 너와 그 사람과만 상대하여 권고하라 만일 들으면 네가 네 형제를 얻은 것이요 만일 듣지 않거든 한두 사람을 데리고 가서 두세 증인의 입으로 말마다 확증하게 하라 만일 그들의 말도 듣지 않거든 교회에 말하고 교회의 말도 듣지 않거든 이방인과 세리와 같이 여기라

기독교 신자가 교회에서 죄를 범하게 되면, 그 사람을 일대일로 대면하라고 예수님은 말씀하신다. 그러나 그래도 듣지 않으면 "두세 명"의 신자들이 몰려가 간청(애원)하라고 하신다. 그래도 듣지 않으면 그 때는 교회라는 집단에 호소할 수밖에 없다는 것이다. 이 때에 교회라는 것은 지역교회를 말한다. 우주적인 교회에다가 호소할 수는 없는 노릇이기 때문이다! 그러면 지역교회의 리더들이 요주의 인물을 회복시키는 일에 나선다.

지역교회의 리더들에게는 평신도를 보호하고, 지도하고, 교정하고, 격려할 책임이 있다. "여러분은 자기를 위하여 또는 온 양 떼를 위하여 삼가라 성령이 그들 가운데 여러분을 감독자로 삼고 하나님이 자기 피로 사신 교회를 보살피게 하셨느니라"(사도행전 20:28).

지역교회에 출석하지 않으면 영적으로 취약해진다

때론 환멸, 실망, 혹은 영적 교만으로 인하여, 신자가 지역교회를 회

피해버리는 경우가 발생한다. 그러면 금방 약해진다. 성경은 고린도전서 10:13에서 다음과 같이 말씀하신다.

사람이 감당할 시험 밖에는 너희가 당한 것이 없나니 오직 하나님은 미쁘사 너희가 감당하지 못할 시험 당함을 허락하지 아니하시고 시험 당할 즈음에 또한 피할 길을 내사 너희로 능히 감당하게 하시느니라

마귀가 맹습할 때에 지역교회는 종종 주께서 마련하신 피난처가 된다. 다른 신자들과 교제를 나누며, 신자들은 '내가 겪는 어려움이나 유혹은 나만 당하는 것이 아니다'라는 점을 발견하게 된다. 그리고 지역교회에서 신자들은 주께서 배치하신 영적 지도자들로부터 보호와 지도와 감독을 받는다. 지역교회를 사용하셔서 신자들을 보호하고, 그들이 자라나는 것을 돕고, 그리스도 안에서 주님이 주신 것을 성취하도록 장비를 갖추게 하는 일은 주님의 계획이다.

나는 여러 교회로부터 온 대원들로 구성된 연합 성가대를 만든 한 부흥사의 이야기를 들은 적이 있다. 그런데 하루는 한 여성이 그 목회자를 찾아와 "나도 당신의 성가대에서 찬양하고 싶습니다"라고 부탁했다고 한다. 그 부흥사가 어느 교회에 출석하느냐고 물으니, 그 여인은 "저는 보편적 교회에 출석합니다"라고 대답했다고 한다.

부흥사는 "그러시면 보편적 교회에서 시무하시는 목회자의 추천서를 받아오세요. 그러면 우리 연합 성가대에 가담하실 수 있습니다"라고 대답했다는 것이다. 한마디로, 지역교회에 출석하지 않는 것을 문제 삼았다는 이야기다. 영적으로 보호받고 책임감 있는 신앙생활을 하려면 지역교회의 일원으로 헌신할 필요가 있음을 그 부흥사가 통감했기 때문

일 것이다.

지역교회의 리더들은 당신을 권고하고, 위로하고, 기도로 붙들어 주는 역할을 담당하기 위해 존재한다.

복습문제

1. 영적 아기가 자라나는데 필요한 4가지 요소는 무엇인가?

2. 어떻게 당신이 하나님의 밭이요 건물이 되는가?(고린도전서 3:9 참조)

3. 하나님의 나라에서 당신이 위치할 자리는 어디라고 생각하는가?

4. 지역교회에서 리더들은 무엇을 공급하는 자들이라고 생각하는가?(데살로니가전서 5:14-15 참조)

6장
영적 가족관계

가족으로서의 교회

신혼부부는 결혼 후에 깜짝 놀라는 경우가 있다. 처음에는 결혼에 두 사람만 관계하는 줄 알았는데, 겪어보니 두 집안 전체가 결혼에 연루되어 들어가는 것을 발견하기 때문이다! 조부모, 삼촌, 사촌, 숙모, 아버님, 어머님, 그리고 다른 친척들 심지어 사돈에 팔촌까지 모두 연결되는 것을 경험하면 놀라지 않을 수 없을 것이다. 하나님의 가정에서 당신과 내가 지역교회의 일원이 되기로 결심하는 순간, 우리들은 교회라는 가정의 일원이 된다. 성경에서는 하나님의 자녀 됨이 예수님과의 형제 됨에 연결되어 있음을 밝혀두고 있다. "여러분은 모두 그리스도 예수 안에서, 믿음으로 하나님의 자녀가 되었습니다"(갈라디아서 3:26, 표준새번역). 사실 그리스도인들은 너 나할 것 없이 모두 한 가족의 일원들이다. 우리 모두는 그리스도를 통해 형제자매가 되었기 때문이다.

구약 성경에서 하나님의 백성은 대가족 안에서 서로에게 친지들인 것으로 기술되고 있다. 이스라엘의 자손들은 12지파 중 하나에 속한다.

각 지파는 문중(가문)들로 구성이 되고, 각 문중은 가정(집)들이 모여 이루어진다. 기드온은 이런 사실을 사사기 6:15에서 잘 설명해주고 있다. "감히 여쭙습니다만, 내가 어떻게 이스라엘을 구할 수 있습니까? 보시는 바와 같이 나의 가문은 므낫세 지파 가운데서도 가장 약하고, 또 나는 아버지의 집에서도 가장 어린 사람입니다"(표준새번역). 심지어 오늘날에도, 주님은 우리를 다양한 영적 권내(圈內) 혹은 영적 가문의 일부로 보시는 경우가 있다.

물론 주님은 나를 예수님의 피로 값 주고 산 한 개인으로 보신다고 나는 믿는다. 그렇지만 또한 주님은 나를 영적 교회라는 가족의 일원으로 인정하신다고도 믿는다. 특히 나에게 있어서 영적 가족은 매주 한 번씩 정기적으로 모이는 소그룹이다. 소그룹에서 우리는 양육되고, 봉사하도록 무장된다. 그리고 전도와 선교를 위해 파송된다. 오늘날 대부분의 교회들은 신자들이 정기적으로 모이는 소그룹을 가지고 있다. 이는 청년회, 주일학교, 성경공부 반, 구역, 셀 등의 형태를 띤다. 이러한 종류의 소그룹으로 모이는 것은 영적 가족의 한 양상이다.

영적 가족의 삶에는 다른 양상도 있는데, 이는 소그룹의 무리들이 서로 밀접한 연관관계를 맺으며 회중(會衆)을 형성함이다. 주일에 우리 교회의 소그룹들에 속한 모든 신도들은 한 자리에 모여 예배를 드리며 하나님의 말씀을 함께 받는다. 소그룹이 한 가구라면, 그런 대예배는 일가친척 모두를 포함한 대가족 모임이라고 볼 수 있다. 로마서 16장에 보면, 로마의 신도들은 개인 주택에서 모였던 것을 알 수 있다. 그렇지만 그들은 로마 시내 전체를 통틀어 서로 밀접한 관계를 맺으며, 하나의 '영적 대가족' 내지는 '회중', 혹은 '가정 집회들의 네트워크'를 형성했던 것이 분명하다.

영적 가족관계의 세 번째 영역은 교단 혹은 교회들의 과(科)라고 불리는 것이다. 가정에 가문이 있듯, 교회에는 계파가 있다. 교회들이 그룹으로 모여 "교회들의 네트워크" 혹은 "사도적 협회"를 이룰 경우, 큰 덩어리의 가족관계가 형성된다. 내가 섬기는 지역교회는 영적 대가족을 대표하여 지상의 여러 지역에서 파트너로 함께 사역하는 많은 교회들의 일부이다.

이스라엘은 12지파와 많은 가문들과 수많은 가정들로 구성된 공동체였다. 그들은 집단적으로 "이스라엘의 자손들"이라고 불려졌다. 마찬가지로 그리스도의 교회는 소그룹, 회중, 교단이라는 것으로 구성된 신도들의 집합체이다. 이들 모두는 하나로 합쳐져서 "하나님의 나라"를 표현한다.

가족은 화합한다

지역교회가 어느 교단에 소속되어있건 상관없이 모든 신도는 그리스도를 통해 한 가정을 이룬다. 인간들 사이에 존재하는 장벽이 무너졌고, 그리스도 안에서 신자들은 서로가 서로를 필요로 하는 존재가 되었음을 깨달으면, 그리스도의 몸 안에 있는 모든 지역교회가 다 중요하다는 것을 인정하지 않을 수 없다. "너희는 유대인이나 헬라인이나 종이나 자유인이나 남자나 여자나 다 그리스도 예수 안에서 하나이니라"(갈라디아서 3:28).

어느 지역사회에 위치한 교회든지 어느 교단이든지, 나름대로 우주적인 그리스도의 몸에 공헌할 특이한 재능과 능력을 소지하고 있다. 하나님은 지상에서 그 분의 목적을 이루기 위해 다양한 지역교회와 교단들을 사용하신다. 우리는 다른 교회, 교단, 교파들과 어깨를 맞대고 손에 손을 붙잡고, 한 목소리를 내어 하나님께 영광을 돌리고, 힘을 합하여 하나님의 나라를 건립하도록 부르심을 받았다.

교회사를 통해보면, 성령님은 다양한 종류의 "신앙 운동"을 일으키셔서 새로운 가문의 교회들을 일으키시고, 교파를 형성케 하셔서 교회를 재생시키신 것을 알 수 있다. 예컨대 18세기에서 19세기에 걸쳐 시작된 감리교 운동은, 요한 웨슬리와 그의 팀들이 전 세계에 새로운 교회들을 "개척"하라는 하나님의 부르심에 순종함으로서 시발되었다. 그 결과 오늘날 전 세계에 걸쳐 감리교회의 건물이 서있지 않은 곳이 없다.

한 때 내가 거주했던 지역에는 모라비아 교회가 있었다. 모라비아 교회는 원래 유럽에서 시작되었는데, 복음 전파를 위해 온 세상으로 성도들을 파송했다. 사실 그들은 예수그리스도의 복음을 전하고 개척교회를 설립하고자 전 세계로 선교사를 파송하면서, 24시간 365일 기도를 100년 이상 한 것으로 유명하다. 그들은 서로 협력 선교를 하면서 진정 가족 같은 분위기에서 사역했다.

60년대에서 70년대를 걸쳐 풍미했던 것은 오순절 운동이다. 오순절 운동은 전 세계에 걸쳐 폭발적인 성장을 이루었다. 교회사의 그 기간 동안 수많은 신도들이 성령의 충만함을 받았으며 성령의 은사도 많이 체험하였다. 하나님은 오늘날에도 신자들 가운데 역사하신다. 그리고 모든 신자는 영적 가족 관계에 의하여 하나로 결부되어 있다.

새 부대는 새 생명을 가져온다

나는 주께서 이 세대에 성령을 물 붓듯 부어주시기 원하신다고 믿는 사람이다. 그분이 그렇게 하심으로 수를 헤아릴 수 없는 사람들이 하나님의 나라로 몰려들어 오게 될 것이다. 주께서는 우리에게 눈을 들어 추수해야할 사람들이 많음을 보라고 하셨다. "너희 눈을 들어 밭을 보라

희어져 추수하게 되었도다"(요한복음 4:35).

그렇지만 어떻게 새 신자를 추수할 것인가? 전통적인 교회 구조로는 대량의 추수가 불가능하다. 이미 다 차버렸다. 그러므로 새로운 방식으로 목회하는 새로운 교회가 끊임없이 생겨야한다. 그래서 새로운 신자가 그리스도 안으로 들어올 수 있도록 계속 새로운 가죽 부대를 제공하는 구조조정이 감행되어야한다.

새 포도주를 낡은 가죽 부대에 넣지 아니하나니 그렇게 하면 부대가 터져 포도주도 쏟아지고 부대도 버리게 됨이라 새 포도주는 새 부대에 넣어야 둘이 다 보전되느니라(마태복음 9:17)

새로운 가죽부대는 마치 고무풍선처럼 유연하고 신축성이 있다. 새로운 신자(새 포도주)를 전통적인 교회구조(낡은 가죽부대)에 넣으면 교회구조가 파괴된다. 그러면 새신자도 잃게 된다. 새신자는 그들의 영적 성장을 가능케 하는 유연한 교회구조에 넣어야 한다. 가정 교회나 셀 그룹은 그런 유연한 "가죽 부대"와 같은 것이 되기가 수월하다. 소그룹에서는 새신자가 양육 받고, 제자화되며, 지도자가 되는 훈련을 하는 일이 어렵지 않다.

나는 주께서 천국의 추수를 위해 많은 새로운 종류의 교회들(새 가죽 부대)을 만드시리라 믿는다. 하나님께서는 이 시대에 많은 무리들을 주께로 이끌도록 추수하는 일꾼들을 준비하고 계신다. 주님은 기존 신자들이 특히 열방에 흩어진 새 신자(새로운 가죽 부대들)들과 관계된 일에 몰두하기를 원하신다. 향후 새로운 가정교회 네트워크와 셀 교회들은 기존의 전통적인 교회들과 더욱 밀접한 관계를 가지며 일하게 될 것이다.

신흥 교회들은 전통적인 교회와 반드시 협력해야한다. 급성장하는 신흥교회의 성도들은 오래된 전통 교회를 무시하는 경향이 있다. 그러나 무시하지 말고 도리어 앞서간 "신앙의 선배들"을 존중해야한다. 동시에 오래된 교회들은 새로운 기독교 부흥운동이나 신흥 교회들이 등장할 때에 그들을 환영해야할 것이다. 왜냐하면 그들은 죽어 가는 세상 속으로 그리스도의 복음을 효과적으로 전달하는 것을 돕기 위해 나타나기 때문이다.

기존의 모든 교회는 전 세계에 걸쳐 교회를 설립하는 일에 동참해야 한다. 각각의 지역교회는 지역에만 관심을 가질 것이 아니라 세계적인 비전을 가져야한다. 주님께서는 승천하시기 전에 다음과 같은 지상명령을 내리셨다. "오직 성령이 너희에게 임하시면 너희가 권능을 받고 예루살렘과 온 유대와 사마리아와 땅 끝까지 이르러 내 증인이 되리라 하시니라"(사도행전 1:8).

다른 말로 하자면, 주님은 우리 모두를 그분의 우주적인 교회로 부르셔서, 복음을 전하고 제자를 만들면서 예루살렘(우리 동네), 유대(우리 도시), 사마리아(이웃 도시나 이웃 나라), 땅 끝(전 세계)에 교회를 세우는 일을 시키신다는 뜻이다.

가족처럼 가정집에서 모이는 집회

초대교회는 주께 나아오는 모든 이들의 필요를 충족시켜 주어야할 필요성을 절감했다. 그래서 그들은 성전에서 대그룹으로 모이기도 했지만 또한 가정에서 소그룹으로 모이기도 했다. 그들은 모여 하나님의 말씀을 통해 가르침을 받고 함께 주님을 예배했다.

날마다 마음을 같이하여 성전에 모이기를 힘쓰고 집에서 떡을 떼며 기쁨과 순전한 마음으로 음식을 먹고 하나님을 찬미하며 또 온 백성에게 칭송을 받으니 주께서 구원받는 사람을 날마다 더하게 하시니라(사도행전 2:46-47)

나는 1968년에 나의 삶을 주님께 바친 후에, 주님과 그분의 말씀에 대한 엄청난 굶주림을 느꼈다. 그래서 나는 우리 지역에서 다른 여러 교회에 출석하는 젊은이들과 정기적으로 모여 성경을 공부하고 기도하기 시작했다. 하루는 주께서 주변에 잃은 자들을 찾는 일에 우리를 부르신다는 것을 느꼈다. 그렇지만 우리들은 그냥 마냥 앉아서 성경공부 하는 것만 즐겼다. 사람을 낚는 어부가 되어야했음에도 불구하고 말이다(마가복음 1:17 참조).

그렇지만 그 다음에 몇 년간 내 약혼녀와 나는 펜실베이니아의 랭캐스터 지역에서, 불신자 청소년 전도를 목표로 소수의 젊은이들을 모아 청년회를 설립했다. 우리들은 주중에 영적인 돌봄이 필요한 청소년들과 함께 운동도 하고 다양한 과외활동도 했다. 그러한 종류의 "친분 전도"는 효과를 보았고, 그래서 몇 년에 걸쳐서 수십 명의 젊은이들을 그리스도께로 인도하는 열매를 맺었다.

그 전도 운동에 가담했던 청년들은 여러 다양한 교회에서 모인 사람들이었기에, 결신자들이 각자에게 맞는 교회를 찾아가도록 주선해주었다. 대부분의 지역교회들은 친절하게 도움을 주려 하였으나, 많은 경우에 딱 들어맞지를 않았다. 왜냐하면 그들의 성장배경이 불신자의 가정이었기에, 기독교 문화권에서 성장한 사람들과 코드가 맞지를 않았다. 그들이 기존 교회 안으로 잘 흡수되지 않는 걸 목격한 우리들은, "새 술"을 위한 "새 부대"의 필요성을 자각하게 되었다.

주께서는 아주 분명하게 새 술(새신자)을 위한 새 부대(소그룹으로 모이는 새로운 교회의 구조)를 시작하라고 나에게 말씀하셨다. 나는 기존 교회의 지도자들로부터 확증과 동시에 그들의 축복을 받은 후에, 새로운 사역으로 파송되었다. 그 결과 1980년 10월에 나는 믿음으로 새로운 교회 개척에 첫걸음을 내딛었다. 그 후로 우리들은 전 세계 6대주에 걸쳐 수많은 새 신자들이 더해지는 것을 목격하는 특권을 누리고 있다. 그들은 서로 밀접히 연결되어 그리스도의 집으로 지어져가고 있다.

교회란 공통의 목적과 비전으로 부르심을 받은 이들이 하나님과 또 다른 동료 신자들과의 관계 속에서 연합되어 하나님의 집으로 건축되는 것을 말한다. 교회는 서로를 섬기고, 그리스도를 필요로 하는 사람들에게 관심을 보이며 다가가고, 주께서 세우신 지역교회의 목회자들을 지원한다.

진정한 의미에서 교회는 주일날 아침 모이는 것 그 이상이다. 예컨대 건강한 나무는 강인한 뿌리를 가지고 있어야한다. 동일한 원리로, 교회도 "소그룹"이라는 기저조직에서 어떤 일이 발생하느냐에 따라 교회의 건강이 좌우된다. 소그룹에서 발생하는 성도들 간의 영적 인간관계는 대단히 중요하다. 가정마다 모이는 소그룹이 튼튼하고 건강하면, 교회의 다른 모임들에도 활기찬 생명력을 공급하게 되기 때문이다.

가족은 서로 결합되어 있다

건축업자가 벽돌을 아무 데나 던져 한 무더기를 쌓아 놓은 후에 그것을 건물이라고 부르겠는가? 이것은 말도 안 되는 소리다. 벽돌집을 건축하기 위해서는, 총괄계획가가 수백 수천 개의 벽돌을 계획적으로 배치하고 그것들을 모르타르로 발라 붙여 정교하게 쌓아 올려야한다. 하나님께서 그분의 나라를 세우기 위해 사용하시는 모르타르는 "관계"라는 접착제이다. 온 우주의 설계자(master-planner)인 하나님은 당신과 나를 선택하셔서, 그분의 몸 안에 전략적인 위치에 놓으시고, 다른 이들과 함께 주님의 목적을 이루게 하신다.

종종 사람들은 길거리 모퉁이에 서있는 건물을 "교회"라고 부른다. 그러나 사실 교회는 건물이 아니라 "사람"이다. 물론 하나님을 예배하고 그분의 말씀을 배울 장소를 허락하신 하나님께 감사하자. 그러나 하나님의 백성인 성도들과 예배당 건물을 혼동하지 말아야한다.

성경은 성도를 "산 돌"이라고 한다. 모든 신자들은 주 예수 그리스도 안에 있는 믿음으로 말미암아 살아나게 되었다. 주님은 그리스도인들을 모아 서로 연결하여 영적인 집, 내지는 영적 공동체를 지을 방안을 제시하였다. "너희도 산 돌 같이 신령한 집으로 세워지고 예수 그리스도로 말미암아 하나님이 기쁘게 받으실 신령한 제사를 드릴 거룩한 제사장이 될지니라"(베드로전서 2:5).

교회라는 단어의 의미는 단순히 "호출 받은 사람들"이라고 앞서 언급했다. 즉, 세계 시스템으로부터 나오라는 부르심을 받고 빠져 나와, 하나님 나라의 일부가 된 사람들을 말한다. 그러므로 그리스도 안에 있는 신도가 된다는 것은 이기주의로 점철된 세계 시스템에 저항하는 반체제의 삶을 영위한다는 걸 의미한다. 성도는 하나님의 말씀에만 순종하며 새로운 삶을 새로운 방식으로 살아간다.

예수 그리스도는 교회 안에 존재하시는데, 다시 말해서 그분이 호출하신 그분의 백성 가운데 살아 계신다는 뜻이다. 예수님은 그분의 몸인 그 분의 백성들 가운데 거주하신다. "그에게서 온 몸이 각 마디를 통하여 도움을 받음으로 연결되고 결합되어 각 지체의 분량대로 역사하여 그 몸을 자라게 하며 사랑 안에서 스스로 세우느니라"(에베소서 4:16).

인간의 몸의 어깨뼈와 팔이 관절과 인대로 연결되어 있는 것처럼, 그리스도의 몸은 "관계"라는 것으로 서로 연결되어 있다. 신도들은 주께서 그들 안에 살아 계신다는 사실을 깨달으며, 영적 관계로 서로 연결되어, 서로에게 영적 자양분과 생명을 공급한다. 이것이 바로 성도가 친분 관계를 맺으며 서로 연결되어야 하는 이유이다. 영적으로 자라기 위해서는 그리스도 안에서 형제자매들의 도움이 필수적이다.

하나님께서 당신을 배치하신 자리?

인간의 몸을 만드신 주께서는 영적인 몸에도 육신과 비슷한 점이 있다고 하신다. 손이 팔 끝에 달려 있다는데 대해 감사해본 적이 있는가? 만약에 손이 귀 끝에 달렸다면 어쩔 뻔했는가? 문제가 이만저만이 아닐 것이다. 마찬가지로 효과적으로 사역하려면 성도들은 그리스도의 몸의 적소에 배치되어야 한다.

고린도전서 12:18에 따르면 주님은 그 분의 뜻대로 우리에게 자리를 마련해 주신다고 한다. "그런데 실은 하나님께서는, 원하시는 대로, 우리 몸에다가 각각 다른 여러 지체를 두셨습니다"(표준새번역). 효율적으로 봉사하려면, 하나님께서 교회의 어디에 우리를 두셨는지 정확히 아는 것이 필요하다. 사실 그것은 우리가 선택하는 자리가 아니라 주님이 배치해주시는 자리이다.

한 지역 안에는 그 모양새와 크기가 다른 다양한 지역교회들이 있다. 그 중에는 내가 "공동체 교회"라고 명명하는 것들도 있는데, 이는 주일날 예배당 건물에서 모이며 그 지역의 주민들을 위해 봉사하는 그런 전통적인 교회를 지칭하는 말이다. 그런 교회의 사이즈는 대충 50명에서

500명 정도의 성도들로 구성된다. "메가 처치(대형교회)"라 불리는 것들도 역시 주일에 예배당에서 모이기는 하지만, 이는 지역교회가 아니다. 대형 교회는 광범위한 지역을 망라한다. 그리고 그 사이즈도 1,000명 이상의 교인을 가지고 있다. 그리고 마지막으로 내가 "가정 교회 네트워크"라 부르는 교회가 있다. 이는 개별적인 가정교회가 모인 집단인데, 가정교회는 그 말 그대로 가정집에서 모이는 소수의 무리이다. 그들은 주로 장로나 다른 영적 리더들에 의하여 이끌어진다. 각 가정교회는 적어도 일주일에 한 번씩 모이는데, 이들은 다른 가정교회들과 협력하기도 하고 같은 지역에 있는 다른 교회들과 연합하기도 한다.

그리스도의 몸 안에 하나님은 당신을 어디에 두셨는가? 오늘날 세계에는 정말 멋진 하나님의 교회들이 무수하다. 그렇지만 '어느 교회가 최고로 좋으냐' 하는 것이 관건은 아니다. 모든 교회는 다 강점과 약점을 가지고 있다. 문제는 '하나님께서 당신을 어느 교회에 소속되도록 부르셨는가' 하는 것이다. 당신의 삶의 현 단계에서 주님은 어떤 부류의 신자들과 함께 협력하여 신앙생활 하도록 부르고 계신가?

주님은 당신이 영적으로 성장하기 원하신다. 그리고 불신자들을 그리스도께 인도하기 위하여 그들에게 적극적으로 다가가기 원하신다. 그러므로 반드시 가정과 같은 교회를 발견하여, 교회에 적극 가담하고, 특히 불신자 전도에 힘쓰도록 하라. 아마도 주님은 당신의 가정집을 영적 성장을 도모하는 소그룹의 모임장소로 제공하기 원하실 지도 모르겠다. 가능하다면 당신의 가정을 개방하라. 그리스도 안에서 성장하도록 제자를 삼고 멘토링 해주면서 당신은 타인의 삶에 영적 영향력을 끼칠 수 있다. 그런 그리스도인을 재생하는 거룩한 사업에 헌신하라. 그리스도의 몸 안에서 당신에게 꼭 맞는 역할을 담당하게 되기를 축복한다.

가족은 불어난다

사도행전을 읽어보면 초대교회가 성장하고 그 수가 불어난 것을 볼 수 있다. 주께서는 그들에게 성령과 하나님의 말씀을 통해 교회성장에 관한 분명한 전략을 주셨다. 초대교회의 성도들은, 주께서 하늘에 계신 아버지께로 돌아가시기 직전에 주신 말씀인 "그러므로 너희는 가서 모든 민족을 제자로 삼아"(마태복음 28:19)를 기억하였다. 주님의 승천 이후에, 제자들은 예루살렘 각처에서 모였는데, 이곳저곳 가정에서 모이기 시작했다. 그리고 그들은 새신자 전도와 양육에 대한 부담감을 느꼈다. 새신자들이 주님 안에서 성장하는 데 도움을 주어야할 책임을 통감했다는 말이다.

사도행전은 성장의 원리를 제공해준다. 소그룹의 일원들은 주님 안에서 영적으로 성숙하도록 훈련받는다. 그렇게 훈련받은 이들 중에 많은 이들은 결국 나중에 새로운 소그룹 리더가 된다. 그렇게만 되면 교회는 불어나게 되어있다. 새로 형성된 소그룹에서는, 에베소서 4:16을 따라, 소그룹 회원들이 영적으로 자라나기에 필요한 모든 것을 공급한다.

그리스도가 머리이시므로, 온몸은 여러 부분이 결합되고 서로 연결되어서, 각 부분이 그 맡은 분량대로 활동함을 따라 각 마디로 영양을 공급받고, 그 몸을 자라게 하여, 사랑 안에서 스스로를 세우게 합니다(에베소서 4:16, 표준새번역).

지역교회와 지역교회 안에 소속된 셀 그룹이 건강하려면, 교회가 수적으로 증가하고, 새로운 소그룹을 계속 형성할 수 있어야한다. 초대교회는 그런 방식으로 급성장했다.

> 그 때에 제자가 더 많아졌는데… 하나님의 말씀이 점점 왕성하여 예루살렘에 있는 제자의 수가 더 심히 많아지고 허다한 제사장의 무리도 이 도에 복종하니라 (사도행전 6:1,7)

예수 그리스도의 교회는 성장해야한다. 그러기 위해서 소그룹에서 모이는 신자들은 누구를 막론하고 새로운 소그룹이나 가정교회를 개척할 꿈과 비전을 가져야한다. 그러면 교회는 계속해서 강건하고 건전해진다. 불신자전도에 힘쓰지 않는 교회나 소그룹은 종종 영적으로 정체되다가 결국은 활기를 잃고 시들어 버린다.

모든 육체는 세포로 구성되어 있다. 체내의 모든 세포는 세포분열이라는 과정을 겪는다. 세포분열은 간단하다. 한개의 세포가 점차 커져 두 개의 세포로 나뉘는 것이다. 그리고 그 두 개의 세포는 또 자라나, 네 개의 세포로 분열한다. 예수 그리스도의 교회에도 동일한 원리가 적용된다. 셀그룹이나 가정교회에 속한 신도들은 불신자들에게 접근하여 복음을 전하고, 구원의 길로 인도하며, 그리스도의 몸에 영입시킨다. 그렇게 하여 소그룹의 사이즈가 커지면, 분열하여 두 개의 소그룹을 이룬다. 우리는 이것을 "영적 세포분열"이라고 부른다.

하나님은 신자들 각자와 지역 교회를, 기도하고 복음을 전하고 제자를 삼는 일에 헌신하도록 부르셨다. 그러므로 주께서 우리를 통해 그분의 생명을 다른 이들에게 전달하시는 주님의 일에 쓰실 것을 기대하자.

복습문제

1. 당신이 속한 지역교회는 다른 지역의 교회들과 어떤 연관관계를 맺고 있는가? 당신은 전 세계에 퍼져있는 보편적 교회라 불리는 그리스도의 몸의 일부라는 느낌이 드는가?

2. 새신자에게는 왜 특히 새 부대가 필요한가?

3. 사람들이 교회 안에서 인간관계로 서로 친밀히 묶일 때에 어떤 일이 발생할까?

4. 왜 주님은 그분의 교회 안에서 우리가 특정한 장소에 특별한 위치를 점유하며 머물기 원하시나(고린도전서 12:18 참조)?

7장
당신을 지켜보는 사람은 과연 누구인가?

다른 신도들을 돌보는 일에 헌신함

초대교회는 서로 돌보는 일에 대하여 매우 효과적인 방안을 가지고 있었다. 그들은 가정마다 소그룹으로 모였는데, 그 곳은 서로 사랑하라는 주님의 명령을 몸소 실천할 수 있는 장이었다.

> 사랑하는 자들아 우리가 서로 사랑하자 사랑은 하나님께 속한 것이니 사랑하는 자마다 하나님으로부터 나서 하나님을 알고(요한1서 4:7)

사랑은 가만히 있기만 해도 자연적으로 발생하는 것이 아니다. 사랑은 반드시 실천되어야한다. 사랑은 단지 좋은 감정을 가지는 것이 아니라, 타인의 필요를 충족시켜주며 그들을 돕겠다는 결심이다. 이는 동기유발과 동시에 실제적인 행동을 포함한다. 그렇지만 현실적으로 수백수천 명을 사랑하고 돌보는 일에 헌신할 수는 없다. 수천 명이 모여 함께 예배를 드리며 하나님의 말씀을 들을 수 있을지는 몰라도, 실질적으로 사랑을 실천하는 일은 오직 몇 명이 모이는 소그룹 안에서만 이루어질 수 있다. 사도행전 20:20에 보면, 바울이 대중 집회를 했을 뿐만 아니라 가정에서 소집회도 했음을 알 수 있다. "유익한 것은 무엇이든지 공중 앞에서나 각 집에서나 거리낌이 없이 여러분에게 전하여 가르치고."

이웃과 직장 동료들에게 예수 그리스도의 복음을 들고 나아가고, 또한 서로 그리스도 안에서 성장하도록 신자들끼리 실제적으로 돕는 기독교만이 현실 타당한 기독교이다. 그렇지 않으면 종교적인 망상에 빠지게 된다. 나의 경우, 우리 가정 교회의 성도들은 정기적으로 소그룹에 모여 마음이 상한 자와 환자들을 위해 기도하며, 하나님의 사랑과 용서를 서로에게 나누어준다. 서로를 향한 우리들의 헌신은 진심이 녹아있고 현실적이다. 우리는 늘 서로를 지켜보며 지켜준다. 우리의 소그룹은 우리의 영적 가정이다.

간혹 어떤 소그룹이나 가정교회에서는 다른 신도들과의 돈독한 관계 유지를 서약하는 경우가 있다. 이러한 종류의 서약은 종교 철학이나 교리와 직접적인 관련이 있는 건 아니지만, 그리스도 안에서 상대를 조심스럽게 보살피겠다는 헌신의 징표이다. 나는 신도가 지역교회에 참여하겠다고 약속하는 것은 단순히 교회라는 기관이나 단체에 전념하겠다고 약조하는 것 이상이라고 생각한다. 이는 예수님, 하나님의 말씀, 그리고 다른 성도와 굳게 약속하는 것이다. 일단 약속하면, 전폭적인 지지와 함께 열심히 참여해야한다. 그리고 소그룹에서는 다른 성도들과의 신실한 상호교류를 통해 밀접한 관계를 형성하는데 최대의 노력을 경주해야한다. 상대방을 돌보는 일에 우선권을 보이면, 상대도 역시 우리가 진심으로 보살피는 자임을 인정하게 될 것이다.

나의 경우, 우리 교회에 나의 영적 안녕과 복지를 보살피는 장로님뿐 아니라, 실제적으로 나를 섬기고, 나를 위해 기도해주고, 그리스도와 친밀히 동행하도록 나를 격려해주는 소그룹 성도들이 있다는 것이 참으로 감사하다.

리더들은 영적으로 보호해준다

히브리서 13:7,17에 따르면, 당신의 영혼을 지키며 당신의 신앙생활을 장차 하나님께 보고드릴 사람으로 영적 리더들을 세우셨다고 한다.

여러분의 지도자들을 기억하십시오. 그들은 여러분에게 하나님의 말씀을 일러주었습니다. 그들이 어떻게 살고 죽었는지를 살펴보고, 그 믿음을 본받으십시오. 여러분은 지도자들의 말을 곧이듣고, 그들에게 복종하십시오. 그들은 여러분의 영혼을 지키는 사람들이요, 이 일을 장차 하나님께 보고드릴 사람들입니다. 그러므로 여러분은 그들이 이 일을 기쁜 마음으로 하게하고, 탄식하면서 하게 하지 마십시오. 그렇지 않으면 여러분에게 유익하게 되지 못합니다.(표준새번역)

하나님이 우리 인생에 세우신 영적 리더들은 우리를 영적으로 보호해준다. 또한 그들이 주님 앞에 믿음을 보일 때에, 우리는 그들의 본보기를 따라가게 된다. 우리는 그런 영적 리더들을 항상 기억해야하며, 그들이 전하는 하나님의 말씀을 받으며, 그들에게 협조하고 순종해야한다. 특히 하나님께서 그들에게 맡겨진 책무의 이행이 그들로 통탄케 할 것이 아니라 도리어 즐겁게 하도록, 우리가 최대한 그들을 도와야한다. 성경은 주의를 주기를, 대적 마귀가 우는 사자 같이 두루 다니며 삼킬 자를 찾는다고 하였다(베드로전서 5:8 참조). 그래서 우리에게는 교회의 리더가 필요한 것이다. 즉 사탄 마귀로부터 우리를 보호해주고 영적 사기를 북돋아 주는 그런 영적 리더 말이다. 그런데 데살로니가전서 5:12-13은 주님이 영적 지도자로 세운 사람들을 알아주고(인정하고), 존중하라고 하신다.

> 형제들아 우리가 너희에게 구하노니 너희 가운데서 수고하고 주 안에서 너희를 다스리며 권하는 자들을 너희가 알고 그들의 역사로 말미암아 사랑 안에서 가장 귀히 여기며 너희끼리 화목하라

나는 지난 수년간 전 세계 방방곡곡을 여행하는 데 많은 시간을 할애한 사람이다. 그때마다 나는 주께서 나에게 허락하신 우리 교회의 영적 리더들로부터 많은 도움을 받았다. 소그룹 리더, 지역교회의 담임목사, 그리고 우리 교회의 장로들은 나와 내 가족에게 엄청난 위로와 보호를 아끼지 않았다. 그들이 내 삶에 가져다 준 축복은 이루 말로 다할 수 없다. 주님 안에서 형제 자매된 그들은 나의 여행 경비를 대기도 했고, 고무해주고, 권고해주었다. 그 영적 리더들은 나의 정신없이 바쁜 빡빡한 일정에도 불구하고, 나로 하여금 가족과 지낼 수 있도록 도전도 주었다. 영적 리더들이 내 마음속 최고의 관심사가 되게 하신 주님께 나는 늘 감사한다.

리더들은 우리의 가는 길을 제대로 잡아준다

성경은 사도행전 2:42에서, 초대교회의 성도들은 사도의 가르침을 받아 서로 교제하고 떡을 떼며 오로지 기도하기를 힘썼다고 기록하고 있다. 초대교회 성도들은 리더들의 가르침과 설교로부터 많은 것을 학습하였다. 사도 바울은 사도행전 20:28-31에서 원수가 교회에 이단을

유입할 것에 관해 에베소의 장로들에게 미리 이렇게 경고하였다.

여러분은 자기를 위하여 또는 온 양 떼를 위하여 삼가라 성령이 그들 가운데 여러분을 감독자로 삼고 하나님이 자기 피로 사신 교회를 보살피게 하셨느니라 내가 떠난 후에 사나운 이리가 여러분에게 들어와서 그 양 떼를 아끼지 아니하며 또한 여러분 중에서도 제자들을 끌어 자기를 따르게 하려고 어그러진 말을 하는 사람들이 일어날 줄을 내가 아노라 그러므로 여러분이 일깨어 내가 삼 년이나 밤낮 쉬지 않고 눈물로 각 사람을 훈계하던 것을 기억하라

주께서는 하나님의 말씀을 허락하시고 또한 성도들의 삶에 영적 리더들을 배치하셔서 이단에 빠지지 않도록 보호하신다('이단'이란 영적 파멸을 초래하는 그릇된 가르침이다). 오늘날에도 우리들의 관심을 끌려고 경쟁적으로 쟁쟁거리는 "목소리"들이 많다. 그렇지만 하나님의 말씀은 참으로 신뢰할만하다. 또한 '선한 열매'(인격과 진실성)를 가진 영적 리더들은 참으로 믿음직스럽다(마태복음 7:15-20 참조).

하나님께서 오늘도 전 세계에 걸쳐 영적 리더들을 세우시는 것은 나는 참으로 감사할 일이다. 이 세상의 모든 진리를 다 소유한 지역교회나 교단은 없다. 그러므로 우리는 늘 하나님의 말씀을 공부해야하며, 지역교회의 리더들뿐만 아니라 그리스도의 몸 전체를 대상으로 광역에서 활동하는 다양한 리더들로부터도 배워야한다. 영적 리더들은 신자가 사소한 일로 인하여 곁길로 새는 것을 막아준다(로마서 14:5 참조). 그리고 그리스도의 몸 안으로 침투하여 교회를 망치려 책동하는 이단으로부터도 보호해준다.

리더는 신도들을 무장시켜준다

하나님은 리더십의 능력이 있는 사람들을 부르셔서, 모든 신자들이 봉사의 임무를 다하도록 신앙을 강하고 견고하게 세우는 사역을 맡기신다. 주께서는 그리스도의 몸 안으로 각별한 리더십의 은사를 흘려 보내시고 그 은사를 받은 리더들로 하여금 교회를 무장시키도록 하신다. 그 결과 교회 안에는 에베소서 4:11-12에 기록된 것과 같은 여러 직책들이 발생한다.

> 그가 어떤 사람은 사도로, 어떤 사람은 선지자로, 어떤 사람은 복음 전하는 자로, 어떤 사람은 목사와 교사로 삼으셨으니 이는 성도를 온전하게 하여 봉사의 일을 하게하며 그리스도의 몸을 세우려 하심이라

이 다섯 가지 사역의 은사(사도, 예언자, 전도자, 목사, 교사)는 그리스도의 몸 안에 있는 다양한 사람들에게 부어지고, 그 은사를 받은 사람들은 다른 이들을 영적으로 무장시키는 책임을 감당한다. 위에 언급한 리더들 안에 주께서 "심어 놓으신" 리더십의 은사로 인하여, 리더들은 신자가 각종 사역에 효과적으로 쓰임을 받도록 잘 훈련시킨다. 리더십의 은사를 받은 이들은 성도들이 '일생' 주님을 위한 봉사의 사역을 감당할 정도로 훈련시킬 수 있다.

주께서 사도를 교회에 주신 이유는 교리의 초석을 놓아 영적 선조가 되게 하기 위함이다. 그들은 다른 리더들을 탄생시킬 정도의 능력을 소지한 자들이다. 그리고 그들은 특히 교회를 세우고 기반을 닦는 은사를 받았다. 예언자는 신자들로 하여금 하나님의 음성을 들을 수 있게 훈련시키도록 부르심을 받은 자이다. 전도자는 신자들의 마음속에 잃은 자

들에 대한 영혼구원의 마음을 불붙듯 각성시키는 역할을 감당한다. 목회자는 신자들을 고무하고, 보호하며, 제자 삼는 비법을 전수하도록 부르심을 받은 자이다. 교사는 신자가 하나님의 말씀을 명확히 이해하는 일을 돕고자 주께서 기름 부은 자이다. 어떤 리더는 한 가지 이상의 은사를 가지고 활동하는 경우도 있다.

하나님의 계획은 지역교회에서 이 5가지의 은사가 목회사역에서 최대한 활용되는 것이다. 평신도라도 영적으로 잘 무장된 자는 목회사역에 쓰임을 받을 수 있다. 사실 모든 신자는 다 기독교 사역자라고 할 수 있다. 목사나 교회의 제직들만 목회 사역에 가담할 수 있는 건 아니다. 모든 신자는 예수 그리스도의 이름으로 다른 이들을 위한 사역에 힘쓰도록 부르심을 받았다. 그러므로 당신도 그리스도인으로 점차 성장함에 따라, 능력(은사)을 가진 영적 리더들로부터 교육을 받고 무장하여 영적으로 강해지기를 바란다.

리더들은 이끈다

지역교회의 영적 리더십에 관해 신약성경으로부터 어떤 실질적인 지침을 얻을 수 있을까? 사도행전 15장은 교회 안에서 벌어진 분규에 관해 언급하는데, 그것을 초대교회가 어떻게 수습했는지 살펴보는 것이 도움이 되리라 생각한다. 이방인의 사도로 보냄을 받은 바울은 그 문제를 함께 토론하기 위해 예루살렘의 지도자들과 만났다. 그 중에는 야고보도 있었는데, 야고보는 장로 리더십 팀과 함께 다스리던 견실한 리더였다. "그 이튿날 바울이 우리와 함께 야고보에게로 들어가니 장로들도 다 있더라"(사도행전 21:18).

야고보와 장로들의 팀은 기도하고 하나님의 음성을 들으며 그 문제를 해결할 책임을 지고 있었다. 마찬가지로 각각의 지역교회에는 장로의 팀과 더불어 교회를 관리(감독)할 한 사람이 배치되어야 한다. 사실 이러한 원리는 교회의 모든 영역에서 적용될 수 있다. 하나님은 공동 목표를 향해 일하는 하나 된 팀을 부르신다. 그렇지만 항상 모든 팀에는 주님이 선택하여 그 팀을 이끌도록 세운 한 사람의 리더가 있게 마련이다. "모든 사람에게 영을 주시는 주 하나님, 이 회중 위에 한 사람을 임명하여 주시기를 바랍니다"(민수기 27:16, 표준새번역).

모든 지역교회, 교단, 그리고 가정교회와 셀그룹에는 리더십 팀이 필요하고, 동시에 그 팀에 리더십을 공급할 한 명의 팀 리더가 있어야한다. 예컨대, 남편과 아내는 가정을 이끄는 하나의 리더십 팀이라고 볼 수 있다. 그렇지만 남편은 가정의 머리가 되도록 부르심을 받았다. 그러므로 남편은 리더로 아내를 돌보고 사랑해주어야 한다. 그리고 위기가 닥쳐 결단을 내려야할 상황이 벌어지면, 남편이 최종 결정을 내릴 책임을 져야한다.

여객기의 운행에는 많은 이들이 팀을 이루어 함께 일한다. 그러나 이륙, 착륙, 그리고 결정적인 순간에는 누가 결단을 내릴까? 기장이다! 동일한 원리가 교회에도 적용된다. 지역교회에 하나님께서 리더십을 발휘하는 사람을 주셨지만, 동시에 모든 이들이 한 팀을 이루어 사역한다는 것이 영적 진리이다.

사도행전 14장 21-23절에 보면, 바울과 바나바는 각 지역교회에 임명된 리더들이 확실한 리더십을 발휘하는 가에 깊은 관심을 기울였다. "바울과 바나바는 그 성에서 복음을 전해 많은 제자를 얻은 뒤에, 루스드라와 이고니온과 안디옥으로 되돌아갔다. 그들은 제자들의 마음을 굳세게 해주며, 믿음에 머물러 있으라고 권면하였다. 그리고 또 '우리가 하나님 나라에 들어가려면, 반드시 많은 환난을 겪어야 합니다'라고 말했다. 그런 후에 그들을 위해서 각 교회에서 장로들을 임명하고, 금식하면서 기도하며, 그들이 믿는 주님께 장로들을 맡겼다"(표준새번역). 신약성경에는 다양한 종류의 리더십이 언급되어 있다. 사도행전 15:6에는 "사도와 장로들이 이 일을 의논하러 모여"라는 언급이 있다. 여기에서 장로는 지역교회를 감독하는 사람을 말한다. 그리고 사도는 개 교회를 넘어서 광범위한 지역에 걸쳐 교회의 리더들 감독하는 사람을 말한다. "사도적 감독"들은 지역의 리더들을 보살피고, 관리하고, 격려하고, 무장시킨다. 그들은 그렇게 함으로써 지역의 리더들이 효과적으로 봉사하여 지대한 영향력을 행사하도록 돕는다. "그러나 우리는 분수 이상의 자랑을 하지 않고 오직 하나님이 우리에게 나누어주신 그 범위의 한계를 따라 하노니 곧 너희에게까지 이른 것이라"(고린도후서 10:13).

사도 바울은 고린도교회의 성도들에게, 자신이 책임 범위의 한계(지역의 경계) 안에 머물렀다는 점을 강조하였다. 물론 바울은 고린도교회라는 지역교회의 장로는 아니었다. 그렇지만 고린도 지경 안에서 하나님의 일을 감독하는 장로들을 관리할 책임이 바울에게 주어졌다는 것이다. 바울은 자신을 '사도'라 불렀다. 사실 각 교단마다 리더를 부르는 명칭이 다르다. 그렇지만 오늘날에도 지역교회의 장로들을 감독하거나 혹은 지역교회의 목사들을 감독하는 직책을 가진 사람들이 있다.

하나님에 의해 선택되고 사람에 의해 확증되는 리더

교회가 성장하고 번성하는 것이 주님의 뜻이기에, 주님은 계속 그 분의 교회에 새로운 리더들을 공급하기 원하신다. 성경에 보면, 안디옥 교회의 리더들이 기도와 금식으로 모여, 사울과 바나바에게 교회 개척의 사명을 주며 따로 세우시는 사건이 나온다.

> 안디옥 교회에 선지자들과 교사들이 있으니 곧 바나바와 니게르라 하는 시므온과 구레네 사람 루기오와 분봉 왕 헤롯의 젖동생 마나엔과 및 사울이라 주를 섬겨 금식할 때에 성령이 이르시되 내가 불러 시키는 일을 위하여 바나바와 사울을 따로 세우라 하시니 이에 금식하며 기도하고 두 사람에게 안수하여 보내니라 두 사람이 성령의 보내심을 받아 실루기아에 내려가 거기서 배 타고 구브로에 가서 (사도행전 13:1-4)

바울과 바나바가 하나님의 일을 하도록 따로 세우신 이는 성령님이시다. 교회의 리더들을 부르시고 성도들로 사역에 가담하도록 하시는 이도 성령님이시다. 일단 성령이 사울과 바나바를 부르신 후에, 안디옥 교회의 영적 리더들은 기도하고 금식하고 그들의 부르심을 확증하였다. 그리고 그들을 부르시는 하나님의 뜻을 완수하기 위해 안수하고 파송하였다.

오늘날 각 교회마다 또 교단마다 교회의 리더를 선출하는 나름대로의 방안을 가지고 있는 것으로 안다. 어떤 교회는 다수결의 원칙을 따른다. 이런 민주주의(democracy) 방식은 교회가 기본적으로 대중에 의해 운영된다는 것을 뜻한다. 그런 교회는 위원회를 형성하든지, 모종의 합의점에 도달하든지, 아니면 투표를 하든지 하는 방식을 취한다.

그렇지만 신정정치체제(theocracy)로 운영되는 교회들도 있다. 나는 개인적으로 최근에 하나님께서 교회의 정치 체제를 신정 쪽으로 움직이시고 있다고 확신하는 사람이다. 신정이란, 교회의 지도자를 선출할 때, 기존의 영적 리더들이 기도하고 금식한 후에 성령께서 영적 리더로 세우시겠다는 사람이 있으면 그 응답을 듣는 방법이다. 그러고 나면 또 교회의 성도들이 기도와 금식을 한 후에 성령으로부터 동일한 사람을 영적 리더로 세우시겠다는 확증을 받는다. 이것이 신약성경에 기록된 교회의 영적 리더를 선택하는 방법이라고 나는 생각한다.

내가 이해하기로 지역교회(혹은 셀그룹)의 리더들은 '영적 권위'를 행사할 권한을 가진 자로 임명되어야 한다고 생각한다. 왜냐하면 이들을 봉사와 감독의 직분으로 부르신 분은 결국 하나님이시기 때문이다. 하나님께서 리더로 부르신 남녀는 그리스도의 몸 안에 있는 다른 리더들에 의하여 확증되게 되어있다. 이스라엘의 왕이 되도록 부르심을 받은 목동 다윗을 기억하는가? 주님은 어린아이인 다윗을 부르셨다. 그리고 선지자인 사무엘을 통하여 기름을 부으셨다(사무엘상 16:13 참조). 그렇지만 이스라엘의 많은 사람들에 의하여 새로운 이스라엘의 왕으로 공식화되는 데는 상당한 시간이 걸렸다. 그의 부르심과 성취 사이에는 간격이 있었는데, 그 기간 동안 다윗은 어두움의 시간을 통과해 나와야만 했다. 특히 그를 살해하려는 귀신들린 왕으로부터 도망 다니는 시절을 보내야했다. 그러나 결국 때는 찾아왔고, 이스라엘의 리더들로부터 다윗이 왕이 되는 것이 합당하다는 인준을 받게 됨과 동시에, 이스라엘의 백성들로부터도 확정을 받게 되었다.

나는 지역교회에서 리더를 세우는 일에, 개 교회의 울타리를 넘어 외부로부터 조언을 받는 것도 분별에 도움이 된다고 생각한다. 거기에는 그 나름대로의 장점이 있다. 디도서 1:5을 보면 바울이 디도에게 그레데의 교회에 영적 리더를 선택하는 과정에 대하여 책임을 지라는 내용이 나온다. "내가 너를 그레데에 남겨 둔 이유는 남은 일을 정리하고 내가 명한 대로 각 성에 장로들을 세우게 하려 함이니." 영적 권위를 행사하도록 부르심을 받은 사람도 또한 다른 권위 하에 복종하도록 되어 있다. 디도의 경우 리더였으나, 초대교회의 사도인 바울의 리더십을 따르도록 되어 있었다.

교회의 리더는 언제나 종이다

그리스도의 몸 된 교회의 리더는 섬기는 자로 부르심을 받았다. 지상에 존재했던 가장 위대한 리더인 예수 그리스도는 다음과 같은 말씀을 남겼다.

> 너희 중에는 그렇지 않아야 하나니 너희 중에 누구든지 크고자 하는 자는 너희를 섬기는 자가 되고 너희 중에 누구든지 으뜸이 되고자 하는 자는 너희의 종이 되어야 하리라 인자가 온 것은 섬김을 받으려 함이 아니라 도리어 섬기려 하고 자기 목숨을 많은 사람의 대속물로 주려 함이니라 (마태복음 20:26-28)

만일 어떤 사람이 자기가 교회에 리더로 부르심을 받았다고 주장해도, 나는 그의 성경 지식이나 카리스마에 감명 받지 않을 것이다. 교회에서 지도력의 핵심은 오직 예수님을 사랑하느냐, 예수님의 백성을 사랑하느냐, 그리고 진실로 섬길 의향이 있느냐에 달려있기 때문이다.

교회에서는 성도들 중에 몇을 택하여 "집사"라는 직분을 주어 특별한 섬김을 감당케 하는 경우가 있다. 그런데 성경은, 집사를 세우기 전에 먼저 검증해보아야 한다고 한다(디모데전서 3:10 참조). 어느 종류의 리더십 위치를 막론하고, 누구든지 교회의 리더가 되려는 자는 반드시 테스트(시험, 검사)를 통과하는 기간을 거쳐야한다. 이는 그가 진정으로 '섬김의 마음'을 가졌는가 하는 것을 알아보는 기간이다. 그런 기간을 가지는 이유는 그 사람에게 뭔가 잘못된 점이 있는지 캐내기 위함이 아니다. 그렇게 시간을 두고 관찰함으로 인하여 그가 과연 그 지역교회에 맞는 적정한 인물인지 알아볼 수 있게 된다는 말이다.

사람들은 마치 퍼즐의 조각들과도 같다. 개중에 어떤 이들은 서로 맞아 들어가지만, 어떤 이들은 그렇지 않은 경우도 있다. 바로 그것이 하나님의 나라에 다양하고도 많은 교회들이 있는 이유이다. 사람들이 서로 잘 맞아서, 순조롭게 그리고 효율적으로 주님을 위해 일을 할 수 있는지 알려면 '시간'이 걸린다.

많은 경우 교회에서 선한 의도를 가지고 리더(혹은 목회자)를 선택했으나, 성급하게 결정한 나머지, 서로 화합이 안 되는 인물을 선택하는 경우가 있다. 그러면 퍼즐의 조각이 서로 맞물리지 않아 큰 그림이 형성되지 않는다. 예컨대, 팔이 부러졌다면 의사는 깁스를 해줄 것이다. 그렇지만 부러진 뼈가 서로 맞붙으려면 시간이 걸린다. 교회 사람들도 서로 결합하여 유대관계를 형성하려면 시간이 걸린다. 만약에 주께서 당신을 어떤 특정한 지역교회에 출석하도록 부르셨다면, 그 교회의 신도들과 밀접한 유대관계가 형성될 충분한 시간과 여유를 두도록 하라. 성도 간의 관계가 성립되어 세워지고 무르익으려면 상당한 시간이 걸린다. 왜냐하면 인간관계는 오직 신뢰의 기반 위에만 세워지기 때문이다. 그러한 신뢰형성은 시간이 걸리는 일이다. 그런데 그런 신뢰형성은 소그룹에서 가장 효율적으로 이루어진다.

결론적으로, 현명한 교회의 리더라면, 새로운 신자가 지역교회에 등록하여 소그룹의 일원으로 참여하게 되더라도, 그를 영적 리더십의 위치로 임명하기까지는 상당 기간 동안 수많은 인생의 굴곡을 통해 하나님께서 그의 삶 속에서 일하시도록 허락할 것이다. 일단 그의 삶에 하나님의 은혜가 현저히 드러나면, 주변 사람들은 그 사람 안에서 리더십의 가능성을 보게 된다. 그러면 성령에 민감한 리더는 곧바로 그를 리더십의 영역으로 들어갈 수 있도록 인도할 것이다. 예컨대 소그룹의 리더를 보조하는 직책 같은 것 말이다. 그러한 직책은 향후 정식으로 리더십을 발휘하기 위한 기반을 닦는 기회가 될 것이다.

복습문제

1. 진정한 의미에서의 성도의 교제를 촉진시키는데, 가정집에서 모이는 소그룹이 효과적인 이유는 무엇일까? 소그룹에서 타인의 필요를 충족시키는데 당신이 도움이 된 적이 있었나?

2. 당신의 영적 리더가 당신의 영적 상태를 점검해주고 돌봐준 적이 있었나?

3. 교회에서의 사역을 위해 어떤 특정한 은사를 계발하고, 은사로 무장하고, 은사를 사용해본 적이 있는가?

4. 한 팀을 확실한 길로 이끌 리더십은 왜 필요한가?

8장

지역교회에 대한 헌신

공동의 비전

　혹시 참 좋은 성도들이 모인 교회라는 인상은 받았으나, 당신이 그들과 잘 조화된 상태로 어우러지지 않는 것을 경험해본 적이 있는가? 그렇다면 그 교회의 성도들 자체는 문제가 없으나, 하나님이 당신을 그 교회로 부르지 않으신 것이다. 모든 성도는 그리스도의 몸 안에 어딘가에 정착해야한다. 그리고 그 곳에서 같은 비전을 공유하며 손에 손을 맞잡고 함께 일해야 한다. 동시에 우리는 주변에 있는 그리스도의 지체인 다른 교회들도 인정해야한다. 그들을 통해서도 하나님의 뜻이 이루어짐을 확인해야한다는 말이다. 우리 주님은 창조의 주님인 것을 기억하자. 주께서 당신과 나를 창조하신 것처럼, 그 분은 또한 다양한 종류의 교회도 창조하셨다. 다채로운 교회들의 나름대로의 공헌이 합쳐져서 하나님의 나라가 세워져간다는 것은 진실이다.

　성경은 "소와 나귀에게 한 멍에를 메워 밭을 갈지 말라"고 하신다(신명기 22:10). 왜 그럴까? 그들 둘은 서로 다른 속도로 걷기 때문이다. 지역교회에서 성도들이 서로 보조를 맞추어 함께 걸어가는 건 참으로 중요하다. 주께서는 한 마음 한 뜻으로 동행하는 공동체에 축복을 내리신다.

> 보라 형제가 연합하여 동거함이 어찌 그리 선하고 아름다운고… 헐몬의 이슬이 시온의 산들에 내림 같도다 거기서 여호와께서 복을 명령하셨나니 곧 영생이로다 (시편 133:1,3)

맥도널드에서 햄버거를 잘 만들던 사람도 다른 간이음식점으로 옮기면 거기에서 햄버거 만드는 법을 새로 배워야한다. 모든 교회는 각자 나름대로 교회를 운영하는 방식이 따로 있다. 그뿐만 아니라 주께서 이루라고 명하시는 비전들도 다르다.

예컨대 어떤 교회는 오르간 반주와 더불어 성가대의 찬양을 선호하는 반면, 다른 교회는 찬양팀이나 밴드로 찬양 드리는 걸 더 좋아한다. 어떤 교회는 조직적인 성경의 가르침에 비중을 두는 반면, 다른 교회는 전도에 더 큰 역점을 둔다. 그러므로 우리는 영적 리더가 제시하는 기본 "가치관"에 전적으로 동의할 수 있는 교회에 출석해야한다.

셀을 중심으로 운영되는 교회나 가정교회에서는 모든 성도가 서로를 책임져 주는 소그룹에 소속되어야한다. 그런 소그룹은 신자를 양육하고, 인생의 맹점(당사자가 알지 못하는 결점)을 발견하여 보완되도록 돕는 역할을 한다. 그것이 소그룹의 가치관이요 비전이다.

교회의 비전은 하나님이 우리 가운데 세우신 영적 리더를 지원하고 그의 리더십을 따르도록 우리를 고무시킨다. 한 교회 공동체가 동일한 비전에 모두 동의하면 교회 전체의 "일치단결"이 수월해진다.

부르심을 받은 곳이 어디인지 알라

아마도 혹자는 "하나님께서 과연 그분의 교회 중 어느 곳에 나를 보내실지 그걸 내가 어떻게 알 수 있나요?"라고 질문할는지도 모르겠다. 우선 첫째로, 당신은 기도해야한다. "주님 내가 친분관계를 맺을 수 있는 신자가 누구인가요?"라고 하나님께 여쭈어보아라. 주께서는 봉사할 수 있도록 반드시 사람을 붙여주시는 분임을 기억하라. 성경은 "그리스도의 평강이 너희 마음을 주장하게 하라 너희는 평강을 위하여 한 몸으로 부르심을 받았나니 너희는 또한 감사하는 자가 되라"고 하신다(골로새서 3:15). 다른 말로 표현하자면, 기도하고 믿음의 발걸음을 내딛으며 순종하기 시작하면 하나님께서 평강으로 인도해 주신다는 말이다.

우리는 지금 말세에 살고 있다. 말세에는 주께서 육체에 성령을 부어주시겠다고 약속하셨다. 성경의 사도행전 2:17-18에 그렇다고 기록되어 있기에 당신은 성령 받을 것을 가슴 뛰는 마음으로 기대해야한다.

> 하나님이 말씀하시기를 말세에 내가 내 영을 모든 육체에 부어 주리니 너희의 자녀들은 예언할 것이요 너희의 젊은이들은 환상을 보고 너희의 늙은이들은 꿈을 꾸리라 그 때에 내가 내 영을 내 남종과 여종들에게 부어 주리니 그들이 예언할 것이요

사도행전 2장에 보면 하나님께서 성령을 부어주셨을 적에 예루살렘에 교회가 탄생한 걸 알 수 있다. 그래서 성도들이 도시 각처의 가정 가정에서 모이게 되었다. 이제 하나님께서 우리 세대에 성령을 부어주시면 우리는 많은 새로운 "가죽 부대"가 필요하게 될 것이다. 새 신자들이 하나님의 나라 안으로 새롭게 태어나면서, 다가오는 추수를 감당할 새로

운 종류의 교회들도 많이 등장하게 될 것이다. 어떤 교회는 공동체 교회의 형태로, 또 다른 교회는 대형 교회의 모습으로, 아니면 가정교회와 같은 모양으로 나타나게 될 것이다. 하나님께서 당신을 새로운 형태의 개척교회를 위해 봉사하는 사람으로 부르실 지도 모르겠다.

하나님께서 당신을 삶이 투명하고 개방적인 영적 리더에게로 인도하실 것을 믿어라. 영적 리더들은 자신의 강점과 약점 모두를 드러내놓고 나눌 수 있을 정도로 진실하고 정직해야한다. 주님의 몸 된 교회의 어디에서 당신이 봉사해야할지 그 뜻을 구하는 일에 함께 기도할 믿음의 동지를 보내달라고 하나님께 간구하라. 하나님은 당신이 훈련받고, 보호받고, 다른 이들을 위해 봉사할 수 있는 그런 지역교회에 소속되기를 원하신다.

지역교회의 일치단결

지역교회의 모든 성도는 그 교회가 지향하는 바가 무엇인지 알아야 한다. 모든 지역교회에는 성문화된 "교회의 신조"가 있어야하고, 주께서 이루라고 주신 분명한 "사명 선언문"도 가지고 있어야한다. 빌리 그래함과 일단의 영적 리더들은 1974년에 스위스에 위치한 로잔이라는 도시에서 회합을 가졌다. 이때 주님께서는 그들에게 "로잔 선언(언약)"이라는 문서를 허락하셨다. 이 신앙 선언문은 내가 출석하는 교회뿐만 아니라, 전 세계에 퍼져있는 수천의 교회들이 자신의 신앙고백으로 채택한 문서이다. 이 신앙고백은, 살아 계신 하나님은 오직 한 분이시며 성경은 그 살아 계신 하나님의 영감으로 기록된 문서로 고백한다. 그리고 이 선언문은 기독교의 '주요 교리'들이 그리스도 안에 있는 진정한 신자에게 귀중한 것임을 고백한다. 만일 당신이 어느 지역교회에 가담코자 한다면 그들이 믿는 신앙의 진술이 담긴 문서가 무엇인지 물어보아라.

교회의 신앙고백에 대한 지식과 그에 대한 당신의 동의 이외에도, 하나님께서는 리더십과 성도가 단결하여 일관성 있게 사역하는 교회에 당신도 가담하기를 원하신다. "평안의 매는 줄로 성령이 하나 되게 하신 것을 힘써 지키라"(에베소서 4:3).

우리가 지역교회에서 서로 협력하여 하나 됨을 이루면, 하나님은 지속적으로 축복을 부어주신다. '이 교회에는 문제가 있는 사람이 있다'며 당신에 말하려고 다가오는 사람이 있다면, 그의 이야기를 듣지 말고, 그 문제가 있는 당사자를 만나 직접 이야기하라고 돌려보내라. 하나님의 나라 안에는 절대로 비방이나 험담이 자리 잡지 말아야한다. 원수는 그것을 불화의 불씨로 사용한다. 만일 지역교회에 속한 신도가 리더십에 관해 불만이 있다면, 일단 기도한 후에 그런 문제를 리더와 직접 이야기 해야만 되지 다른 신도들과 토론해서는 안 된다. 그리고 리더십의 위치에 있는 사람은 열린 마음과 흔쾌한 자세로, 신도들의 주장을 귀담아 들어야한다. 진정으로 경건한 리더라면 신도의 호소하는 말을 당연히 경청할 것이다. 지역교회의 화목을 깨는 것보다 하나님의 일을 더 효율적으로 방해할 방법이 없다는 사실을 원수는 잘 알고 있다. 그런 의미에서 사도 바울은 고린도전서 1장 10절에서 다음과 같이 간곡히 권하고 있다. "형제들아 내가 우리 주 예수 그리스도의 이름으로 너희를 권하노니 모두가 같은 말을 하고 너희 가운데 분쟁이 없이 같은 마음과 같은 뜻으로 온전히 합하라."

교회의 비전을 지지하기

지역교회에 출석하는 전 성도가 소그룹에 가담하여 성도간의 깊은 인간관계를 형성하는데 성공한다면, 그 교회는 참으로 아름답고 건강한 교회가 될 것이다. 신약에 보면 하나님의 백성들은 가정에서 소그룹으로 모였던 것을 알 수 있다. 그러한 의미에서, 교회 구성원 중에는 단 한 사람도 중요하지 않은 사람이 없다.

> 몸은 한 지체뿐만 아니요 여럿이니 만일 발이 이르되 나는 손이 아니니 몸에 붙지 아니하였다 할지라도 이로써 몸에 붙지 아니한 것이 아니요 또 귀가 이르되 나는 눈이 아니니 몸에 붙지 아니하였다 할지라도 이로써 몸에 붙지 아니한 것이 아니니 만일 온 몸이 눈이면 듣는 곳은 어디며 온 몸이 듣는 곳이면 냄새 맡는 곳은 어디냐 그러나 이제 하나님이 그 원하시는 대로 지체를 각각 몸에 두셨으니(고린도전서 12:14-18)

인간의 신체에 속한 모든 부분이 중요하듯, 개 교회에 속한 모든 성도는 지역교회에서 자신의 위치와 임무가 무엇이며, 자신이 어떤 방식으로 그리스도의 몸과 연결되어 있는지 알아야 한다. 만일 당신이 출석하는 교회의 비전에 관해 의문 사항이 많다면, 교회의 리더와 자리를 함께 하고, 하나님이 당신을 그 교회로 부르신 목적이 분명해질 때까지 대화를 나누는 것이 좋을 것이다.

본인이 출석하는 지역교회의 비전과 리더를 지원하는 것은 극도로 중요한 문제이다. 만일 당신이 당신 교회의 비전과 리더를 지원할 수 없다면, 주께서 당신을 다른 지역교회로 부르고 계신지도 모르겠다.

한 아파트 단지에 속한 집들은 동일한 업자가 건축했기에, 겉모양이 모두 동일한 경우가 있다. 그렇지만 일단 집안으로 들어가 보면 집집마다 사는 모습이 제각기 다른 것을 발견하게 된다. 마찬가지로, 교회도 겉에서 보기에는 모두 비슷하게 보여도, 제각기 하나님으로부터 부여받은 사명과 운영 스타일이 다르다. 교회는 영적 가정이기에 교회마다 독특함을 가지고 있다. 하나님은 우리를 부르셔서, 주님과 그분의 말씀과 그분의 백성을 지역교회에서 독특한 방법으로 섬기도록 하셨다.

통일되었으나 배타적이 아닌 곳

교회의 비전에 신도들 모두가 합일되어 있어야 함은 대단히 중요하다. 그렇지 않으면 하나님께서 마음껏 축복을 쏟아 부으실 수 없다(시편 133:1-3 참조). 그렇지만 교회는 배타적이지는 않다. 고린도전서 1장 12절에는 고린도교회 성도들의 분열양상이 나타나있다. 각각이 '나는 바울에게, 나는 아볼로에게, 나는 게바에게, 나는 그리스도에게 속한 자라'하고 있기 때문이다.

바울은 그들의 그런 주장에 맞서서, 파벌형성의 오류를 지적하고 있다. "그리스도께서 어찌 나뉘었느냐?"라고 바울은 반문한다. 그리스도의 몸은 배타적일 필요도 없지만, 분열되어서도 안 된다는 것이다. 주님은 한 교회가 다른 교회보다 더 낫다는(혹은 한 소그룹이 다른 소그룹보다 더 낫다는) 생각에 대하여 일침을 가하신다. 주님은 고린도전서 12:5-6에서 이런 진리의 말씀을 주셨다. "직분은 여러 가지나 주는 같으며 또 사역은 여러 가지나 모든 것을 모든 사람 가운데서 이루시는 하나님은 같으니."

그리스도인들은 다양한 교회의 성도들을 서로 격려하고 사랑하도록 부르심을 받았다. 그렇지만 동시에 자신이 속한 교회에 헌신하며 화합을 이루어야한다. 그곳이 지역교회나, 가정교회, 혹은 노회나 총회에 상관없이 항상 하나 됨을 유지하는 것은 참으로 중요하다.

때론 신도가 한 지역교회에서 다른 지역교회로 옮기고자하는 경우가 발생한다. 만약에 주께서 다른 교회를 섬기도록 부르신다는 확신이 서면, 신뢰하는 영적 리더에게 먼저 문의해 보아야한다. 만일 본인이 떠나서 이전에 출석하던 교회에 어려움이 발생했다면, 그 교회나 그 교회의 리더와의 관계가 깨끗하다는 것을 확실시하기 위해, 할 수 있는 한 최선을 다해 물심양면으로 도와야한다. 만일 그렇지 않으면, 교회를 옮기도록 만든 그 문제가 그를 일생토록 따라다니게 될 것이다.

우리 교회는 1980년에 설립되었는데, 내가 이전에 출석하던 교회로부터 분리되어 파송되는 형태로 건립되었다. 우리 교회는 우리를 파송한 교회와는 전혀 다른 "성격"의 교회이기는 했지만, 그래도 우리는 이전 교회의 보배로운 성도들과 좋은 관계를 유지했다.

하나 된 교회는 부흥된다

땅에 심겨진 옥수수 알갱이 '한 개'로부터 1,200개의 옥수수 알갱이가 수확된다. 그 1,200 알갱이의 옥수수를 그 다음해에 심으면, 1,444,000의 알갱이를 수확할 수 있다. 우리는 이것을 배가(증식)의 법칙이라고 부른다. 모든 교회는 다 부흥해야한다. 한 사람이 예수 그리스도에 관한 복음을 다른 이에게 전파한다. 그렇게 복음을 받은 사람은 그리스도를 영접하고, 그것을 또 다른 사람과 나눈다. 그러다 보면 교회는 성장한다. 그리고 성장하는 교회는 개척교회를 설립한다!

하나님의 갈망은 그리스도인이 도시와, 지방과, 나라와, 가정에서 모임을 가질 때에 그의 교회에서 능력과 권세가 나타나는 것이다. 수년 전에 주께서는 나에게 환상을 하나 허락하셨는데, 내가 속한 지역에서 미사일이 발사되어 전 세계로 쏘아 오르는 광경이었다. 그 미사일은 예수 그리스도의 복음을 전하고 개척교회를 설립할 목적으로 다른 나라로 파송되는 성도들을 상징했다. 주께서는 전 세계를 어루만지는 일에 지역교회 성도들을 사용하기 원하신다.

모든 교회는 해당 지역과, 국가와, 세계를 향한 비전을 가져야한다. 선교의 비전을 가지지 않는 교회는 침체되기 마련이다. 예수님은 마태복음 28:19-20에서 우리 모두 가서 모든 족속을 제자 삼는 일에 관여해야한다고 하셨다. 그것이 주께서 아직도 우리를 이 땅에 살려두시는 이유이다. 수년 전에, 내가 출석하는 지역교회는 아프리카 케냐의 나이로비에 개척교회가 설립되도록 도운 적이 있다. 오늘날 그 교회는 아프리카 전 지역 복음화의 꿈을 안고 정진한 결과, 케냐, 우간다, 르완다에 75개의 교회를 개척하기에 이르렀다.

소그룹의 성도들을 통해 하나님이 그 분의 교회를 세울 때에 하나님은 그리스도인들이 동역하고, 서로 세워주고, 함께 기도하기를 원하신다. 소그룹에서 신도들은 훈련받고, 지역 주민과 나라들을 악마의 손아귀에서 빼앗아오는 군대로 파병된다. 예수 그리스도는 빼앗아온 전리품을 계속 그의 교회에 더하실 것이다. 성경은 초대교회의 모습을 다음과 같이 묘사했다. "하나님을 찬미하며 또 온 백성에게 칭송을 받으니 주께서 구원받는 사람을 날마다 더하게 하시니라"(사도행전 2:47).

지역교회, 가정교회, 셀그룹을 향한 하나님의 뜻이 새신자 전도에 있기는 하지만, 동시에 서로 친분관계를 유지하는 것도 중요하다. 그리스도 안에서의 좋은 유대관계는 예수님께 봉사하는 자들에게 주어진 축복 중에 축복이다. 그럼에도 불구하고 우리를 이 땅에 존재하게 하신 하나님의 최상의 목적은 역시 그리스도를 알고, 나아가 세상으로 하여금 그리스도를 알게 하는 일에 우리를 쓰시기 위함이라는 사실을 절대로 잊지 말아야 할 것이다.

교회의 뿌리를 이해하기

성경에서 우리는 주께서 과거에 행하신 일을 기억하도록 기념비나 제단을 쌓도록 하시는 예들을 찾을 수 있다. 예컨대 사무엘상 7장에 보면 선지자가 돌을 하나 가져다가 미스바와 센 사이에 놓고 "우리가 여기에 이르기까지 주께서 우리를 도와 주셨다!"라고 말하면서, 그 돌의 이름을 에벤에셀이라고 지었다는 기록이 나온다. 성경은 신명기 4:9에 또한 이렇게 기록하고 있다.

> 오직 너는 스스로 삼가며 네 마음을 힘써 지키라 그리하여 네가 눈으로 본 그 일을 잊어버리지 말라 네가 생존하는 날 동안에 그 일들이 네 마음에서 떠나지 않도록 조심하라 너는 그 일들을 네 아들들과 네 손자들에게 알게 하라

역사를 통해 하나님께서 행하신 경이로운 일들을 이스라엘 자손이 잊지 않게 하시기 위해 자녀와 손자들에게 알게 하라고 명령하셨다.

교회라는 가정에 참여할 때 그 교회의 뿌리를 이해하는 게 중요하다. 하나님께서 그 교회를 왜 "탄생시키셨는지" 그 이유를 캐보기 바란다. 과거사를 잘 알면 현재 그 교회가 왜 그렇게 돌아가는지 이해하기가 수월해진다. 그뿐만 아니라 하나님의 신실하심도 알게 될 것이다.

당신이 출석하는 교회의 초창기 역사를 알 수 있는 서적이나 문서가 있는지 목회자나 장로에게 문의해보아라. 내가 출석하는 교회의 경우는, 우리 교회의 역사를 문서로 기록해 놓았다. 우리 교회에 현재 출석하거나 출석하기를 원하는 모든 사람들에게 우리는 반드시 그 책을 탐독

하도록 권유한다. 그러면 우리의 기원이 무엇이며 왜 그리고 무엇을 이루시기 위하여 하나님께서 우리 교회를 세우셨는지 이해하기가 용이해진다.

우리 교회의 어떤 성도는 "우리는 앞서간 신앙의 선배들이 닦은 터 위에 교회를 세워 가는 것 같습니다"라는 언급을 한 적이 있다. 사실 영적인 선조들이 지나간 발자취에 깊은 관심을 기울이지 않으면 그들이 겪은 실수를 똑같이 범하게 되는 경우가 있다. 그러므로 신앙의 선배들이 터득한 바를 익히는 것은 언제나 도움이 된다.

지역교회의 분명한 비전이 중요 하지만, 동시에 하나님의 은혜 없이는 아무 일도 발생하지 않는다는 것을 유념해야한다. 꿈은 우리가 품지만, 사실상 기적은 하나님께 속한 것이다. 일하시는 분은 하나님이시다. 그러므로 당신과 나는 오직 하나님께 순종하기만 하면 된다. 우리는 "믿음으로" 씨를 뿌린다. 그리고 자라날 것을 기대한다. 그러나 실제로 자라나게 하시는 이는 하나님이시다. 우리는 하나님의 영광을 위해 일하는 주님의 동역자들이다.

당신이 하나님을 기쁘시게 하는 자로 주님의 몸 된 교회에서 제대로 자리매김해 갈 때에, 주께서 당신을 놀랍게 축복하시기를 기도한다. 당신이 교회를 선택한 것이 아니라, 주께서 당신을 그 교회로 부르셨다는 걸 항상 기억하라. 하나님은 가정과 도시와 국가 안에서 주님의 교회를 지어가실 때에 '당신'을 사용하신다는 것도 결코 잊지 말라!

복습문제

1. 당신 개인의 비전과 당신이 출석하는 교회(혹은 당신이 참석하는 소그룹)의 비전을 비교하면서, 서로 같은 점은 무엇이고 다른 점은 무엇인지 찾아보라.

2. 골로새서 3:15("그리스도의 평화가 여러분의 마음을 지배하게 하십시오. 이 평화를 누리게 하시려고, 여러분을 한 몸으로 부르신 것입니다. 또 여러분은 감사하는 사람이 되십시오")에 따르면, 하나님께서 있으라고 하는 곳이 당신이 현재 있는 곳인지 아닌지 알 수 있는 증거는 무엇이라고 하는가? 만일 당신이 적합한 장소에 있지 않다는 판단이 들거나, 적응이 잘 되지 않을 경우는 어떻게 해야 하는가?

3. 당신의 소그룹, 교회, 가정이 화목을 이루게 하는데 당신이 감당해야할 몫은 무엇이라고 생각하는가?

4. 당신이 출석하는 교회의 역사를 연구해보고, 그 동안 당신의 교회를 향한 주님의 신실하심이 어떠했는지 살펴보아라.

제3부

권위와 책임

하나님은 이 시대에 주님을 경외하는 일들을 회복시키고 계시다.
즉 주님은 위임된 권세를 통해 그리스도의 형상을 닮아가도록 우리 안에 신앙의 틀을 만드시고,
균형 잡힌 삶으로 이끄시고, 인격을 다듬어 가신다.

9장
주님을 경외하는 것과
권위를 이해하는 것

주님을 경외할 때 순종이 따라온다

요나는 구약의 선지자인데 큰 실수를 범한 사람이다. 주님은 요나를 불러 악한 도시 니느웨로 가서 임박한 심판을 예고하라고 했다. 그렇지만 요나는 하나님이 인간을 불쌍히 여기시는 긍휼의 하나님인 것을 알았다. 그리고 니느웨 사람들이 회개할 경우 심판을 면할 것도 예상했다. 그러나 요나는 니느웨 사람들이 하나님의 자비하심을 입는 걸 원하지 않았다. 그래서 순종하는 대신, 반대 방향으로 가는 배를 타고 가능한 멀리 도망쳤다.

그런데 항해 도중 엄청난 풍랑을 만나 배가 거의 전복될 지경에까지 이르게 됐다. 선원들은 모두 공포에 질려 그들 각자의 신들을 불렀다. 그 혼란의 와중에, 요나는 배의 밑층에서 잠을 자다가 발각되었다. 선장은 요나에게 "지금 잠자고 있다는 게 말이 되냐? 당장에 일어나서 네 하나님께 구하라. 혹시 당신의 하나님이 우리를 망하지 않게 하실 지도 모른다"라고 했다.

비록 선원들은 살아계신 하나님을 믿는 자들은 아니었지만, 그들은 초자연적인 것은 믿는 자들이었다. 그들은 선박을 통째로 삼켜버릴 그 풍랑의 원인을 제공한 자가 혹시 배 안에 있는지 알아보고자 제비를 뽑았고, 요나가 뽑혔다. 그러자 요나는 다음과 같이 고백했다. "나는 히브리 사람이요 바다와 육지를 지으신 하늘의 하나님 여호와를 경외하는 자로라"(요나서 1:9).

요나는 하나님의 말씀에 불순종하여 선원들을 곤경에 빠트린 데 대해 죄책감을 느꼈다. 그래서 자기를 들어 바다에 던지라고 하였다. 그러면 바다가 잔잔해지리라 약속했다. 그렇지만 선원들은 최선을 다해 힘써 노를 저어 배를 육지로 돌리고자 노력했다. 하지만 파도가 너무 거세지자 그들은 마침내 포기하게 되었다. 그리고는 마지못해 요나를 바다에 던져 넣었다. 그러자 바다의 풍랑이 즉시로 그쳤다. "그 사람들이 여호와를 크게 두려워하여 여호와께 제물을 드리고 서원을 하였더라"(요나서 1:16).

이 일로 인하여 선원들은 여호와를 두려워함, 즉 하나님을 경외하는 것이 무엇인지 경험하게 되었다. 하나님을 경외함으로, 주님이 구원을 베푸시는 분이라는 믿음이 생기게 되었다. 동시에 하나님은 죄인을 심판하시는 거룩한 하나님인 줄도 알게 되었다. 우리는 '주님을 경외함'에 대한 건전한 이해를 정립해야한다. 왜냐하면 이것을 바로 이해하면 할수록, 더욱 주께 순종하게 되기 때문이다.

주를 경외함은 경배로 이어진다

잠언 9:10에는 "여호와를 경외하는 것이 지혜의 근본이요"라고 기록되어 있다. 이는 주님을 사랑하며 깊이 경외하면, 하늘로부터 내리는 지혜를 얻게 된다는 뜻이다. 주님을 경외함에 대한 건전한 이해란 다름 아닌 그분의 권세와 임재 앞에서 경이로워하는 것이다. 주님을 경외함은 우리가 섬기는 하나님이 전능하신 분이라는 것을 주지하며 그분을 숭배하는 것이다. 하늘의 아버지는 우리를 완벽하게 사랑하신다. 그래서 우리 인생이 충만한 인생이 되길 원하신다. 우리가 믿는 하나님은 온 우주를 창조하신 분이시고, 그분의 손안에 모든 권세와 권능이 들어 있다. 그러므로 우리 그리스도인들은 주님의 말씀 앞에서 전율하는 거룩한 두려움을 가지고 있어야한다.

> 나 여호와가 말하노라 내 손이 이 모든 것을 지었으므로 그들이 생겼느니라 무릇 마음이 가난하고 심령에 통회하며 내 말을 듣고 떠는 자 그 사람은 내가 돌보려니와(이사야66:2)

물론 주님을 두려워하라는 말은 구석에 쭈그리고 앉아있으라는 말은 아니다. 그런 행동은 주님을 경외함과는 거리가 먼 것이다. 하나님은 그분의 자녀가 하나님을 바라보며 경기(驚氣)를 일으키는 것을 원치 않으신다. 주님을 경외하라는 말은 공포에 떨라는 말이 아니라, 하나님께 영예와 존중을 돌리라는 말이다. "온전한 사랑이 두려움을 내쫓나니"는 주님의 말씀이다(요한1서 4:18). 다른 말로 하자면, 주님의 사랑이 온전히 머무는 곳에는 공포심이 주리를 틀고 앉을 수 없다는 말이다. 역으로 말하자면, 공포가 다스리는 곳에는 온전한 사랑이 없다는 말이다.

그렇지만 우리가 하나님을 경외하고 존중한다면, 우리는 당연히 하나님께 순종하게 된다. 왜냐하면 주님을 경외함은, 죄의 결과에 책임을 져야한다는 두려움을 포함하기 때문이다. 나는 나를 무척 사랑하는 육신의 아버지 밑에서 자라났다. 나는 내 육신의 아버지를 두려워하지 않았다. 그렇지만 나는 잘못할 때마다 벌을 받게 된다는 두려움을 품었다. 그렇지만 아버지는 나를 사랑해서 벌을 주신다는 것도 알고 있었다. 하늘에 계신 아버지는 우리를 무척 사랑하신다. 그러나 죄는 미워하신다.

우리 하나님은 이 우주에 대한 백퍼센트의 통치권을 행사하신다. 이제 당신의 삶에서 '주님을 경외함'이라는 은혜를 받을 수 있게 해달라고 주께 간청하라. 당신의 삶에 주님의 임재가 압도하여 넋을 잃을 만큼 경외감에 빠질 것을 기대하라!

주님께 대한 경외는 회개를 불러온다

주께 대한 건전한 두려움이 있다면 주께 대항하여 죄를 범하지 않으려고 할 것이다. "여호와를 경외하는 것은 악을 미워하는 것이라"(잠언 8:13). 하나님을 대적하며 죄를 지을 경우, 그 결과에 책임을 져야한다는 걸 그리스도인들은 안다. 물론 우리 하나님은 몽둥이를 들고 서 있다가 조금이라도 실수하면 즉시 마구 때리는 그런 분은 아니지만, 죄에 대해서는 반드시 책임을 추궁하신다.

성경은 사도행전 9장 31절에서, 교회 성장의 현상을 다음과 같이 기술하였다. "온 유대와 갈릴리와 사마리아 교회가 평안하여 든든히 서 가고 주를 경외함과 성령의 위로로 진행하여 수가 더 많아지니라." 주를 경외함에 관한 올바른 이해가 있으면 성도는 악을 미워하게 된다. 왜냐하면 악한 행위는 주님을 불쾌하게 하며 동시에 주님의 백성을 파괴한다는 것을 알기 때문이다.

불의한 자가 하나님의 나라를 상속받지 못하리라는 것을, 여러분은 알지 못합니까? 착각하지 마십시오. 음란한 자나, 우상을 숭배하는 자나, 간음하는 자나, 남창노릇을 하는 자나 동성연애를 하는 남자나, 도둑질하는 자나, 탐욕을 부리는 자나, 술 취하는 자나, 남을 중상하는 자나, 남의 것을 약탈하는 자들은, 하나님의 나라를 상속받지 못할 것입니다. 여러분 가운데 이런 사람이 더러 있었습니다. 그러나 여러분은 주 예수 그리스도의 이름과 우리 하나님의 성령으로 씻어 주심을 받고, 거룩하게 하여 주심을 받고, 의롭게 하여 주심을 받았습니다.(고린도전서 6:9-11, 표준새번역)

한마디로, 진정한 그리스도인은 악한 삶을 살지 않는다는 말이다. 좋은 소식은 이것이다. 우리가 회개하고 죄로부터 돌이킬 때, 예수님은 우리를 깨끗하게 씻기신다. 그리고 주님을 두려워하는 마음이 우리로 다시 죄의 상태로 되돌아가는 것을 막아준다는 것이다.

신약성경에는 주님을 경외함에 관한 많은 사례가 발견된다. 아나니아와 그의 아내 삽비라가 성령을 속이고 사도 앞에서 거짓말을 하다가 죽임을 당했다. 그들의 죄에 대한 하나님의 심판은 믿는 자들의 공동체에 하나님에 대한 경외와 경탄을 자아냈다. "온 교회와 이 일을 듣는 사람들이 다 크게 두려워하니라"(사도행전 5:11).

요한계시록 1:17에는 사도 요한이 하나님을 대면하는 장면이 나온다. "내가 볼 때에 그의 발 앞에 엎드러져 죽은 자 같이 되매 그가 오른손을 내게 얹고 이르시되 두려워하지 말라 나는 처음이요 마지막이니."

주님을 두려워하는 것은 신자에게 파괴적인 결과를 초래하지 않는다. 도리어 주님의 임재를 경험하고 순결해지는 길로 인도할 뿐이다. 누구든 주의 임재를 체험하고 이해하는 사람마다 죄를 미워하고 그로부터 돌아서게 될 것이다. 주님을 경외하는 사람마다, 우리를 씻겨 깨끗케 하시고 새롭게 하시는 예수님을 더욱 신뢰하게 될 것이다.

왜 인간에게 권세를 허락하셨나?

주께서는 정부, 회사, 교회, 가정 등 다방면에서 여러 남녀에게 권세를 허락하셨다. 주님을 경외함을 건강한 측면에서 이해하면 왜 하나님께서 당신의 인생에 권위들을 배치하셨는지 알 수 있게 될 것이다. 주님은 권세 있는 자들에게 책임을 위임하셔서, 우리들의 삶을 빚으시고, 수정하시며, 짜임새 있게 만드신다. 성경에 의하면, 이런 권세에 반항하는 건 마치 하나님께 대항하는 것과 같기 때문에 심판을 면치 못하게 되리라 하신다. 로마서 13:1-4를 읽어보자.

> 각 사람은 위에 있는 권세들에게 복종하라 권세는 하나님으로부터 나지 않음이 없나니 모든 권세는 다 하나님께서 정하신 바라 그러므로 권세를 거스르는 자는 하나님의 명을 거스름이니 거스르는 자들은 심판을 자취하리라 다스리는 자들은 선한 일에 대하여 두려움이 되지 않고 악한 일에 대하여 되나니 네가 권세를 두려워하지 아니하려느냐 선을 행하라 그리하면 그에게 칭찬을 받으리라 그는 하나님의 사역자가 되어 네게 선을 베푸는 자니라 그러나 네가 악을 행하거든 두려워하라 그가 공연히 칼을 가지지 아니하였으니 곧 하나님의 사역자가 되어 악을 행하는 자에게 진노하심을 따라 보응하는 자니라

우리 인생에서 권위를 사용하는 자들은 하나님께서 허락한 권세를 행사하는 것이다. 예컨대 정부나 경찰관의 예를 들 수 있다. 물론 그렇다고 해서 그들이 한결같이 하나님의 뜻을 따르고 있다는 말은 아니다. 그

러나 그들을 우리 인생에 심으신 분은 하나님이시기에, 우리는 경건한 태도로 그들을 대하여야한다. 자동차를 운전하다가 교차로에서 경찰관이 손을 들고 멈추라고 하면 모두 멈추어 서야한다. 왜냐하면 그에게는 자동차를 멈춰 세울 권세가 주어졌기 때문이다. 물론 그 경관 개인의 권세가 아니고 정부로부터 위임받은 권세일 뿐이긴 하지만 말이다. 경찰의 명령을 거역하면 이는 정부의 직무를 방해하는 것이다. 왜냐하면 경찰은 정부를 대변하고 있기 때문이다.

권세를 잘 이해하면 삶에 안정을 유지할 수 있다. 성경은 "다스리는 자들은 선한 일에 대하여 두려움이 되지 않고 악한 일에 대하여 되나니 네가 권세를 두려워하지 아니하려느냐 선을 행하라 그리하면 그에게 칭찬을 받으리라"고 하신다(로마서 13:3). 권세가 없으면 혼란이 발생한다. 이런 것은 하나님의 백성에게도 영향을 끼친다. "그 때에 이스라엘에 왕이 없으므로 사람이 각기 자기의 소견에 옳은 대로 행하였더라"(사사기 21:25). 사회는 무정부 상태의 정치 불안을 원치 않는다. 그래서 어떠한 형태이든 정부 혹은 일단의 통치구조가 필요한 것이다. 경건한 권위구조를 성립시키지 못하면 권력의 부재로 인하여 도리어 사악한 통치구조가 생성될 수도 있다.

하나님은 남녀에게 그분의 권세를 위임하신다. 누구든지 권세를 가진 사람은 다른 이의 권세 하에 있어야한다. 그렇지 않으면 그 사람은 전제 군주처럼 되어 버린다. 나는 남에게 명령하는 재미로 살았던 군대의 한 선임 하사의 이야기를 들은 적이 있다. 그는 너무 재미가 들린 나머지, 퇴역한 후에 자기 동네에서도 행패를 부렸다. 가게의 점원, 식당 웨이터, 그리고 우편 집배원에게 까지 호통 치듯이 명령했다. 그렇지만 말할 것도 없이, 누구도 그의 명령을 받아들이지 않았다! 그래서 그 퇴역하사는 얼마 안 가서 자신의 권위가 서지 않는다는 걸 깨달았다. 왜냐하면 그는 더 이상 군대라는 권세 하에 있는 사람이 아니었기 때문이다.

만일 그리스도인이 예수님의 권세 하에 있지 않다면, 마귀나 지옥의 귀신들을 대항할 수 없다. 왜냐하면 그리스도의 수하에 있지 않은 자에게 굴복할 하등의 이유가 없기 때문이다. 그러나 우리의 인생이 하나님 앞에 온전히 바쳐져 있으면 마귀는 줄행랑을 쳐버린다.

권세에 복종함

주께서는 우리의 삶에 권세들을 세우셔서 우리를 보호하시고 그리스도의 형상을 닮아가도록 하신다. 그러나 많은 이들에게 있어서 이것은 따라가기 힘겨운 학습이다. 내가 아는 한 젊은이는 집안에서 부모에게 순종하고 싶지 않았기에, 집을 뛰쳐나가 군에 지원했다. 그는 군대에서 주로 무엇을 배웠을까? 권위에 복종하는 것이다!

권세에 복종한다는 건 무엇일까? '복종'이라는 단어는 '권위나 다른 사람의 뜻을 따라 자신이 양보함, 또는 다른 사람 내지는 권위자의 의견에 동의함'을 뜻한다. 복종은 하나님의 뜻을 따르기로 갈망하는 마음의 자세이지만, 하나님이 인간에게 부여하신 권세에도 따르기로 마음을 굳게 정하는 것도 포함한다.

권세(지휘, 권위, 권한)라는 단어는 '명령하거나 영향력을 끼치는 능력'을 말한다. 하나님은 사람을 세워주고, 인격을 형성하게 하고, 잘못을 바로잡고, 조직화하도록 인간 리더들에게 권위를 부여하셨다. 권위가 주어진 사람들은 타인에 대한 책임을 지게 되어있다. 직장에서는 고용주, 동네에서는 지역의 공무원, 교회에서는 목사와 장로, 그리고 가정에서는 부모들이 바로 그런 권세를 부여받은 자들이다.

바울은 디도서 3:1에서 권세 잡은 자들에게 복종할 것을 권했다. "너는 그들로 하여금 통치자들과 권세 잡은 자들에게 복종하며 순종하며 모든 선한 일 행하기를 준비하게 하며."

'권세에 복종하라'는 말은 오늘날의 사람들에게는 인기를 얻을만한 발언이 아니다. 오늘날 종업원은 고용인에게 저항하고, 학생들은 교사에게 대항하고, 아이들은 부모에게 반항하고, 교인들은 목사를 대적하는 실정이다. 그렇지만 주님은 이 시대에 '주님을 경외함'과 '권세를 가진 자에게 복종함'이라는 주제에 대한 바른 이해를 부활시키기 원하신다. 우리의 삶에 주님이 허락하신 권세들에게 순종하지 않는 행위는 하나님을 거역하는 것과 마찬가지라고 볼 수 있기 때문이다.

어떤 이들의 귀에는 권세에 복종하라는 말이 어리석은 말처럼 들릴 것이다. "그러나 하나님께서는 세상의 미련한 것들을 택하사 지혜 있는 자들을 부끄럽게 하려 하시고 세상의 약한 것들을 택하사 강한 것들을 부끄럽게" 하셨다(고린도전서 1:27).

주께서 우리의 삶에 놓으신 권위인 부모, 고용인, 경찰, 교권에 저항할 때마다 사실은 하나님을 반대하는 것이다.(물론 권세를 가진 자가 성경에 위배되는 것을 요구함으로 죄를 범하게 강요하는 경우는 제외된다.) 나는 청소년들이나 젊은이들에 이렇게 설교하곤 한다. "부모님이 밤 12시전까지 집에 들어오라고 하시든지, 고용주가 정시에 회사에 출근하라고 요구한다면, 주님이 그들을 사용하셔서 당신으로 그리스도의 성품을 닮아가도록 훈련하시며 당신의 인격을 도야시키는 것으로 받아들이세요. 만일 순종하지 않으면 동일한 학습을 거듭 반복해서 받게 될 것입니다."

순종이 제사보다 낫다

하나님은 늘 그 분의 말씀에 순종할 것을 요구하신다. 사무엘상 15:22-23에 보면, 사울이 하나님의 분명한 지시를 어긴 기록이 나온다. 사울은 하나님이 하신 말씀보다는 자신의 이성적인 판단을 앞세운 사람의 대표자이다. 사울은 전쟁에서 승리한 후에 탈취한 모든 것을 진멸하라는 하나님의 명령을 받았다. 그러나 사울은 그의 양과 소의 가장 좋은 것 또는 기름진 것과 어린 양과 모든 좋은 것을 남기고 가치 없고 하찮은 것만 진멸했다. 그러고는 "그 마땅히 멸할 것 중에서 가장 좋은 것으로 길갈에서 당신의 하나님 여호와께 제사하려고 양과 소를 끌어 왔나이다"라는 변명을 늘어놓았다. 사울은 하나님의 말씀을 두려워하기보다는 군중을 더 두려워하였고, 군중의 눈치를 봄으로, 하나님의 말씀을 어기게 되었던 것이다. 그러자 사무엘은 사울에게 단호하게 권고한다.

사무엘이 이르되 여호와께서 번제와 다른 제사를 그의 목소리를 청종하는 것을 좋아하심 같이 좋아하시겠나이까 순종이 제사보다 낫고 듣는 것이 숫양의 기름보다 나으니 이는 거역하는 것은 점치는 죄와 같고 완고한 것은 사신 우상에게 절하는 죄와 같음이라 왕이 여호와의 말씀을 버렸으므로 여호와께서도 왕을 버려 왕이 되지 못하게 하셨나이다 하니

마음으로부터 우러나오는 순종은 제사(하나님을 향한 외적인 봉사)보다 더 낫다. 구약 성경에서 반역(반항)은 악귀에 접촉하는 것과 같은 죄로 여겨졌다. 성경은 결국 사울이 악귀의 영향력 하에 들어가게 되었다고 기술한다(사무엘상 16:14참조). 사울의 반항은 악령에게 틈새를 열어 주었고, 결국 악령이 그의 삶 속으로 들어와 여생을 고통스럽게 만들도

록 허락하게 되었다. 이는 주님을 경외하는 삶을 거부한 결과이다.

우리 인생에 주께서 설정하신 그 권위들에게 복종하지 않는 한, 다른 이들에게 권위를 행사하는 일을 제대로 감당할 수 없다. 부모에게 순종하지 않고 반항한 것을 회개하지 않는 청소년은 권위에 대한 유해한 이해를 가지고 성장하게 된다. 그리고 성인이 되어 자신의 자녀를 가지게 될 즈음에는, 기이하게도, 자기 자녀에게 군림하고 자녀를 압제하기도 한다. 그런 사람들은 반드시 하나님께 기도하며, 자기가 부모에게 저지른 과거의 잘못을 사죄하고 용서를 빌어야할 것이다. 참된 고백은 반란이나 완강한 고집으로 인하여 묶인 것이 풀리게 하고, 우리의 삶을 조종하는 악한 것들도 깨져나가게 한다.

위임된 권세들은 인격의 도야를 돕는다

주께서 우리 인생에 배치하신 권세들은 완벽하지는 않다. 우리가 그들에게 순종하는 이유는 그들이 완벽하기 때문이 아니다. 우리가 순종하는 이유는 그들을 권세 있는 자리에 앉힌 분이 주님이신 것을 믿기 때문이다. 나는 젊을 때 다녔던 직장에서 만났던 고용주가 내 마음에 들지는 않았으나, 그가 고용주이었기에 그냥 순종했다. 그러면서 권세에 복종하는 것으로부터 오는 엄청난 축복이 있음을 체험하게 되었다.

당신이 어디를 가든지, 우선 먼저 물어야할 질문은 "내 삶에 주께서 배치하신 권세는 누구인가?"하는 것이다. 사실 주님으로부터 권세를 위임받은 사람은 어디를 가든 권세가 있는 곳을 잘 알아보게 되어있다. 그리고 그 권세가 하나님으로부터 위임받고 배치된 것을 깨닫고 인정한다. 누가복음 17:7-10은 권세를 다음과 같이 설명하고 있다.

너희 가운데서 누구에게 밭을 갈거나, 양을 치는 종이 있다고 하자. 그 종이 들에서 돌아올 때에 "어서 와서, 식탁에 앉아라" 하고 그에게 말할 사람이 어디에 있겠느냐? 오히려 그에게 말하기를 "너는 내가 먹을 것을 준비하여라. 내가 먹고 마시는 동안에, 너는 허리를 동이고 시중을 들어라. 그런 다음에야, 먹고 마셔라" 하지 않겠느냐? 그 종이 명령한 대로 하였다고 해서, 주인이 그에게 고마워하겠느냐? 이와 같이, 너희도 명령을 받은 대로 다 하고 나서 "우리는 쓸모없는 종입니다. 우리는 마땅히 해야 할 일을 하였을 뿐입니다" 하여라.(표준새번역)

이 노예는 하루 종일 밭에서 일한 후에, 집으로 돌아와 주인의 상을 차린다. 주인은 그렇게 죽도록 충성하는 종에게 고맙다는 말 한마디라도 했는가? 아니다! 왜냐하면 주인의 상을 차리는 건 종의 책무이기 때문이다. 이 종은 하나님께서 위임하신 권세에 대한 올바른 이해를 가진 사람이다. 그러므로 교회에서도, 성도들이 주께서 허락하신 권세에 순종하는 것을 당연한 것으로 받아들이는 풍토가 형성되어야 한다.

우리의 인생, 가정, 직장, 지역공동체, 그리고 교회에서 권세에 복종하는 것은 신자의 임무이다. 이 중요한 원리를 실천에 옮기는 과정을 통해 주님은 우리의 인격을 다듬으신다. 그래서 주님의 인격을 닮도록 인도하신다. 나는 고용주에게 협조하지 않는 사람들의 불운을 수도 없이 지켜보고 있다. 그들은 이 직장 저 직장으로 많이 옮겨 다니지만, 항상 동일한 문제에 부딪쳐 어려움을 당한다. 왜냐하면 문제의 근원이 자기 자신에게 있기 때문이다. 주님은 우리를 가르치고, 연단시키고, 우리의 삶에서 주님의 성품을 닮게 하려고 권세를 사용하신다. 그리고 일단 이

관문을 통과하면, 주님은 우리를 다른 사람들의 인생에 권세를 가진 자로 세우셔서 그들의 인생을 책임지게 하신다.

복습문제

1. 만일 두려워하는 것이 하나님의 뜻이 아니라면, 하나님을 두려워함(경외함)은 무엇을 의미할까?

2. 현재 당신의 삶을 조종하거나 지배하는 자는 누구라고 생각하는가? 만일 당신의 삶을 긍정적인 면에서 다스리는 자가 있다면, 주님은 당신의 잘못된 부분을 바로잡고, 재구성하고, 새로운 틀을 짜주는 일에 그런 사람을 어떻게 사용하고 있다고 생각하는가?

3. 하나님이 허락하신 권세란 무엇인가? 그런 권세(권위)에 반항하는 것은 하나님께 도전하는 것과 마찬가지라는 걸 어떻게 설명할 수 있나?

4. "순종이 제사보다 낫고"라는 성경 구절을 해석하고 당신의 삶에 적용해보아라(사무엘상 15:22-23 참조).

10장
정부, 회사, 가정, 교회에서의 위임받은 권세

정부의 관료를 존중하기

본 단원에서는 하나님께서 우리 인생에 허락하신 권세 중 특히 네 가지 영역을 살펴보고자 한다. 그것은 정부, 회사, 가정, 그리고 교회이다.

우선 먼저 정부를 살펴보자. 타락한 세상에는 질서가 필요한데 이는 혼란으로부터 우리를 보호하기 위함이다. 그래서 하나님은 정부라는 조직을 허락하셨다. 로마서 13:1-2에 따르면 정부의 권세에 복종하는 것은 하나님의 뜻이라고 한다.

각 사람은 위에 있는 권세들에게 복종하라 권세는 하나님으로부터 나지 않음이 없나니 모든 권세는 다 하나님께서 정하신 바라 그러므로 권세를 거스르는 자는 하나님의 명을 거스름이니 거스르는 자들은 심판을 자취하리라

그리스도인들은 공무원의 권위에 순종해야한다. 왜냐하면 그들을 세우신 분은 하나님이기 때문이다. 로마서 13:5-7에 의하면, 우리가 공

무원에게 복종하는 이유는 그들이 두렵기 때문이 아니라, 하나님께서 그들을 임명하셨기 때문이다. 신자는 순순히 협조함으로 양심을 지킨다.

그러므로 복종하지 아니할 수 없으니 진노 때문에 할 것이 아니라 양심을 따라 할 것이라 너희가 조세를 바치는 것도 이로 말미암음이라 그들이 하나님의 일꾼이 되어 바로 이 일에 항상 힘쓰느니라 모든 자에게 줄 것을 주되 조세를 받을 자에게 조세를 바치고 관세를 받을 자에게 관세를 바치고 두려워할 자를 두려워하며 존경할 자를 존경하라

위의 성경 구절에 따르면, 세금을 내는데 대해 불만을 품는 것은 정부를 세우신 하나님께 불평하는 것과 마찬가지라고 한다. 종종 우리들은 정부 관료나 공무원들에 대해 부정석인 말을 한다. 예컨대 교통 법규를 어겨 벌금 딱지를 발부받으면 불평을 한다! 그러나 법을 어긴 경우, 경찰은 하나님을 대신하여 질서를 바로잡는 일을 하고 있는 것이다. 그러므로 법을 바로 집행하는 권세 앞에서는 존중하는 자세로 순종해야한다.

구약성경에 보면 열여섯살의 젊은 나이에 바벨론으로 끌려간 다니엘이라는 인물이 나온다. 그는 주님을 경외하는 기도의 삶을 산 자로 유명하다. 그는 바빌론의 리더십을 존경하는 법을 배웠으며, 그 결과 정부가 세 번 바뀌는 동안에도 계속 총리라는 직분을 역임했다.

우리를 다스리는 권세가 경건하건 불경하건 선하건 악하건 관계없이, '주님'이 그들에게 권세를 허락하셨다는 사실을 잊지 말자. 한번은 사도 바울이 종교적인 권세를 가진 자들 앞에 끌려가게 되었다. 대제사장 아나니아라는 사람이 그의 수하에 있는 자에게 바울의 입술을 때리라고 명령했다. 바울은 그가 대제사장인줄 몰랐기에, 그를 "회칠한 담

이여"라고 불렀다(사도행전 23:3). 그 때 그 옆에 섰던 자가 "하나님의 대제사장을 네가 욕하느냐"라고 말하니 바울은 즉시 사과했다. "바울이 이르되 형제들아 나는 그가 대제사장인 줄 알지 못하였노라 기록하였으되 너의 백성의 관리를 비방하지 말라 하였느니라 하더라"(사도행전 23:5).

비록 우리에게 배치된 권세자가 선량하지 않다고 할지라도 우리는 그들에게 순종하는 자세로 대하라는 부르심을 받았다. 우리가 그들을 예우하며 경의를 표하는 것은 그들의 행위 때문이 아니라 하나님이 허락하신 그들의 위치 때문이다.

회사에서 권세를 존중하기

우리 인생에 주님이 허락하신 두 번째 권세는 직장의 고용주이다. 바울은 신자들에게, 직업을 주께 봉사하는 기회로 여기라고 충고한다.

> 종들아 모든 일에 육신의 상전들에게 순종하되 사람을 기쁘게 하는 자와 같이 눈가림만 하지 말고 오직 주를 두려워하여 성실한 마음으로 하라 무슨 일을 하든지 마음을 다하여 주께 하듯 하고 사람에게 하듯 하지 말라 이는 기업의 상을 주께 받을 줄 아나니 너희는 주 그리스도를 섬기느니라(골로새서 3:22-24)

간단하게 말해서, 우리의 진정한 상전은 예수 그리스도이시다. 그러므로 직장에서의 일을 그리스도께 대한 봉사로 여겨야한다. 만일 직장의 상사가 간섭할 때에만 잘한다면 문제가 있는 것이다.

나에게는 레스토랑에서 근무하는 친구가 있다. 그는 자신의 상사를 주님께서 보내신 권세로 여기기로 작정했다. 그 레스토랑의 소유주와 매니저는 그의 태도에 반해서 그의 그리스도인 친구들을 계속 고용하기에 이르렀다. 그러다 보니 얼마 안 가서 그 직장의 거의 대부분 직원들이 그리스도인으로 구성되어 버렸다. 무엇이 원동력이었을까? 그 시발점은 다름 아닌 고용주와 매니저에게 순종하려는 태도를 가졌던 그 한 사람이었던 것이다.

온 맘 다해 열중하여 직장에서 일을 하라고 주님은 그리스도인들을 부르셨다. 모든 취업을 통한 노동은 결국 주께 하는 일이다. 주께 봉사하며 직장에서 보수까지 받으니 얼마나 감사한 일인가!

하나님은 고용주를 어떻게 사용하시는가?

만일 고용주가 그리스도인이라면, 단지 당신이 신도라는 이유로 호의를 베풀어줄 것으로 기대하지 말라. 어떤 신자는 "내가 비록 직장에 늦게 출근하고 일이 좀 더디더라도 내 상사는 나를 봐줘야한다. 왜냐하면 그는 그리스도인이니까!"라고 주장한다. 그러나 그것은 그릇된 주장이다. 비록 그가 그리스도인이라 할지라도 그는 당신을 적당히 봐주는 대신, 주께서 그에게 주신 권세를 사용하여 그리스도의 형상에 이르기까지 당신을 훈련시킬 책임이 있다.

> 종의 멍에를 메고 있는 사람은 자기 주인을 아주 존경할 이로 여겨야 합니다. 그렇게 해야 하나님의 이름과 우리의 가르침에 욕이 돌아가지 않을 것입니다. 신도인 주인을 섬기는 종들은, 그 주인이 교회 신도라고 해서 가볍게 여겨서는 안 됩니다. 오히려 주인을 더 잘 섬겨야 합니다. 왜냐하면, 이러한 섬김에서 이익을 얻는 이들이 동료 신도요 사랑하는 사람이기 때문입니다.
> (디모데전서 6:1-2, 표준새번역)

하인 여러분, 가장 두려워하는 마음으로 주인에게 순종하십시오. 착하고 너그러운 주인에게만이 아니라, 까다로운 주인에게도 그리하십시오. 억울하게 고난을 당하더라도, 하나님을 생각하면서 괴로움을 참으면, 그것은 아름다운 일입니다. 죄를 짓고 매를 맞으면서 참으면, 그것이 무슨 자랑이 되겠습니까? 그러나 선을 행하다가 고난을 당하면서 참으면, 그것은 하나님께서 보시기에 아름다운 일입니다. 바로 이것을 위하여 여러분은 부르심을 받았습니다. 그리스도께서도 여러분을 위하여 고난을 당하심으로써, 여러분이 그의 발자취를 따르게 하시려고, 여러분에게 본을 남겨 놓으셨습니다.
(베드로전서 2:18-21, 표준새번역)

우리가 그리스도인이면서 직장에 매일 늦게 출근하거나 직업에 게으름을 피운다면, 우리의 고용인은 거기에 합당한 조처를 취해야하며, 우리의 버릇없음을 고치고 규율을 잡아서 우리를 하나님의 사람으로 만들어야한다. 그렇지만 우리가 제대로 하는데도 상사가 까다롭게 굴거나 비판적이라면, 우리의 억울함을 주께 고해야한다. 그러면 주께서 알아서 다 갚아주신다고 약속하셨다.

예수와 모세는 둘 다 크게 쓰임 받기 전에 자신들의 고용주에게 충성을 다하는 법을 배웠다. 예수님은 주요 사역으로 나가기 전에 목수로 수년간 일하셨다(마가복음 6:3 참조). 모세는 애굽의 억압으로부터 주의 백성을 이끌어내기 전에 40년간을 장인의 양을 치면서 충성 봉사했다(출애굽기 3:1 참조). 그들의 하늘 아버지는 그들 앞에 세상적인 권세를 두시고, 섬기며 참고 인내하는 순종의 정신을 가르치셨다.

가정에서 권세를 공경하기

주께서는 권세 가진 자에게 순종할 것을 지시하셨다. 그 영역 중에 한 곳은 가정이다. 에베소서 6:1-4의 말씀을 살펴보자.

> 자녀들아 주 안에서 너희 부모에게 순종하라 이것이 옳으니라 네 아버지와 어머니를 공경하라 이것은 약속이 있는 첫 계명이니 이로써 네가 잘되고 땅에서 장수하리라 또 아비들아 너희 자녀를 노엽게 하지 말고 오직 주의 교훈과 훈계로 양육하라

하나님은 자녀들에게 그들의 인생에 하나님께서 허락하신 권세, 즉 부모에게 순종할 것을 명령하신다. 그리고 순종하는 자에게는 장수가 보장되어 있다. 부모를 공경하는 자녀에게는 이 땅에서의 축복이 약속되어 있다는 말이다.

역으로 부모는 자녀를 한 인격으로 존중해야한다. 특히 자녀의 필요를 채워줌으로 그들을 섬겨야한다. 그리고 비현실적인 기대로 그들을 좌절시키는 대신 주의 말씀으로 잘 훈계하여야한다(골로새서 3:21).

많은 젊은이들이, 부모가 그리스도인이 아닌 경우, 부모가 하나님 보시기에 옳지 않은 것처럼 보이는 일을 요구해도 거기에 순종해야하는지 나에게 문의해 온다. 거기에 대한 나의 대답은 사도행전 5:29이다. "사람보다 하나님께 순종하는 것이 마땅하니라!"

권세를 가진 사람 누구라도 우리에게 죄짓는 일을 시킨다면, 우리는 먼저 하나님께 순종할 필요를 느낀다! 카토라는 젊은이의 부모는 불교 신자인데, 카토에게 불교 의례에 참여할 것을 강압했다. 그녀는 거짓 신을 숭배하는 일을 계속 할 수 없었기에 거절했다. 그녀에게 있어서는 하나님이 더 높은 권세였기 때문이다. 그리스도인이 이 땅의 어떤 권세에 복종한다면 그것은 오직 더 높은 권세이신 하나님께 대한 충성에 기반

을 둔 것이 되어야한다. 그러므로 부모나 정부가 하나님의 말씀에 위배된 것을 요구할 시에 우리는 먼저 하나님께 복종해야한다.

가정에서 서로에게 복종하기

권세를 가진 자에게 복종한다는 뜻은, 우리 인생의 사명에 대해 책임을 지는 자에게 순종한다는 뜻이다. 직장에서 우리는 고용주의 사명에 예속되어 있다. 학교에서 우리는 교사의 사명 하에 놓여 있다. 야구팀은 감독의 사명을 따라서 움직이게 되어있다. 교회는 하나님께서 허락하신 영적 리더들의 사명에 묶여 있다. 가정에서는 하나님께서 가장에게 부여하신 그 임무에 모든 이들이 귀속되어 있다. 이제부터는 상호복종이 어떻게 가정 내에서 이루어져야하는지 살펴보고자 한다.

아내들이여 자기 남편에게 복종하기를 주께 하듯 하라 이는 남편이 아내의 머리됨이 그리스도께서 교회의 머리됨과 같음이니 그가 바로 몸의 구주시니라(에베소서 5:21-23)

하나님은 가정에서 남편과 아내가 그리스도를 경외함으로 피차 복종하도록 부르셨다. 하나님의 뜻은 남편과 아내가 팀을 이루어 하나가 되는 것이다. 그렇지만 모든 팀에는 리더가 있게 마련이다. 가정의 경우, 성경은 남편이 팀의 리더라고 말한다. 그의 리더십은 사랑과 배려 안에서 발휘되어져야한다. 그리스도께서 그의 교회를 사랑하고 그 몸을 바친 것처럼, 남편도 아내를 그 정도로 사랑해야한다(에베소서 5:25 참조).

가정의 리더로서 남편은 위기 상황에서 최종 결정을 내릴 책임을 진다. 몇 해 전 나와 나의 아내는 우리 자녀를 기독교 학교로 보낼 것인지 결단을 내려야만 했다. 우리는 기도하고 대화를 나누고, 기도하고 또 대화를 나누었다. 그렇지만 합의점에 도달하지 못했다. 그래서 결국 아내는 나에게, 내가 가정의 머리이므로 내가 최종 결정을 내려야한다고 주장했다. 그러면 자기는 나의 결정에 무조건 순종하고 따르겠다고 했다. 내 아내는 주님을 따르는 일에 신실했던 것이다.

홀부모의 가정에는 주께서 자녀 양육에 특별한 은혜를 내리신다. 성경은 하나님이 '아버지 없는 자의 아버지'가 되신다고 하셨기 때문이다 (시편 68:5 참조). 주께서는 홀부모 가정에서 자녀를 키우는 남녀를 돕기 위해 그리스도의 몸(특히 지역교회)을 각별히 사용하신다.

교회에서 권세에 순복함

주께서 위임하신 권세의 네 번째 영역은 교회이다. 히브리서 13:17에 기록된 말씀을 읽어보자.

> 여러분은 지도자들의 말을 곧이듣고, 그들에게 복종하십시오. 그들은 여러분의 영혼을 지키는 사람들이요, 이 일을 장차 하나님께 보고드릴 사람들입니다. 그러므로 여러분은 그들이 이 일을 기쁜 마음으로 하게하고, 탄식하면서 하게 하지 마십시오. 그렇지 않으면 여러분에게 유익하게 되지 못합니다. (표준새번역)

주께서는 영적 권세자들을 우리의 삶에 보내시고, 그들을 통해 돌보고 감시하면서 하나님을 의뢰케 한다. 특별히 주님은 성도를 영적으로 보호하고, 지도하며, 교정하도록 목사와 장로들에게 권세를 위임하셨다. 모든 신자가 지역교회에 출석해야만 하는 이유가 바로 여기에 있다.

그래야만 영적으로 바른 삶을 살 수 있기 때문이다.

바울은 주께서 그에게 맡기신 영적 리더들의 삶에 대하여 책임지려고 했다. 바울과 바나바가 전 세계를 돌며 교회를 세우도록 안디옥 교회로부터 파송을 받았을 적에, 그들은 몇 년간 사역한 후에 지역교회인 안디옥 교회로 되돌아가 그간 주께서 행하신 일에 대한 경과를 보고했다 (사도행전 14:27-28 참조).

데살로니가전서 5:12-13에도 우리 가운데 주께서 수고하도록 위임하신 권세들을 예우하라는 말씀이 나온다.

> 형제자매 여러분, 우리는 여러분에게 부탁합니다. 여러분 가운데서 수고하고 주님 안에서 여러분을 지도하고 훈계하는 이들을 알아보십시오. 그들이 하는 일을 생각해서, 사랑으로 그들을 극진히 존경하십시오. 여러분은 서로 화목하게 지내십시오.(표준새번역)

나는 가끔 "교회의 리더십에 관해서 나는 우리 교회의 목사님과 이견이 많습니다"라고 말하는 사람들을 만난다. 그러면 나는 그들에게 먼저 그가 출석하는 교회의 리더들 위에 하나님의 축복과 지혜가 임하도록 열심히 기도할 것을 권한다. 그런 후에 하나님의 지시가 있으면, 사랑과 존경의 태도로 교회의 지도자들에게 진심을 호소할 기회를 찾아보라고 한다. 물론 영적 지도자의 생각을 바꾸는 것은 성도의 임무가 아니다. 그것은 하나님의 몫이다. 그렇지만 의견 차이의 골이 갈수록 깊어진다면, 두 가지 중 한 가지가 발생할 가능성이 있다. 자신의 삶에 뿌리 깊은 반항의 영을 몰아내는 기회가 마련되든지, 아니면 다른 교회로 옮기라는 신호를 받게 될 수도 있다.

예수님은 제자들에게 리더십에 관해 가르치면서 이방인의 집권자들처럼 되지 말라고 당부하셨다. 즉 세도부리는 자가 아니라 섬기는 리더가 되라는 것이다(마태복음 20:25-28). 예수님의 말씀의 요지는 영적 리더가 교회에 방향을 제시할 권위가 없다는 뜻이 아니라, '종의 자세'가 기본 태도가 되어야 한다는 말이다. '영적 권위'와 '섬김의 자세'는 손을 맞잡고 함께 걸어가야 한다. 예컨대 구약에서 느헤미야는 권세 있는 사람이었다. 그러나 그는 이전 총독처럼 사람들을 압제하지 않았다(느헤미야 5:15 참조). 그는 주님을 경외하는 경건한 지도자였기 때문이다.

영적 리더에 대한 주님의 부르심은, 신도들 하나하나를 더욱 예수님께 가까이 다가가게 하여, 주님께로부터 더 잘 배울 수 있도록 인도하는 것이다. 반면에, 주께서는 신도들을 그들을 이끄는 영적 리더에게 순종하도록 부르셨다. 수년 전에 나는, 교회의 집회에 참석하기만 하면 의자 위에 올라가 서 있는 어린이의 이야기를 들은 적이 있다. 참다못한 아이의 아버지는 손을 잡아 끌어내려 강제로 자리에 앉혔다. 그랬더니, 아이는 아버지를 물끄러미 쳐다보며, "밖에서는 의자에 앉을지언정, 교회당 안에서는 의자 위에 서 있으렵니다!"라고 대꾸했다는 것이다. 주님은 우리의 '기본 태도'를 가장 중요하게 여기신다.

한마디로, 그리스도인들은 우리의 영적 리더들을 지원하고, 그들을 위해 기도하고, 순종하며, 호소하도록 부르심을 받았다.(영적 리더의 양심에 호소하는 문제에 관해서는 다음 부분에서 더 심도 있게 다루고자 한다.) 한편, 영적 리더인 목사나 장로들은 신도들을 위해 기도하며, 가르치고, 보호하고, 필요에 따라 바로 잡아주는 역할을 감당해야 한다.

영적 리더들의 삶에서 범하는 죄

영적 리더가 죄에 빠지게 되는 경우는 어떻게 해야 하나? 그런 경우는 맹목적으로 순종하기보다는 대면해야한다. 디모데전서 5:19-20은 이렇게 말씀한다. "장로에 대한 고발은 두세 증인이 없으면 받지 말 것이요 죄를 범한 자들을 모든 사람 앞에서 꾸짖어 나머지 사람들로 두려워하게 하라."

만일 영적 리더(목사, 장로, 셀그룹 리더, 가정교회 목자 등)가 범죄하고, 그것이 확증되면, 영적으로 그 사람 위에 책임이 있는 상관이 훈육해야 한다. 대부분의 지역교회는 노회에 소속되거나 아니면 상회의 관할 하에 있는 경우가 많다. 개 교회의 영적 리더에 대해서는 상회인 노회나 교단이 적합한 권징과 치리를 가하며 책임을 져야한다. 사실 성경에 따르면 담임 목사의 죄가 확정된 경우라면 그는 교회당에서 만인이 보는 앞에서 질책을 당해야 된다. 그러므로 지역교회에서 신도들을 지도하고, 보호하고, 때론 필요에 따라 교정하는 영적 리더들은 자신도 영적 권세를 가진 다른 사람 밑에 들어가 있어야한다.

성도가 죄를 범한 경우, 주님은 교회의 지도자들로 하여금 그들을 사랑으로 징계하고 진리 가운데 다시 설 수 있도록 회복시키라고 하셨다 (고린도전서 5장, 갈라디아서 6:1, 마태복음 18:17 참조). 자녀가 잘못하면 육신의 아버지도 사랑 가운데 자녀를 체벌한다. 왜냐하면 규율을 바로 잡아, 자녀가 올곧게 자라게 하기 위함이다. 하나님은 성도를 훈련시키는 회초리를 든 사람으로 영적 리더들을 사용하기도 한다. "나는 그에게 아버지가 되고 그는 내게 아들이 되리니 그가 만일 죄를 범하면 내가 사람의 매와 인생의 채찍으로 징계하려니와"(사무엘하 7:14). 그러나 회초리로 때리는 목적은 도로 찾기 위함이지 파괴시키려함이 아니다. "주께서 그 사랑하시는 자를 징계하시고 그가 받아들이시는 아들마다 채찍질하심이라 하였으니"(히브리서 12:6). 사실 하나님께 징계(훈련)를 받는다는 것은 하나님이 우리를 사랑하신다는 증거이다. 그래서 히브리서 12:8에는 이렇게 기록되어 있다. "모든 자녀가 받는 훈련을 여러분이 받지 않는다고 하면, 여러분은 사생아이지, 참 자녀가 아닙니다"(표준새번역).

이미 앞서 여러 차례 언급했지만, 주님의 몸 된 교회의 어디에 소속되든지, 그것이 소그룹이나, 가정교회, 혹은 지역교회든지 그 곳에 주께서 허락하신 영적 리더를 적극적으로 후원하고 그들에게 순종하라고 주님은 당신을 부르셨다. 혹시 어떤 사람이 영적 리더를 욕하면, 당신에게 말하지 말고 그 영적 리더에게 직접 말하라고 하라. 당신은 절대로 후욕이나 험담을 전달하는 자가 되어서는 안 된다. 비방이나 중상으로 하나님의 목회사역을 방해하는 일에 절대로 가담하지 말라. 그리고 당신이 그리스도를 닮아가는 일에 주께서 영적 리더를 사용하신다는 확신에 흔들림이 없도록 하라.

복습문제

1. 교회의 리더들에게 "회칠한 담이여 하나님이 너를 치시리로다"(사도행전 23:3 참조)와 같은 말을 하기 전에 우리가 조심해야할 이유는 무엇인가?

2. 일터에서 주 예수를 고용주인 것으로 생각하고 일한다는 것은 구체적으로 무엇을 의미할까?

3. 사도행전 5:29("사람보다 하나님께 순종하는 것이 마땅하니라")를 따른다면, 우리 삶에 관련된 권위가 우리에게 죄짓는 일을 강요할 경우 우리는 어떻게 해야 하나?

4. 만일 리더가 죄를 지은 경우라면 어떻게 대처하는 것이 좋을까(디모데전서 5:19-20 참조)? 만일 우리 자신들이 죄를 지은 경우라면 어떤가?

11장

권세로부터 오는 축복

　이 단원에서는 주께서 허락하신 권세에 순종할 때 우리가 받게 되는 축복에 관해 살펴보고자 한다. 상당수의 신자들이 권세를 존중함으로 오는 축복에 대한 올바른 이해를 하고 있으며, 그런 혜택을 충분히 누리고 있다. 그렇지만 이해부족으로 인하여 권세에 저항하여 축복을 누리지 못하는 자들도 있다. 주님은 항상 말씀을 통해 우리의 마음(이해)을 새롭게 하시기 원하신다. 그 중에 하나가 주께서 위임하신 권세에 순종함으로 받는 축복에 관한 것이다.
　우선 먼저 권세에 복종하는 것이 하나님의 명령임을 다시 한 번 분명히 해두고 싶다.

> 사람은 누구나 위에 있는 권세에 복종해야 합니다. 모든 권세는 하나님께로부터 온 것이며 이미 있는 권세들도 하나님께서 세워주신 것이기 때문입니다. 그러므로 권세를 거역하는 사람은 하나님의 명을 거역하는 것이요, 거역하는 사람은 심판을 받게 될 것입니다. (로마서 13:1-2, 표준새번역)

물론 위의 성경 구절은 정부 관료에게 순종하는 것을 언급하고 있으나, 하나님이 인생에 허락하신 각종 권세들에 다 적용 가능하다. 어떠한 종류의 권세라도 권세를 가지도록 임명하시는 이는 하나님이시기 때문이다. 그런 권세를 거역하는 것은 하나님을 거역하는 것이다. 권세에 순종하는 것은 우리에게 유익하다. 왜냐하면 그 권세가 우리를 보호해주기 때문이다.

예컨대 운전 중 속도위반을 하면, 교통사고로 다른 사람을 치거나 아니면 자신이 다치게 될 가능성이 높아진다. 성냥을 가지고 장난하지 말라는 부모의 명령을 자주 어기는 자녀는 화재로 집을 몽땅 태워버릴 가능성이 높은 인물이다. 사실, 진짜로 집이 전소되었다면 그것은 하나님의 책임이 아니며 부모의 책임도 아니다. 그것은 하나님이 허락하신 권세에 복종하지 아니한 자녀의 잘못이다. 즉 하나님이 보호하시는 안전지대 안에 머물지 않고 그 경계를 벗어난 자녀의 실책이라는 것이다.

하나님이 우리 삶에 허락하신 권세에 복종하는 자세로 살다보면 많은 실수로부터 보호받을 수 있다. 특히 마귀의 계략으로부터 보호를 받는다. 마귀의 본성은 속이는 것과 반란이다. 루시퍼는 타락하여 천국에서 쫓겨나게 되었는데, 그 이유는 "내가 만유의 주재(높고도 높으신 주)처럼 되겠다"고 말하며 하나님의 권위에 복종하지 않았기 때문이다.

우주에는 두 가지의 힘이 작용하고 있다. 하나는 하나님께 순종하는 힘이고, 다른 하나는 하나님께 반항하는 힘이다. 그러므로 하나님이 정하신 권세를 저항하는데 가담하는 순간, 우리는 즉시 원수의 편에 서게 되며, 죄를 범하는 곳으로 빠져든다.

믿음의 원리를 이해하기

기적의 삶을 체험하는 믿음의 사람이 되기 위해서는, 권세에 관계된 원리를 터득할 필요가 있다. 권세에 순종할 때 우리는 믿음의 법칙을 배우게 된다. 마태복음 8:8-10에 보면, 백부장의 믿음이 권세와 관련된 것임을 알 수 있다.

백부장이 대답하여 이르되 주여 내 집에 들어오심을 나는 감당하지 못하겠사오니 다만 말씀으로만 하옵소서 그러면 내 하인이 낫겠사옵나이다 나도 남의 수하에 있는 사람이요 내 아래에도 군사가 있으니 이더러 가라 하면 가고 저더러 오라 하면 오고 내 종더러 이것을 하라 하면 하나이다 예수께서 들으시고 놀랍게 여겨 따르는 자들에게 이르시되 내가 진실로 너희에게 이르노니 이스라엘 중 아무에게서도 이만한 믿음을 보지 못하였노라

이 백부장이 예수님의 기적을 체험한 이유는 권세를 제대로 이해했기 때문이다. 군의 장교로서 백부장은 부하들에게 명령을 하달할 수 있었다. 그러면 부하들은 순종했다. 그런 자신의 경험에 의거하여, 권세를 소유한 그리스도가 명령만 하면 모든 것이 순종할 것이라는 사실을 백부장은 믿었다.

예수님께서 질병에게 물러가라고 하면, 질병은 물러간다. 그리스도의 지상 사역은 각양각색의 병자를 치유하신 것으로 가득 차 있다. 성경은 우리가 병들었을 때 장로들을 초대하여 기도하면 병이 낫는다고 하신다. "너희 중에 병든 자가 있느냐 그는 교회의 장로들을 청할 것이요 그들은 주의 이름으로 기름을 바르며 그를 위하여 기도할지니라 믿음의 기도는 병든 자를 구원하리니 주께서 그를 일으키시리라 혹시 죄를 범

하였을지라도 사하심을 받으리라"(야고보서 5:14-15). 영적 리더에게 순종하는 행위는 신유의 능력이 나타나는 역사를 일으킨다.

인격도야

권세에 복종함으로 누리는 축복 가운데 하나는 훌륭한 성품을 가진 자로 훈련받게 되는 것이다.

주님은 권세들을 사용하셔서 우리 인생에 하나님의 말씀을 적용하신다. 그 하나님의 말씀은, 하나님으로부터 온 것이 아닌 다른 모든 것들을 제거한다. 마치 대장장이가 쇠를 달구어 무르게 한 후에, 망치로 때려 불순물을 제거해내듯, 하나님의 말씀에는 정화시키는 능력이 있다. "여호와의 말씀이니라 내 말이 불같지 아니하냐 바위를 쳐서 부스러뜨리는 방망이 같지 아니하냐"(예레미야 23:29). 말씀은 모든 거짓된 것을 파괴하고 오직 진품만 남겨놓는다. 말씀을 통해 예수님의 성품을 닮아가면서 우리의 성품은 깨끗해지고 강건해진다.

주께서 우리의 삶에 권세를 허락하시는 이유 중 하나는, 우리의 마음을 부드럽게 만들기 위함이다. 그러면 마음이 말씀에 순응하도록 유연해진다. 그러나 내가 원하는 대로 안 한다고, 권세에 분노를 담아 신랄하게 대적한다면, 그것은 아직도 인격이 미숙하다는 증거이다. 주께서는 그런 사람의 인격을 정으로 쪼아 모난 부분을 깎아내기 원하신다. 주님의 말씀은 소멸하는 불로 하나님의 형상을 닮도록 우리를 변화시킨다.

일단 삶의 한 국면에서 하나님의 말씀에 순종하는 것을 배우지 못하면, 하나님께서는 그 사람을 새로운 국면으로 몰아넣으시고, 다른 권세를 보내어 다시 훈련시키신다. 하나님은 우리를 지극히 사랑하시기 때문에 우리를 깨뜨리시고 훈련시키셔서, 결국 성령의 열매를 맺도록 인도하신다. "오직 성령의 열매는 사랑과 희락과 화평과 오래 참음과 자비와 양선과 충성과 온유와 절제니 이같은 것을 금지할 법이 없느니라"(갈라디아서 5:22-23).

지도편달

우리의 삶에 하나님이 허락하신 권세들은 하나님의 뜻을 잘 알고 실천하도록 인도해주는 기능을 발휘한다. 성장기에 우리 부모님은 나에게 나쁜 친구들과 어울리지 말라고 하셨다. 그 당시 내 귀에는 부모님의 말씀이 잔소리로 들렸다. 아니 내 삶을 조종하려는 소리로 들려서 매우 성가시기까지 했다. 그러나 지금 와서 돌이켜보면, 부모님의 권세에 내가 순종했던 것이 얼마나 다행인지 모른다. 그로 인해 인생이 난파되는 것을 피할 수 있었다.

한 복음 성가 가수가 찬양 앨범을 녹음하고 싶었다. 그렇지만 그녀의 부모님이 음반 출간을 늦추라고 하셨다. 참으로 듣기에 거북한 소리였다. 그러나 그냥 부모님의 말씀에 순종하기로 결심했다. 나중에 그녀는 결국 음반을 냈는데, 수십만의 사람들에게 축복을 안겨주는 계기가 되었다. 하나님은 '하나님의 적기'에 이 찬양 사역자를 사용하신 것이다.

구약 성경을 살펴보면 요셉은 비록 억울하게 수감되었으나 옥에서 친위대장을 섬겼다는 기록이 나온다. 그래서 그런지 하나님은 그를 나중에 국무총리가 되게 하여 높이 들어 쓰셨다(창세기 39장-40장).

예수님 역시도 하늘에 계신 아버지께 날마다 순종했다. 요한복음 5:30에서 예수님은 "나는 나의 뜻대로 하려 하지 않고 나를 보내신 이의 뜻대로 하려 하므로"라고 말씀하신다. 예수님은 하늘 아버지의 권세에 순종하는 삶을 살기로 헌신된 분이셨다. 예수님은 특히 자기 마음대로 매사를 시작하는 분이 아니었고, 늘 하늘 아버지가 인도하는 대로 따라가는 삶을 살았던 분이다.

권세가 그릇된 길로 갈 경우는?

많은 이들이 나에게 "만일 내 인생에 관여하는 권세가 잘못하면 그때는 어떻게 해야 하나요?"라는 질문을 던진다. 이전에 이미 언급한 대로, 만일 권세가 우리에게 하나님의 말씀에 반대되는 일을 하라고 요구할 경우, 우리는 사람의 말보다 하나님의 말을 더 들어야한다. 그러나 만일 우리 삶에 하나님이 배치하신 권세가 실수하는 경우는 어떻게 해야 하나? 빌립보서 4:6에 의하면 그런 경우에는 호소(탄원)하라고 하신다. "아무 것도 염려하지 말고 다만 모든 일에 기도와 간구로, 너희 구할 것을 감사함으로 하나님께 아뢰리."

우선 먼저 우리는 하나님께 아뢰어야한다. 우리의 우려와 요청을 무엇보다 먼저 우리의 권위자이신 하나님께 기도로 호소해야한다. 이러한 기도는 하나님께서 위임하신 인간 권위자에게 호소하기 전 준비과정이 된다. 메리앰-웹스터 사전에 의하면 호소(appeal)라는 단어는 "정직한 애원 혹은 진심어린 간청"으로 정의된다. 주께서는 그분이 우리의 삶에 허락하신 권위 앞에서 순복하는 자세로 호소하기를 바라신다.

한 때 모세의 친족인 아론과 미리암은 순복하는 자세로 호소하기보다는 하나님이 세우신 종인 모세를 비방했다. 하나님을 경외함을 망각하고, 예언자를 존경하지 아니하는 태도로 경거망동을 하자, 그들의 삶에 반역의 영이 틈타게 되었다. 그렇지만 광야에서 양을 치며 권위의 중요성에 관해 많은 학습을 거친 모세는 스스로를 변호하는 변명을 늘어놓지 않았다. 대신 모세는 하나님 앞으로 나아가 주께서 신원하여 주실 것을 간청했다(민수기 12장 참조).

　다니엘과 그의 친구들은 특정한 음식만 먹도록 허락해 주실 것을 바벨론의 권세에 호소했다(다니엘 1:8, 12-13 참조). 그러자 주님은 권세에 호소하는 것을 선하게 보시고, 건강과 지혜와 문학적인 재능과 초자연적인 계시로 그들을 풍성하게 축복해주셨다.

　느헤미야는 예루살렘으로의 여행을 허락받기 위해 세상의 왕에게 호소했다(느헤미야 2:4-5 참조). 왕에게 순복하는 자세로 정중히 요청했을 때 그의 간청이 허락되었다. 결국 느헤미야의 왕을 존중하는 태도와 순종하는 자세가 무너진 성벽의 재건을 가능케 하였던 것이다.

　그렇지만 아무리 큰 권세를 가진 자라도 우리로 죄를 짓도록 강요한다면, 우리는 사람보다 하나님께 순종해야한다(사도행전 5:29 참조). 초대교회의 리더들은 당대의 종교 지도자들로부터 예수를 주(Lord)로 선포하지 말라는 종용을 받았다. 그들은 종교 권위자들의 그런 명령에 복종하지 않았다. 그래도 종교 지도자들을 존경하는 태도는 잃지 않았다. 아무리 권세를 가진 자라도 우리로 하여금 부정행위를 하고, 도둑질하고, 거짓말하고, 죄를 범하도록 유도한다면, 우리는 먼저 살아 계신 하나님께 순종해야 한다. 그러나 권세에 저항해야 할 경우는 드문 것 같다. 나는 대부분의 경우에, 하나님께서 권세들을 사용하여 우리의 성품을 계발시키시고 선한 일에 합당한 자로 훈련시키시는 것을 본다.

사랑과 순종의 태도

　하나님의 관심사는 주님이 허락하신 권세들에게 우리가 사랑과 순종의 태도로 대하는가 하는 것이다. 그러나 오늘날 우리들은 하나님의 관심사 보다는 우리 자신의 관심사에 더 신경을 쓰고 있는 것 같다. 오늘날의 사람들은 자기 눈에 옳게 보이는 일에 주된 관심을 기울이며, 나름 대로 '자기 일에만 몰두'하고 있다.

고라는 구약의 제사장이었는데, 이스라엘의 250명의 다른 지도자들을 꼬드겨서 모세를 대적하는 반역을 도모하였다. 고라와 반역당원들은 모세와 아론이라는 권세에 사랑과 존중으로 호소하기보다는, 그들의 권위에 도전했다.

> 그들이 모세와 아론에게 대항하여 모여서 항의하였다. "당신들은 분에 넘치는 일을 하고 있소. 온 회중 각자가 다 거룩하고, 그들 가운데 주께서 계시는데, 어찌하여 당신들은 주의 회중 위에 군림하려 하오?"(민수기 16:3, 표준새번역)

고라와 그의 추종자들은 모세를 거슬러 반란을 일으켰다. 그들은 하나님의 백성을 이끌 지도자를 자신들이 직접 선택할 수 있다고 믿었다. 그러나 하나님은 한 가지를 분명히 해주셨다. 즉 하나님이 모든 것을 다스리신다는 것이다! 그 다음날 바닥이 갈라지고 땅이 입을 벌려 모반에 가담한 자들을 산채로 삼켜버렸다. 하나님은 권세에 저항하는 것을 싫어하신다.

사무엘상 25장에 보면, 아비가일이라는 여인이 다윗과 그의 군사들이 그녀의 남편과 일가족을 몰살시키러올지도 모른다는 걸 감지하는 장면이 나온다. 그래서 그녀는 다윗을 찾아가 호소했다. 그러자 다윗은 그녀에게 경의를 표시했다. 아비가일이 다윗의 권세에 호소하는 지혜로운 행동을 함으로 말미암아 그녀의 집안은 멸절(滅絶)을 면했으며, 다윗의 손으로 피를 흘려 죄를 범하게 하는 것도 예방하였다. "또 네 지혜를 칭찬할지며 또 네게 복이 있을지로다 오늘 내가 피를 흘릴 것과 친히 복수하는 것을 네가 막았느니라"(사무엘상 25:33).

내 친구 중 하나는 회사의 공문서에 서명하라는 요청을 받았는데, 읽어보니 진실을 왜곡하는 구절이 들어있는 걸 발견했다. 그는 기도하고 나서, 하나님께 먼저 순종하기로 결단했다. 그는 상관에게 호소하러 가기 전에 먼저 하나님께 지혜를 구하며, 회사가 진실을 왜곡하지 않고서도 원하는 바를 성취할 수 있는 비결을 보여 달라고 간구했다. 하나님은 그에게 좋은 아이디어를 주셨지만, 그래도 그는 최악의 경우에 해고당할 것도 각오했다.

그는 직장 상사에게 그 회사에서 일하게 된 것을 참으로 감사하게 생각한다고 먼저 말한 후에, 자신이 문서에 서명하지 못하는 까닭을 밝혔다. 그리고 자신이 서명하지 않으면 회사에 불편을 끼치고 급기야 자신이 퇴사당할 위험에까지 이를 것도 다 안다고 말했다. 그렇지만 거짓 증언을 하지 않음으로 하나님을 믿는 믿음을 지키고 싶다고 진실을 토로했다. 그러고는 회사가 원하는 것을 얻어내면서도 법적인 하자가 없는 수정안을 자신이 작성해 볼 것을 제안했다. 회사의 간부들은 그의 제안을 받아들였고, 그는 그 이후로 신망을 얻고 그 회사에서 총애를 받는 직원이 되었다.

위임된 권세라는 것을 이해하기

오래 전에 한 선교사가 선교지의 성인 주일학교에서 성경공부를 인도하고 있었는데, 그 날의 주제는 로마서 13장에 나타난 권세에 관한 것이었다. 그런데 그 자리에서 한 현지인 의사가 불쑥 일어서더니 "아니 그러면 우리 정부가 요구하는 대로 세금을 내야한다는 말씀이신가요?"

라고 반문했다. 요지는, 세금을 수거하는 시스템에 문제가 있다는 것이었다. 전 국민의 25퍼센트만이 세금을 내는데, 이것을 감지한 정부가 최근 세금을 4배로 올려서 부족한 세액을 충당하려한다고 그 의사는 주장했다. 그렇지만 그날 성경공부를 통해 그 의사는, 정부의 정책이 마음에 들지 않는다 하더라도 법으로 책정된 양만큼의 세금을 내야겠다는 결심을 하게 되었다. 그렇지만 그것으로 끝난 것이 아니다. 그 의사가 하나님 앞에서 세금 문제를 놓고 기도할 때에 하나님께서는 그에게 새로운 세금징수 방안을 허락하셨다. 그것은 정부의 세금수거 시스템에 새로운 변혁을 가져올 만한 아이디어였다. 그래서 그 의사는 그 새로운 방안을 시의 공무원들과 나누었다. 시의 관료들은 그 제안을 받아들였고, 그것을 시행한 결과 80퍼센트의 시민들이 세금을 내는데 까지 이르게 되었다. 그 제도는 결국 주에서도 채택되었고, 나중에는 나라 전체로까지 확산되어, 온 나라가 한 사람의 순종을 통해 재정문제가 해결되는 축복을 받게 되었다. 그러므로 독자들도 하나님의 말씀에 순종하는 것을 통해 과연 하나님이 어떤 기적을 베푸시는지 체험해보기 바란다.

일단 하나님이 위임하신 권세에 관해 제대로 이해하게 되면 많은 것들이 변하게 된다. 사도 바울은 하나님이 허락하신 권세를 분명히 이해했던 사람 중에 하나이다. 하나님께서 자신에게 권세를 위임하셨다는 것을 자각한 바울은, 또한 디모데에게도 주님의 권세를 위임해주며, 그를 고린도교회로 파송했다. "이로 말미암아 내가 주 안에서 내 사랑하고 신실한 아들 디모데를 너희에게 보내었으니 그가 너희로 하여금 그리스도 예수 안에서 나의 행사 곧 내가 각처 각 교회에서 가르치는 것을 생각나게 하리라"(고린도전서 4:17).

고린도에 편지를 쓰기 이전에 바울은(그 당시 그의 이름은 사울이었음)

다메섹 도상에서 큰 빛을 보고 거의 장님이 되었다. 주님은 그에게 도시로 들어가 아나니아라 불리는 사람으로부터 안수기도를 받도록 하셨다. 그 당시 바울은 "주님 저는 기둥처럼 여김을 받는 사도 베드로나 야고보에게 안수를 받고 싶습니다"라고 말하지 않았다. 바울은 그냥 주께서 시키시는 대로 순종했다. 그 결과 성령 충만하게 되었고 시력도 되찾았다. 그 당시 아나니아라는 인물은 아마도 기독교계에서는 '무명 인사'였을 지도 모른다. 그러나 바울과 아나니아는 둘 다 하나님의 위임된 권세를 이해했으며, 그들이 순종할 때에 하나님은 둘 다를 영예롭게 만들어 주셨다. 유사하게, 우리도 하나님이 위임하신 권세를 존중할 때에, 하나님도 우리를 존중하며, 우리의 요구에도 흔쾌히 응해주신다. 그렇다 보면 점차 성숙해져서, 결국은 우리도 하나님의 권세를 위임받는 자리에까지 이르게 된다.

복습문제

1. 권세에 복종하는 것과 좋은 믿음 사이에는 어떤 관련성이 있는가?

2. 하나님의 말씀이 당신을 어떻게 형성시키고 있다고 생각하는가? 혹시 말씀이 당신을 정 같은 것으로 쪼아서 새로운 모양으로 깎아내는 것처럼 느껴진다면, 그것은 구체적으로 무엇인가? 성령의 열매 중에 최근에 하나님께서 당신에게 특별히 주시려는 것은 무엇인가?

3. 권세에 복종한 후에 그것이 참된 하나님의 뜻이었음을 발견한 적이 있었는가?

4. 권위자가 잘못하고 있다고 판단되었을 때 겸손함과 간절함으로 호소한 결과가 어떠했나? 반대로 저항했을 때의 결과는 어떠했는가?

12장
책임지는 것의 축복

개인적인 책임성이란 무엇인가?

그리스도인의 타인에 대한 의무(accountability)란, 하나님께서 지시하실 때에, 다른 이의 삶에 관여하는 것을 의미한다. 물론 우리는 자신의 삶에 책임을 져야한다. 이는 예수님께 헌신하면서 하나님 앞에서 합당한 삶을 사는 것이다. 우리의 삶은 하나님의 말씀과 일치되어야한다. 그러나 그 후에는 동료 신자들의 삶에 대해서도 책임을 져야한다. 이는 특히 영적 리더들의 책임이다. 히브리서 13:17에는 "너희를 인도하는 자들에게 순종하고 복종하라 그들은 너희 영혼을 위하여 경성하기를 자신들이 '청산'할 자인 것 같이 하느니라 그들로 하여금 즐거움으로 이것을 하게하고 근심으로 하게 하지 말라 그렇지 않으면 너희에게 유익이 없느니라"는 말씀이 기록되어있다. 이 구절은 영적 리더들이 하나님 앞에서 평신도에 대하여 책임을 져야한다는 말씀이다.

많은 경우에 나는 주께서 나에게 맡기신 사명이라고 믿는 일들에 대하여 다른 이들에게 살펴봐주기를 부탁해왔다. 몇 해 전 나는 성경공부

반에서, 매일 기도하며 하나님의 말씀을 묵상하는 경건의 시간을 내가 잘 하는지 점검해 달라고 그룹원들에게 부탁했다. 그 후로 나는 매일 아침 7시에 확인전화를 받았다. 그렇게 내 인생을 책임져주려고 돕는 조원 덕분으로 나는 경건생활에서 승리하는 삶을 살게 되었다. 이렇게 개인적인 삶의 영역에서 지원이나 격려가 필요한 부분에 대하여 누군가 흔쾌한 마음으로 책임성 있게 도와주면 참으로 영적 성장이 잘 이루어진다.

그렇지만 남의 인생을 책임진다는 것이 타인에게 이래라 저래라 지시하는 것이 아니라는 점을 강조하고 싶다. '삶을 점검하며 책임져준다'는 것은 하나님께서 인생에 원하시는 바를 찾아서 그것을 이룰 수 있도록 서로 협조 관계를 형성한다는 것이다. 그렇지만 영적 리더들이 자신에게 부여된 영적 권위를 도에 넘게 사용할 경우는 영적 학대가 발생한다. 그러한 것은 성경적인 영적 책임이 아니다! 하나님께서 권세를 주신 목적은 그 권세를 사용하여 타인의 삶이 확고히 서도록 돕는데 있다. 영적으로 책임을 진다고 하면서 타인을 해방시켜 주기는커녕 교묘하게 타인을 조종하기만 한다면 이는 권세를 악용하는 것이다.

그리스도 앞에서의 책임성

앞서 언급했듯이 우리는 말만 그럴듯하게 하는 것이 아니라, 말하는 그대로 삶을 영위함으로 예수 그리스도 앞에서 책임지는 인생을 살아야 한다. 마가복음 6장에 보면 예수님의 제자들이 주님 앞에서 책임지는 삶으로 들어가는 모습이 나타난다. 주께서 그들을 훈련시키신 후에 사명을 감당하도록 파송한 것이다. 특히 7절에 둘씩 짝지어 보냄으로 피차 감시하고 격려하고 위로하고 하면서 서로에 대해 책임지도록 하신 것이

돋보인다. "열두 제자를 부르사 둘씩 둘씩 보내시며 더러운 귀신을 제어하는 권능을 주시고."

마가복음 6장 30절에는, 제자들이 맡겨진 사명을 감당한 후에, 자신들이 경험한 바를 예수님께 보고 드리는 장면이 나온다. 이것이 바로 책임을 지는 삶의 전형적인 모습이다. "사도들이 예수께 모여 자기들이 행한 것과 가르친 것을 낱낱이(보)고하니."

72인의 제자가 파송되었던 경우에도 동일한 일이 발생했다. 그들도 돌아와서는 책임을 잘 감당했는지에 관하여 보고했다. "이 일이 있은 뒤에 주께서는 달리 일흔두 사람을 세우셔서, 친히 가려고 하시는 각 성읍과 각 고장으로 둘씩둘씩 앞서 보내셨다… 일흔두 사람이 기쁨에 넘쳐 돌아와 보고하기를 '주님, 주님의 이름을 대면, 귀신들까지도 우리에게 복종합니다' 하였다."(누가복음 10:1, 17, 표준새번역)

주님께서 직접 파송하신 초대교회의 제자들이 맡겨진 사명에 대하여 책임져야만 했다면, 오늘날 우리들은 더 많은 책임추궁을 당하지 않을까! 그리스도인들은 그들의 소망을 주께 두고 마음 속 깊이 새기는 만큼, 그분의 말씀에 순종하면서 책임지는 삶을 살아야할 것이다(시편 119편 74절과 11절 참조).

서로의 삶을 돌아보며 피차 책임져주기

모든 사람은 이따금 반드시 극복해내야만 하는 영적 전투에 직면하게 된다. 그럴 때마다 다른 이들의 도움이 있으면 극복해내기가 수월해지는 것을 경험한다. 타인에 대한 책임은, 타인을 진정으로 사랑하기에, 수시로 영적 진보를 점검해주고, 하나님이 원하시는 길로 똑바로 갈 수 있도록 도와주는 것이다. 예컨대 바울은 로마의 그리스도인들에게 그들이 이미 다 아는 사실도 상기시키며 신앙을 점검해 주었다. 신앙의 기본을 거듭 확인하며, 피차 사랑 가운데 붙들어주고 돌봐 줌으로써 서로를 책임지는 생활에 귀감을 보이려는 것이었다. 바울은 그런 방식으로 잘못도 교정해주면서 신도들을 영적으로 격려했다. "나의 형제자매 여러분, 나는, 여러분 마음에 선함이 가득하고, 온갖 지식이 넘쳐서, 서로 권면(admonish)할 능력이 있음을 확신합니다"(로마서 15:14, 표준새번역).

웹스터 영어 사전에서는 "권면하다"(admonish)라는 단어를 다음과 같이 정의하고 있다. "경고를 표현하거나, 부드럽고 솔직하고 세심히 배려하는 태도로 불찬성하다; 혹은 우호적이고 진솔한 태도로 충고해주거나, 격려하며 용기를 북돋아주다." 우리 모두는 권면해주며 바른 길로 계속 정진하도록 밀어줄 이들이 주변에 필요하다. 그러나 좋은 조언이나 도움의 손길은 많은 경우에 저절로 찾아오지 않는다. 그렇기에 주변의 성도들에게, 겸손한 자세로, 부탁해야한다. "하나님은 교만한 자를 대적하시되 겸손한 자들에게는 은혜를 주시느니라"(베드로전서 5:5). 그리스도인으로 바른 삶을 살기 위해, 타인에게 나의 삶을 간섭하고, 점검하고, 격려하고, 조언해줄 것을 부탁하는 것은 참으로 용기를 필요로 하는 일이다. 그렇지만 하나님은 겸손한 자에게 은혜를 허락하시고, 특히 타인에게 자신의 삶을 담대히 열어 보이는 자들을 크게 축복해주신다.

한번은 기독교 지도자들의 한 무리와 함께 기도로 며칠을 보낸 후에, 한 기독교 리더에게 나의 영적 진보를 개인적으로 확인해 줄 것을 부탁했던 적이 있다. 그는 나의 제안을 받아들였고 나에게도 역시 자기의 삶을 점검해 줄 것을 부탁했다. 다른 이들에게 자신의 삶을 드러내 보이며 점검하도록 허락하면 '투명성' 가운데 우리는 많은 자유를 누릴 수 있게 된다. 그뿐만 아니라 유혹에 빠지지 않도록 보호받는 길도 열린다. 마귀는 어두움 가운데 머물고 있다. 그래서 마귀는 신자를 타인으로부터 고립시키려 책동한다. 그러나 신도들을 향한 예수님의 뜻은, 개방성의 빛 가운데로 걸어가며 서로 책임지는 삶을 영위하게 하는 것이다.

유혹 가운데에서 굳게 세워주기

많은 경우에 그리스도인들은 영적으로 성장하다가도, 침체되어 제자리 걸음을 하게 된다. 아니면 유혹의 덫에 걸려 죄에 빠지는 경우도 발생한다. 그렇기에 우리 모두에게는 주변에 돌봐줄 영적 친구들이 필요하다. 그들이 잘 살펴봐주면 하나님을 향한 불길이 꺼지지 않을 뿐만 아니라 유혹을 받더라도 거뜬히 물리칠 수 있다. "사람이 감당할 시험밖에는 너희가 당한 것이 없나니 오직 하나님은 미쁘사 너희가 감당하지 못할 시험 당함을 허락하지 아니하시고 시험 당할 즈음에 또한 피할 길을 내사 너희로 능히 감당하게 하시느니라"(고린도전서 10:13).

성숙하게 되려면, 신앙의 몸부림이나 인격의 부족함을 솔직히 털어놓는 걸 두려워하지 말아야한다. 그렇게 피차 솔직히 개방하면, 인생의 특정한 시련이 나만 혼자 겪는 어려움이 아니라는 사실을 발견하게 될 것이다. 어떤 특정한 문제가 나만의 문제가 아니라는 사실을 알게 되면 자신의 나약함을 더욱 솔직히 고백할 수 있게 되고, 그러면 치유가 훨씬 수월해진다. "그러므로 너희 죄를 서로 고백하며 병이 낫기를 위하여 서로 기도하라 의인의 간구는 역사하는 힘이 큼이니라"(야고보서 5:16).

주님께서 삶을 함께 나누라고 당신의 인생에 붙여주신 성도들은 과연 누구인가? 그런 사람이 당신 주위에 있다면, 당신의 삶을 늘 점검해줄 것을 그들에게 진지하게 부탁하라. 아마 당신은 재정관리에서 더 많은 책임성을 보여야할지도 모른다. 아니면 부부생활에서의 책임감이 막중한 경우도 있을 것이다. 그러면 그들에게 솔직히 털어놓고, 당신에게 충고와 격려와 보살핌을 아끼지 말 것을 부탁하라.

만일 체중감량이 당신의 목표라면, 당신에게는 식사습관과 매일의 운동량을 확인해 줄 사람이 필요하다. 나는 자신이 일생동안 9,000 킬로그램의 살의 뺐다는 사람을 만나본 적이 있다. 어떻게 그런 일이 있을 수 있느냐고 문의했더니, 살을 빼고 다시 살이 오르고, 또 살을 빼고 다시 살이 오르고 하는 것을 일생 반복하다보니 그렇게 되었다는 것이다. 물론 농담 반 진담 반의 이야기지만, 그의 삶에 개입하여 함께 책임질 누군가가 필요한 것이 분명했다. 다른 이의 삶을 책임지는 것은 남의 삶에 쓸데없이 간섭하는 것이 아니다. 다른 성도가 나의 삶을 계속 점검해주면 나는 도리어 자유롭게 된다! 왜냐하면 성숙함과 승리로 나아갈 수 있도록 끊임없이 용기를 북돋아 주기 때문이다.

우리 주변에 나의 삶을 점검해 주는 이가 있으면, 주님과의 관계가 느슨해지는 것을 깨닫게 되고, 영적 나태함으로 꼬꾸라지지 않고, 유혹이 다가올 때 '피할 길'도 마련된다. 그렇기에 성경의 히브리서 3:13은 "오직 오늘이라 일컫는 동안에 매일 피차 권면하여 너희 중에 누구든지 죄의 유혹으로 완고하게 되지 않도록 하라"고 말씀하시는 것이다.

"맹점"도 볼 수 있도록 해주기

자동차를 운전하는 사람이라면 후진할 때, 차선을 바꿀 때, 그리고 회전할 때, 전혀 물체를 감지할 수 없는 '맹점'이라는 것을 경험할 것이다. 그 사각지대 안에 들어 있는 물체는 잠재적으로 사고를 유발시킬 가능성을 내포하고 있다.

동일하게, 우리들의 인생에도 자신은 정확하게 볼 수 없지만 타인은 잘 들여다볼 수 있는 사각지대가 있다. 그렇기에 모든 인간에게는 타인의 도움이 필요한 것이다. 특히 그들이 헌신된 그리스도인이라면 책임지고 잘 보살펴 줄 수 있다. 일터에는 감독과 일꾼의 관계가 있다. 가정에는 부모와 자식 그리고 부부의 관계가 있다. 그들은 늘 서로를 지켜본다. 피차의 삶에 서로 책임져주면 삶은 향상된다. 교회도 마찬가지이다. 성도는 리더의 삶을 책임져야하고, 리더는 성도의 삶을 책임져야한다. 잠언 11:14는 "참모가 많으면 평안을 누린다"(표준새번역)고 한다. 참모는 바른 말로 조언해주는 사람이다. 한번은 내 친구 중 하나가 나에게 이런 말을 해 주었다. "비판하는 사람의 주장으로부터도 배울 것이 있어. 항상 좋은 말만 해주는 친구가 절대로 해주지 않을 말을 해주기 때문이지." 참으로 새겨들을 만한 조언이었다.

 타인에게 조언을 해줄 때 반드시 기억해야만 하는 것이 한 가지 있다. 그들의 태도나 의견을 판단하지 말라는 것이다. 단지 필요한 것은 그들의 삶에서 주님을 기쁘게 해드리지 못할 것이 발견되면 그것을 말해주는 것뿐이다. 그것도 나무라는 게 아니라 그들을 격려하는 분위기로 조언해야한다. 조언해주는 사람은 그 조언하는 "말"에 대하여 주님 앞에서 책임을 져야하기 때문이다. "내가 너희에게 말한다. 사람들은 심판 날에 자기가 말한 온갖 쓸데없는 말을 해명해야 할 것이다. 너는 네가 한 말로, 무죄 선고를 받기도 하고, 유죄 선고를 받기도 할 것이다"(마태복음 12:37-37, 표준새번역).

 살아가면서 어느 순간 나는 주님과 아주 친밀하게 지내고 싶은 열망을 가지게 되었다. 그래서 나는 그런 영적 필요를 나의 소그룹에 속한 한 분에게 털어놓았다. 반드시 이루고 싶은 목표가 있었기에, 그 목표에 도달하도록 그 소그룹의 일원이 나의 영적 진보를 "정기적으로 점검"해주며 계속 격려해주기를 부탁했다.

조금 색다른 종류의 돌봄이기는 하지만, 마태복음 18장에 보면 교회 안에서 다른 이의 삶을 책임지는 이야기가 나온다. 이는 "그리스도인이라고 고백하는 형제나 자매가 개인적으로 우리에게 죄를 지었을 때, 그들의 죄에 대하여 우리는 어떤 책임을 져야할 것인가?"에 관계된 이야기다. 성경은 제3자를 찾아가 말하라고 하지 않는다. 일단은 먼저 그 상처를 준 사람을 직접 찾아가 사랑으로 상대할 것을 지시한다. 만일 그 사람이 말을 듣지 않으면 두 세 증인을 대동하고 가서 말마다 확증하라고 한다(마태복음 18:15-17 참조). 이 모든 과정의 목표는 깨어진 관계를 회복시키고 마음의 상처를 치유하는 것이다.

다른 이의 삶을 점검하는 일의 목표는 오직 사랑과 겸손함으로 다가가 권고하여, 그가 그리스도의 사랑을 재확인하고 그리스도를 닮은 사람으로 성숙해 가게 하는 것이다.

소그룹에서 서로를 돌봄

주님은 성도들이 서로 교제하지 않고 혼자 따로 떨어져 살도록 부르지 않으셨다. 그러므로 예수 그리스도를 믿으며 매일을 사는 것은 신도들이 함께 모이고 피차 격려하는 활동을 반드시 필요로 한다.

> 서로 돌아보아 사랑과 선행을 격려하며 모이기를 폐하는 어떤 사람들의 습관과 같이 하지 말고 오직 권하여 그 날이 가까움을 볼수록 더욱 그리하자
> (히브리서 10:24-25)

혹시 그들이 넘어지면 하나가 그 동무를 붙들어 일으키려니와 홀로 있어 넘

어지고 붙들어 일으킬 자가 없는 자에게는 화가 있으리라(전도서 4:10)

동료 신자들은 주께서 명령하신 것들을 책임감 있게 이행하도록 우리를 도와줄 수 있다. 그러한 영적 작업은 특히 주일날 모이는 성경공부반, 주중에 모이는 소그룹, 가정교회, 혹은 청소년 그룹에서 가장 효과적으로 실행될 수 있다. 대그룹이 모여 함께 예배를 드리는 곳에서는 피차 깊이 돌보는 일이 발생할 수 없다. 그러나 소그룹 안에서는 서로의 아픔과 고투를 나누며 문제와 유혹을 극복할 수 있는 도움을 주고받을 수 있다.

소그룹 안에서는 하나님의 일을 하기에 합당한 사람으로 훈련받고 영적으로 무장되기가 용이하다. 다른 사람의 지원 없이 혼자의 힘으로 그리스도인의 삶을 성공적으로 살려는 시도는 하지 않는 것이 좋다. 무리하게 혼자 하다보면 너무 골치가 아픈 나머지 빨리 포기하게 된다. 그러나 소그룹에서 서로의 삶을 돌아보고 책임져주는 비법을 터득하고 실제적으로 삶에 적용하다보면, 하나님의 뜻을 이루기가 훨씬 수월해지는 것을 체험하게 될 것이다.

궁극적인 권세는 예수님에게 있다

우리들의 궁극적인 권세는 예수님으로부터 나오는 것이지 사람들로부터 나오는 것이 아니다. 예수님은 우리에게 승리하는 삶을 살 권세를 부여하셨다. "내가 너희에게 뱀과 전갈을 밟으며 원수의 모든 능력을 제어할 권능을 주었으니 너희를 해칠 자가 결코 없으리라. 보아라, 내가 너희에게 뱀과 전갈을 밟고, 원수의 모든 세력을 누를 권세를 주었으니, 아무 것도 너희를 해치지 못할 것이다"(누가복음 10:19, 표준새번역).

그리스도인에게 권세를 부여하시는 분은 오직 예수 그리스도이시다. 물론 현실에서 우리는 지상의 권세들에게 복종하며 살아가지만, 예수님은 또한 모든 그리스도인들에게 권세를 허락하셨다. 예수 그리스도의 권세로 말미암아 모든 믿는 자들은 사단-마귀를 짓밟을 권세를 가지게 되었다는 말이다. 우리가 주님을 알고 주님과의 친밀한 사귐을 유지하는 한, 우리는 주님의 말씀의 권세를 사용할 수 있다.

예수님께서 말씀하시면 모든 만물이 그의 말씀을 듣는다. 우리가 주께 가까이 다가가면, 우리도 예수 그리스도의 권세로 말할 수 있게 된다. "예수께서 이 말씀을 마치시매 무리들이 그의 가르치심에 놀라니 이는 그 가르치시는 것이 권위 있는 자와 같고 그들의 서기관들과 같지 아니함일러라"(마태복음 7:28s-29).

요약하자면, 하나님은 이 시대에 주님을 경외하는 일들을 회복시키고 계시다. 특히 주님은 그 분이 허락한 권세들에게 복종하는 삶을 회복시키신다. 권세에 복종하는 삶을 통해 주님은 신앙의 원리를 습득하게 하신다. 즉 주님은 위임된 권세를 통해 그리스도의 형상을 닮아가도록 우리 안에 신앙의 틀을 만드시고, 균형 잡힌 삶으로 이끄시고, 인격을 다듬어 가신다. 그리고 주님은 그러한 권세를 정부, 일터, 가정, 지역사회, 교회에 주셔서 우리를 훈련시키신다.

주께서 현실에 있는 권세들에게 복종하는 것을 훈련시키시는 이유는 궁극적인 권세가 하나님께 있다는 것을 깨닫게 하기 위해서이다. 그러므로 하나님의 뜻에 반대하는 지상의 권세에 굴복할 의무가 그리스도인들에게는 없다(사도행전 5:29 참조). 어떠한 종류의 권세라도 하나님보다 더 높이 올라갈 수는 없기 때문이다. 그리스도인은 사람의 권세보다는 하나님의 권세를 따른다. 그러므로 지상의 권세가 우리로 죄를 범하게 강요한다면, 우리는 일단 기도하고 나서 간곡히 호소하여야한다.

주께서 당신의 삶에 허락하신 권세들은 무엇인가? 현재 누가 당신을 돌봐주고 훈계하고 있는가? 권세와 훈육에 관한 올바른 관점을 형성하면, 안전과 자유로 나아갈 수 있는 놀라운 길이 열린다. 주께서는 우리의 삶에 권세들과 돌아보는 자들을 배치하실 만큼 우리를 사랑하신다는 걸 깨닫자. 주께서 우리를 보호하시고 멋진 그리스도인으로 주조하실 계획을 가지고 계심에 감사하자. 주변에 우리에게 충고해주고 격려해주는 그리스도인들이 있다는 것이 엄청난 축복임을 인정하자. 고독한 그리스도인으로 살아갈 필요는 없다. 나는 당신이 예수님의 사랑의 권세, 그리고 특히 당신의 삶을 진심으로 돌보는 사람들의 충고를 통해 엄청난 축복을 경험하기를 축원한다.

복습문제

1. 누군가 책임성 있게 당신을 "계속 점검해주는" 사람이 당신 주변에 있는가? 인생에서 경험한 '타인을 책임져주는 일'에 대하여 나누어보아라.

2. 누군가 타인에게 당신을 지켜봐달라고 부탁해본 적이 있는가? "나를 지켜보다가 혹시 내가 잘못하면 고쳐주세요"라는 겸손한 자세를 취했을 때 어떤 일이 발생했나? 당신이 유혹에 빠질 위험에 처했을 때 주변에서 도움을 주는 사람이 있었는가?

3. 타인이 하나님 앞에서 바로 살도록 남을 돌봐준 경험이 있는가?

4. 히브리서 10:24-25에 의하면 믿음 안에서 타인과의 관계가 왜 중요하다고 하는가?

제4부

재정에 관한 하나님의 관점

이 세상에 하나님의 것이 아닌 것은 '아무 것'도 없다.
그러므로 그리스도인이라면 자기 재산 전부에 대한
하나님의 소유권을 인정해야 할 것이다.

13장
우리는 하나님의 돈을 관리하는 자들이다

하나님은 즐거이 내는 자를 좋아하신다

하나님은 재정적으로 신도들을 축복하기 원하신다! 요한복음 3:16에 하나님은 '주시는 분'으로 나타나 있다. "하나님이 세상을 이처럼 사랑하사 독생자를 주셨으니." 하나님은 이미 구약에서도 자신을 공급자로 계시하셨다. 창세기 17:1에 보면 "아브람이 구십구 세 때에 여호와께서 아브람에게 나타나서 그에게 이르시되 나는 전능한 하나님이라 너는 내 앞에서 행하여 완전하라"는 말씀이 나온다. 여기에서 '전능하신 하나님'으로 번역된 히브리어는 '엘-샤다이'(El-Shaddai)인데, 이는 원래 관대하고 풍부한 능력을 표현하는 단어이다.(샤다이는 히브리어 '샤드'(Shad)에서 파생된 말인데, 샤드(Shad)는 '가슴'(the breat), 더 정확히 표현하면 '여인의 젖가슴'(woman's breast)을 뜻하는 말이다. 그러므로 샤다이는 '부어주는' 혹은 '내어 주는'으로 영육의 축복을 뜻한다. 옮긴이). 엘 샤다이의 하나님은 아브라함의 모든 필요를 채워주셨을 뿐만 아니라, 아브라함이 자기 민족을 축복하도록 차고 넘치게 부어주셨다. 그러므로 우리가 믿는 하나님은 우리의 모든 필요를 충족시켜주실 뿐만 아니라, 다른 이들의 필요도 채워주도록 우리에게 풍성히 베풀어주시는 분이시다.

많은 사람들이 기독교적인 재정관에 대해 오해하고 있는 것 같다. 그들은 의무감 내지는 도덕적 책무라는 측면에서 헌금도 하고 구제도 한다. 그러나 헌금이나 구제는 오직 하나님의 은혜 안에서 믿음으로 해야 한다.

> 그들은 큰 환난의 시련을 겪으면서도 기쁨이 넘치고, 극심한 가난에 쪼들리면서도 넉넉한 마음으로 남에게 베풀었습니다. 내가 증언합니다. 그들은, 힘이 닿는 대로 구제하였을 뿐만 아니라, 오히려 힘에 지나도록 자원해서 하였습니다. (고린도후서 8:2-3, 표준새번역)

아까워하며 못마땅한 마음으로 드린다든지 강요를 당해서 억지로 낸다든지 하는 일은 절대로 하면 안 된다. "각각 그 마음에 정한 대로 할 것이요 인색함으로나 억지로 하지 말지니 하나님은 즐겨 내는 자를 사랑하시느니라"(고린도후서 9:7). 나의 그리스도인 친구 중 한 사람은 그의 불신자 친구에게 교회에 출석해 볼 것을 권유했다. 그 권유에 응한 비그리스도인 친구는 그 주일에 교회의 예배에 참석했다. 그런데 그날 아침의 주일예배는 교회의 오르간 구입을 위한 특별예배로 드린다는 사실을 모르고 갔다. 그날은 예배 시종 내내 오르간 구입에 관한 설교와 광고만 하다가, 결국 나머지 시간은 1000불, 500불, 그리고 100불 3가지 중 각자 한 가지를 선택하는 특별헌금 작정에 온 예배시간을 허비했다. 그런데 그날 난생 처음으로 기독교 예배에 참석했던 비그리스도인 친구는 오해를 하여 더 이상 예배에 참석하지 않겠다고 했다!

성경은 사실 돈과 재물에 관한 많은 말씀을 내포하고 있다. 예수님께서 말씀하신 서른 여덟개의 비유 중에 열여섯가지는 돈(재화)을 언급한다. 신약 성서에는 열구절에 한구절 꼴로 재물에 관한 이야기가 나온다. 성경에 기도를 언급한 구절은 500개이고, 믿음을 다룬 구절은 500개 이하이지만, 돈이나 재물을 주제로 삼고 있는 구절은 무려 2,000개가 넘는다. 그만큼 금전(재산)에 관한 신자의 태도가 하나님께 대한 그의 신앙을 나타내 보인다는 뜻이다.

하나님은 오늘날 그리스도의 몸에서 특히 재정에 관한 건전하고도 경건한 이해를 회복시키길 원하신다.

우리는 단지 관리인일 따름이다

가장 중요한 것은 우리가 가진 모든 것의 최종 소유주가 하나님이라는 사실을 인정하는 것이다. 우리들은 단지 소유한 재물을 관리하는 청지기일 뿐이다. 모든 것의 주인이신 하나님께서 우리를 관리인으로 세우셨다는 말이다.

사람이 마땅히 우리를 그리스도의 일꾼이요 하나님의 비밀을 맡은 자로 여길지어다 그리고 맡은 자들에게 구할 것은 충성이니라… 누가 너를 남달리 구별하였느냐 네게 있는 것 중에 받지 아니한 것이 무엇이냐(고린도전서 4:1-2,7)

내 아내인 라 베르네와 내가 선교사로 사역할 당시 우리들은 한 때 베이스 캠프에서 선교사님들을 위한 식료품과 물품을 구입하는 책임을 맡은 적이 있다. 그 당시 우리는 큰 금액의 돈을 만지기는 했으나, 그 돈은 우리 개인의 돈이 아니라 선교회의 돈이었다.

그런 경험을 바탕으로 나는 케냐의 나이로비에서 하나님의 재산을 관리하는 청지기직에 관해 강의를 한 적이 있다. 그러자 청중 중에 한 여인이 큰 은혜를 받았다고 하면서 나에게 이런 말을 해 주었다. 그녀는 은행창구에서 일하는 직원인데 매일 엄청난 금액의 돈을 취급한다는 것이다. 그렇지만 그 돈은 그녀의 사유재산이 아니라 은행돈이라는 사실을 한 순간도 망각해서는 안 된다고 했다.

우리는 하나님의 재산을 관리하는 사람들이다. 현실적으로, 내 지갑 안에 있는 돈은 내 돈이 아니라 하나님의 돈이다. 많은 그리스도인들이 수입의 10퍼센트는 하나님의 몫이고 나머지 90퍼센트는 온전히 자기의 소유라고 믿는다. 그래서 자기 마음대로 사용해도 된다고 생각한다. 그러나 그것은 그릇된 생각이다. 이 세상에 하나님의 것이 아닌 것은 '아무 것'도 없다. 그러므로 그리스도인이라면 자기 재산 전부에 대한 하나님의 소유권을 인정해야할 것이다.

> 천지에 있는 것이 다 주의 것이로소이다 여호와여 주권도 주께 속하였사오니 주는 높으사 만물의 머리이심이니이다 부와 귀가 주께로 말미암고 (역대상 29:11-12)

> 은도 내 것이요 금도 내 것이니라 만군의 여호와의 말이니라 (학개 2:8)

> 이는 삼림의 짐승들과 뭇 산의 가축이 다 내 것이며 (시편 50:10)

라 베르네와 내가 선교사로 사역할 적에, 나는 선교회 소유의 승합차를 내 차처럼 몰고 다닌 적이 있다. 그런데 어느 순간 그 자동차는 내 개인 소유가 아니라는 생각이 뇌리를 스쳐 지나갔다. 그리고 궁극적으로 그 승합차는 하나님의 것이라는 생각도 들었다. 타인의 소유물을 관리해보는 경험은 참으로 좋은 경험이었다. 왜냐하면 우리에게 허락하신 하나님의 재산을 책임감을 가지고 관리하는 것과 유사하기 때문이다. 하나님은 그분의 재산을 제대로 관리할 책임을 우리에게 부가하셨다. 모든 재산은 하나님의 것이다. 그러므로 우리는 이제 소유권자처럼 행동하지 말고 관리인처럼 행동해야한다.

하나님과 재물을 동시에 섬길 수는 없다

하나님께서는 우리의 재물을 다루는 능력과 영적인 것을 다루는 능력을 연관시켜 생각하신다는 사실을 아는가? 예수님께서는 그런 영적 원리에 관하여 놀라운 말씀을 주셨다.

너희가 만일 불의한 재물에도 충성하지 아니하면 누가 참된 것으로 너희에게 맡기겠느냐 너희가 만일 남의 것에 충성하지 아니하면 누가 너희의 것을 너희에게 주겠느냐 집 하인이 두 주인을 섬길 수 없나니 혹 이를 미워하고 저를 사랑하거나 혹 이를 중히 여기고 저를 경히 여길 것임이니라 너희는 하나님과 재물을 겸하여 섬길 수 없느니라 (누가복음 16: 10-13)

사실 영의 세계에서 돈이라는 건 "별 것이 아니다." 즉 가치가 미미하다는 것이다. 그러나 지극히 '작은 것'(재물)에 충성하면 '큰 것'(영적 가치)도 맡기신다. 예수님의 교훈은, 지극히 작은 것(세상의 재물)을 사용하는 일에도 믿음직하지 못하게 행동하는 사람이 어떻게 큰 일(영적인 일)

을 하겠느냐는 말씀이다. 예수님께서는 하나님과 물질만능주의라는 두 주인을 동시에 섬길 수 없다고 단호하게 말씀하셨다. 전혀 다른 두 주인에게 충성을 맹세하는 일은 불가능하다.

현대에는 부자들도 많고 또 미국은 현재 풍요를 누리며 살고 있다. 그렇기에 현대인들은 풍부한 삶으로부터 오는 거짓된 안정감으로 위장하기 십상이다. 그리스도인이 지나치게 재물에 매달려 있으면 안 된다. 왜냐하면 재물에는 속이는 습성이 있으며 또한 마음의 충성을 요구하는 성질도 있기 때문이다. 재물을 다루는 것을 보면 마음의 중심이 어디에 있는지 드러나는 경우가 종종 있다. 주님은 성도들의 재물사용 습관을 눈여겨보신다. 왜냐하면 재물을 잘 사용하는 사람들에게는 믿고 영적인 일들도 맡길 수 있기 때문이다.

그리스도인은 재정의 축복을 기대해야한다

하나님께서 창조하실 때에 위험부담을 안고 모험하시는 모습을 보면서 나는 늘 놀라움을 금치 못한다. 하나님은 천사를 창조하시며 모험을 감행하셨다. 천사장인 루시퍼(사탄)는 하나님보다 자신을 더 높이려 하였기에, 주님은 결국 그를 천상으로부터 쫓아내야만 했다(이사야 14:12-17 참조). 그런데 하나님은 인간을 창조하시며 또다시 자유의지를 허락하심으로 위험을 감수하셨다.

우리들을 재정적으로 축복하실 때마다 하나님은 모험을 하신다는 사실을 당신은 아는가? 당신과 나에게 재산을 맡기고 선한 청지기(관리인)가 되라고 하실 때마다, 하나님은 모험을 감행하시는 것이다. 왜냐하면 하나님을 섬기는 대신 재물을 섬길 가능성이 열리기 때문이다. 하나님은 한때 그 분의 언약이 실현된다는 것을 보여주려고 이스라엘을 재정적으로 크게 축복한 적이 있다. "네 하나님 여호와를 기억하라 그가 네게 재물 얻을 능력을 주셨음이라"(신명기 8:8). 그러므로 그리스도인들도 하나님으로부터 재물 얻을 능력과 더불어 재정적인 풍요를 기대해도 좋다. 하나님은 우리가 풍성해 지기를 원하신다.

그렇지만 풍성한 재물을 획득했을 때 주님은 그 재물의 진짜 주인인 하나님을 잊지 말라고 신신당부하신다. 인간에게는 재물을 자신의 신으로 섬기는 경향성이 있다는 점을 예수님은 꿰뚫고 있다. 그리스도인은 특히 소유가 넉넉한 데에 생명이나 행복이 있지 않음을 명심해야한다. "삼가 모든 탐심을 물리치라 사람의 생명이 그 소유의 넉넉한 데 있지 아니하니라"(누가복음 12:15).

십계명의 첫째 계명에서 주님은 '하나님 외에 다른 신들을 두지 말라'고 하셨나(출애굽기 20:3 참조). 그리고 마지막 계명에서 "네 이웃의 소유를 탐내지 말라"고 하셨다(출애굽기 20:17참조). "탐낸다"는 말은 "다른 사람에게 속한 것을 과도하게 열망한다"는 뜻이다. 예컨대 다른 이에게 임한 재정적인 축복을 지나치게 탐내면 그것은 하나님보다 재물을 더 앞세운다는 증거가 될 것이다. 물질적인 소유는 인간에게 진정한 생명을 공급하지 못한다. 영원한 생명은 오직 예수 그리스도와의 참된 관계로부터 흘러나온다. 그러므로 그리스도인은 물질적인 풍요가 하늘로부터의 부르심을 희미하게 여기지 않도록 늘 영적으로 깨어있어야 한다.

부자가 되는 것과 가난하게 되는 것 중에 어느 것이 더 바람직한가?

신앙적인 물질관에 봉착하면 그리스도인들은 두 갈래로 갈라지는 양상을 보인다. 한 부류는 그리스도인이 가난하게 사는 것이 마땅하다고 주장하는 반면, 다른 부류는 그리스도인이 물질적으로 부유하게 되어야한다는 관점을 견지한다.

모든 그리스도인은 다 부자가 되어야만 한다는 신자들은 물질적인 넉넉함을 하나님의 축복에 대한 분명한 증거로 받아들인다. 그러나 돈벌이가 잘 되는 것과 하나님의 축복 사이에는 늘 긍정적인 상관관계가 성립되는 것이 아니다. 물론 믿는 자들을 재정적으로 축복해주기 원하는 것이 하나님의 마음이지만, 부자가 됐다고 모두 하나님의 축복으로 그렇게 되었다고 할 수는 없기 때문이다. "사랑하는 자여 네 영혼이 잘됨 같이 네가 범사에 잘되고 강건하기를 내가 간구하노라"(요한3서 1:2).

바리새인들이 믿었던 대로, 엄청난 재물을 얻는 것마다 무조건 하나님이 호의를 베풀어주신 것으로 받아들인다면, 우리는 빈곤한 이들을 영적으로 무시하게 될 것이다. 왜냐하면 궁핍하게 사는 건 하나님의 사랑을 받지 못해서 그렇게 되었다는 판단에 빠지기 때문이다. 부자 바리새인들은 청빈했던 예수님을 깔보았다(누가복음 16:14 참조). 사실 서머나 교회의 성도들은 경제적으로 극빈한 상태에 있었으나 예수님은 그들을 영적으로 부요한 자들이라고 말씀하셨다(요한계시록 2:8-10). 물론 하나님은 신도들이 재정을 포함하여 모든 방면에서 형통하길 바라신다. 그렇지만 재정적인 부요가 반드시 하나님으로부터 축복을 받았다는 증거가 되는 것은 아니다. 라오디게아 교회의 성도들이 그 대표적인 예이다. 그들은 물질적으로는 부요했으나 영적으로는 가난한 자들이었다(요한계시록 3:17 참조).

반면에, 많은 그리스도인들이 재물을 사심 없이 기부함으로 하나님으로부터 엄청난 축복을 받고 있다. 욥은 거부였으나 그의 재물로 우상을 삼지 않은 경건한 자였다(욥기 1장 참조). 아브라함도 역시 거부였으나 경건한 사람이었다(창세기 13:2 참조). 예수님을 만나기 전에 삭개오는 부자 세리장이었다(누가복음 19:2 참조). 아마도 그는 하나님보다 재물에 더 많은 신뢰를 두고 살아가던 사람이었을 것이다. 그런데 그는 예수님을 만난 후로 변하여, 재산의 절반을 가난한 자들에게 줄뿐만 아니라 만일 누구의 것을 속여 빼앗은 것이 있다면 4배로 갚겠다고 선언하였다(누가복음 19:8 참조).

그런가 하면, 돈의 유혹하는 힘을 절실히 깨달은 그리스도인들 중에는 가난하게 사는 것이 신앙 성숙의 표지라는 관점을 피력하는 사람들도 있다. 그들은 돈의 파괴적인 힘에 대한 두려움을 가진 사람들이다. 이들은 인간을 부패시키는 돈의 영향력을 과대평가한 나머지 돈에 속박되는 것을 원천 봉쇄하려고 한다. 개중에 어떤 이들은 교회에서 발생한 재정적인 부패에 깊은 상처를 받고, 아예 부(富) 자체를 악한 영향력을 끼치는 것으로 여기고 거부한다.

위의 팽팽하게 맞선 두 가지 상반된 관점을 놓고 나는 이렇게 판단한다. 나는 예수님께서 재물 그 자체를 옹호하지도 거부하지도 않으셨다고 믿는다. 돈 그 자체에는 도덕적인 면이 없다. 문제는 우리가 그 돈을 가지고 어떻게 사용하느냐에 따라 선하게 되기도 하고 악하게 되기도 한다는 것이다. 즉 재물에 대한 태도가 중요하다. 돈은 오만가지 악의 근원이 아니다. 성경에서 주님은 돈을 사랑함이라는 유혹에 빠지는 것을 조심하라고 경고하셨을 뿐이다. "돈을 사랑함이 일만 악의 뿌리가 되나니 이것을 탐내는 자들은 미혹을 받아 믿음에서 떠나 많은 근심으로써 자기를 찔렀도다"(디모데전서 6:10).

돈이 많든 적든 상관없이 인간은 돈을 사랑할 수 있다. 우리의 애정을 어디에다 두느냐 하는 것이 중요하다는 말이다. 부유하건 가난하건, 일단 돈을 지나치게 좋아하기 시작하면, 탐욕의 구렁텅이에 빠지고, 결국 나와 내 주변 사람들의 인생이 고통스럽게 된다.

구제는 물질만능주의로부터 우리를 보호해준다

물론 하나님은 물질적으로 풍요롭게 부어주시기를 원하시지만, 거기에만 우리의 초점이 머물러서는 안 된다. "부하려 하는 자들은 시험과 올무와 여러 가지 어리석고 해로운 욕심에 떨어지나니 곧 사람으로 파멸과 멸망에 빠지게 하는 것이라"(디모데전서 6:9).

밤낮없이 늘 돈(money) 생각에만 몰두하며 사는 것은 하나님의 뜻이 아니다. 뇌리를 사로잡고 떠나지 않는 것이 하나님의 영광이 아니라 돈일 때에 그것을 물질만능주의라고 한다. 우리들의 주된 관심사는 하나님의 나라여야지 돈이 되어서는 안 된다. 물론 하나님의 나라를 전파하려면 돈이 필요한 것도 사실이다. 그러나 돈에 늘 마음이 집중되어 있어서는 안 된다. 돈에 노예가 되는 것이 하나님의 뜻이 아니라는 것은 분명하다. 돈은 필요하다. 생활필수품을 구매하고, 어려운 사람들을 돕고, 하나님 나라의 전파를 위해 재정을 조달하는 데에 돈이 필요하다. 그렇지만 핵심은 이것이다. 물질적인 형통함이라는 축복을 구해야하는 주된 이유는 바로 '하나님 나라의 확장'에 있다는 것이다.

그런 의미에서 헌금과 구제는 참으로 중요하다. 구제는 물질만능주의에 빠지는 것으로부터 우리를 보호해준다. 선한 일에 기부를 많이 하다보면, 우리의 삶에 우상으로 군림하는 돈의 마력을 막아낼 수 있다. 하나님 나라의 씨앗을 뿌리고 가난한 이들을 구제케 하려고, 하나님은 교인들에게 물질의 축복을 충만히 부어주기 원하신다.

나는 일상생활에 필요한 모든 것을 풍족하게 누리고 나서, 남아도는 것을 기부하는 그런 삶의 양식을 말하려는 것이 아니다. 사업을 하건 직장에 다니건 그 모든 것의 일차적인 목적을 선한 일을 하는 것에 두는 삶을 말하는 것이다. "도둑질하는 자는 다시 도둑질하지 말고 돌이켜 가난한 자에게 구제할 수 있도록 자기 손으로 수고하여 선한 일을 하라"(에베소서 4:28).

일단 부지런히 애써 일하고 성실하게 구제하다보면, 모든 것을 다 아시고 보시는 하나님이 갚아 주신다고 성경은 약속하고 있다. "나의 하나님이 그리스도 예수 안에서 영광 가운데 그 풍성한 대로 너희 모든 쓸 것을 채우시리라"(빌립보서 4:19). 하나님은 우리의 필요를 채워주시고 또한 우리가 타인의 필요도 충족시킬 수 있게 되기를 원하신다. 하나님은 믿음을 가지고 근면하게 일하는 자를 온전히 돌봐주신다. 당신이 사업가든, 직장인이든, 학생이든, 주부이든지 간에, 주님은 당신을 형통케 해주기 원하신다. 하나님은 지신을 아브라함에게 '엘 샤다이' 즉 '치고 넘치도록 풍부하게 부어주시는 하나님'으로 계시하신 것을 기억하라. 주님은 아브라함에게 풍족히 부어주실 것을 약속하셨다. 마찬가지로 하나님은 오늘도 당신의 모든 필요를 채워주시며 모든 방면에서 풍성함으로 인도하시기 원하신다. 마지막으로 공여(giving : 供與)야 말로 물질주의자가 되는 실책을 범하지 않게 보호해 주는 바람직한 삶의 방법 중에 하나임을 새삼 강조하고 싶다.

희생적으로 헌납하라

누가복음 21장에서 예수님은 헌금을 평가하는 기준에 관한 교훈을 주셨다. 예수님과 그의 제자들은 사람들이 성전 금고에 헌금하는 것을 보고 있었다. 여분의 돈이 많은 부자들은 큰 액수의 헌금을 하였다. 그런데 한 가난한 과부는 헌금 궤에 두 렙돈을 넣었다.(한 렙돈은 당시 노동자의 하루 품삯에 해당되는 은화 한 데나리온의 1/128에 해당된다. 옮긴이). 예수님은 그 과부가 가난한 중에서 자기가 가진 생활비 전부를 넣었다고 설명했다. 즉 엄청난 자기희생을 했다는 말이다. 그런 희생을 감안한다면, 그 가난한 과부가 다른 모든 사람보다 많이 헌금한 것으로 평가될 수 있다고 예수님은 말씀하셨다.

하나님이 보시는 것은 얼마나 많이 헌금하느냐가 아니고 얼마나 많은 희생이 동반되었느냐는 것이다. 우리가 구제할 때 사랑의 마음으로 한껏 주고, 또한 진정으로 불쌍히 여기는 마음으로 더 주면, 하나님은 우리의 필요를 알아서 다 채워주시고 더 넘치게 부어주시는 것을 체험하게 될 것이다! 후하게 나누어주는 신앙인에게 하나님은 다음과 같은 약속을 해 주셨다.

> 하나님이 능히 모든 은혜를 너희에게 넘치게 하시나니 이는 너희로 모든 일에 항상 모든 것이 넉넉하여 모든 착한 일을 넘치게 하게 하려 하심이라…심는 자에게 씨와 먹을 양식을 주시는 이가 너희 심을 것을 주사 풍성하게 하시고 너희 의의 열매를 더하게 하시리니 너희가 모든 일에 넉넉하여 너그럽게 연보를 함은 그들이 우리로 말미암아 하나님께 감사하게 하는 것이라(고린도후서 9:8, 10-11)

당신은 아까워하며 기부할 수도 있고 아낌없이 기부할 수도 있다. 그런데 당신은 당신의 그 태도여하에 따라 보상을 받을 것이다. "…너희가 헤아리는 그 헤아림으로 너희가 헤아림을 받을 것이니라"(마태복음 7:2). 당신이 희생적으로 베풀면, 하나님은 당신의 부족함을 다 채워주실 뿐만 아니라 덧붙여서 더 베풀 수 있는 역량까지 증대시켜 주신다. 당신을 재정적으로 풍성하게 해 주는 것은 하나님의 뜻이다. 풍족하여 자기의 쓸 것을 채우고 더불어 남에게까지 후히 나누어줄 수 있도록 넉넉히 부어주신다.

복습문제

1. 하나님은 왜 우리들을 재정적으로 축복해주기 원하시는가?

2. 다른 사람의 재산이나 돈을 맡아서 대신 관리해준 적이 있었는가? 그 당시 어떤 기분이었는가?

3. 하나님은 왜 위험을 감수하시면서도 우리에게 그분의 재산을 많이 맡기시는가?

4. 무모할 정도로 희생하며 하나님께 바쳤지만, 궁핍해지지 않고 도리어 하나님이 당신의 모든 필요를 채워주신 경험을 이야기해보라.

14장

십일조

수입의 일부분을 드림

주님은 신자들이 가진 자원들을 최대한 잘 활용할 것을 요구하신다. 하나님은 그런 책임감을 늘 상기시켜주시려 일단의 시스템을 구축하셨다. 이는 특히 우리의 모든 소유가 전부다 주님의 것임을 늘 일깨워주는 시스템이다. 이 체계적인 공여 시스템인 십일조는 모든 자원을 하나님 나라를 위해 사용하는 첫 단계이다. 구약에서 하나님은 이스라엘 백성에게 소득의 10분의 1을 주께 바칠 것을 요구하셨다. 히브리어로 "십일조"는 "열 개로 나누인 것 중에 하나"를 의미한다. 그러나 십일조의 배후에 있는 개념은 '모든 것이 전부다 하나님의 것'이라는 '믿음'이다. 십일조의 참 뜻은 다름 아닌, 하나님이 처음으로 주신 것을 하나님께 고스란히 되돌리는 것이다. "네 재물과 네 소산물의 처음 익은 열매로 여호와를 공경하라 그리하면 네 창고가 가득히 차고 네 포도즙 틀에 새 포도즙이 넘치리라"(잠언 3:9-10).

우리는 하나님께 "첫 열매" 내지는 소득의 일부분을 드림으로 주님을 공경한다. 그러한 공경 안에는 우리의 소유 전부가 하나님의 것임을 고백하는 신앙이 들어있다. 그러면 그 십일조(10퍼센트)는 하나님께서 우리에게 축복을 부어주실 수 있는 통로가 된다. 십일조를 드릴 때마다, 신자들은 모든 재화와 소유물이 하나님의 것임을 상기하게 된다. 동시에 우리가 그분의 재산을 관리하는 청지기임도 재차 상기한다. 십일조라는 말은 성경의 창세기 14:18-20에 처음으로 언급되었다.

> 살렘 왕 멜기세덱이 떡과 포도주를 가지고 나왔으니 그는 지극히 높으신 하나님의 제사장이었더라 그가 아브람에게 축복하여 이르되 천지의 주재이시요 지극히 높으신 하나님이여 아브람에게 복을 주옵소서 너희 대적을 네 손에 붙이신 지극히 높으신 하나님을 찬송할지로다 하매 아브람이 그 얻은 것에서 십분의 일을 멜기세덱에게 주었더라

이미 구약성경이 기록되기도 전에 아브라함은 멜기세덱에게 십일조를 바쳤다. 아브라함은 주께서 그에게 허락하신 재물의 10분의 1로 지극히 높으신 하나님의 제사장인 멜기세덱을 공경했다. 아마도 그는 이런 영적 원리를, 첫 소산을 하나님께 바친 아벨의 제사로부터 배웠을 것이다.

매달 마지막 날에 나는 산더미 같이 쌓인 청구서들을 처리한다. 그 중에는 하나님께 지불되는 것도 있는데, 이는 십일조이다. 즉 첫 열매를 드린다는 말이다. 나는 십일조를 드리면서 내가 가진 모든 것이 결국 하나님의 소유라는 사실을 다시 상기한다. 첫 열매를 주님께 드리는 것은 나의 진정한 기쁨이다. 십자가에서의 죽음을 통해 예수님이 자신의 전부 즉 100퍼센트를 주신 것에 비하면 10퍼센트는 별 것이 아니다. 예수님께 엄청난 빚을 진 사람이기에, 나는 예수님께 영원토록 감사할 것이다!

감히 하나님의 것을 도둑질하려하지 말라

1992년에 LA 폭동이 일어났을 적에(로드니킹이라는 흑인을 구타한 백인 경찰들에 대한 재판의 결과에 불만으로 흑인들이 일으켰으며, LA의 한인타운을 중심으로 로스앤젤레스를 불바다로 만든 폭동이다. 이로 인하여 무수한 한인타운의 가게들이 불에 타고 약탈되었으며 수많은 한인청년이 폭도들의 총을 맞고 죽어갔다, 옮긴이), 많은 가게와 사업처가 약탈당했다. 그 당시 방송 기자가 약탈의 현장에서 한 젊은이를 인터뷰했는데, "나는 그리스도인인데, 찬양 CD를 훔쳤습니다"라고 대답하는 장면이 방영되었다. 그건 사실 터무니없는 말이다. 그렇지만 수많은 그리스도인들이 하나님의 것을 탈취해 간다. 성경은 십일조를 떼어먹는 행위가 하나님의 것을 훔쳐 가는 것과 동일하다고 말한다.

구약에 보면 이스라엘 백성들이 하나님의 것을 내놓지 않고, 이기적인 마음에서 붙잡고 있던 것을 볼 수 있다. 그들은 밭의 소출, 가축, 그리고 기타 수입의 십일조를 주님께 바치라는 명령을 받았다. 그에 덧붙여 희생제사 혹은 자발적인 헌물(헌금)을 드리라고도 요구받았다. 그런데도 그들은 하나님의 것을 제 것인 양 꽉 움켜쥐고 내놓지 않았다.

사람이 어찌 하나님의 것을 도둑질하겠느냐 그러나 너희는 나의 것을 도둑질하고도 말하기를 우리가 어떻게 주의 것을 도둑질하였나이까 하는도다 이는 곧 십일조와 봉헌물이라 너희 곧 온 나라가 나의 것을 도둑질하였으므로 너희가 저주를 받았느니라 만군의 여호와가 이르노라 너희의 온전한 십일조를 창고에 들여 나의 집에 양식이 있게 하고 그것으로 나를 시험하여 내가 하늘 문을 열고 너희에게 복을 쌓을 곳이 없도록 붓지 아니하나 보라 만군의 여호와가 이르노라 내가 너희를 위하여 메뚜기를 금하여 너희 토지 소산을 먹어 없애지 못하게 하며 너희 밭의 포도나무 열매가 기한 전에 떨어지지 않게 하리니(말라기 3:8-11)

"우리가 주님의 무엇을 훔쳤습니까?"하고 이스라엘 백성들이 물었을 적에 하나님은 "십일조와 헌물이 바로 그것이 아니냐!"라고 대답하셨다. 여기에서 주지할 사실은, 하나님께서 십일조만 말씀하신 것이 아니라 봉헌물도 언급하셨다는 점이다. (봉)헌물에 관해서는 다음 장에서 더 자세히 다루고자 한다.

오늘날에도 수많은 신자들이 하나님의 것을 도둑질해간다. 온전한 십일조를 창고에 들여놓아 하나님의 집에 먹을거리가 넉넉하게 만들면, 하늘 문을 열고서 쌓을 곳이 없도록 복을 부어주시겠다고 주께서 약속하셨다. 그리고 땅의 소산물을 해로운 벌레가 먹어 없애지 못하게 하며, 포도밭의 열매가 채 익기 전에 떨어지지도 않게 하겠다는 약속도 해주셨다. 많은 이들이 재정적인 어려움에 시달린다. 왜냐하면 마귀가 훔쳐가고 집어 삼켜버리기 때문이다. 신도가 하나님의 창고에 십일조를 들여놓지 않으면 악귀가 꾸지람을 듣지 않기에 그런 재난이 발생한다.

그렇지만 우리가 십일조를 드리고 하나님이 악한 영을 꾸짖으시면, 악한 영이 우리의 재산을 게걸스럽게 먹어치우던 일이 멈춘다. 하지만 하나님께 무엇인가를 받으려는 보상심리로 바친다면 그것은 그릇된 동기이다. 십일조는 하나님과 그의 말씀에 대한 순종이라는 동기에서 비롯되어야한다.

십일조 생활을 처음 시작하는 시점에 원수의 강한 공격을 받아서 재정상태가 더 어려워졌다는 사람들도 나는 만나보았다. 우리가 하나님의 말씀에 순종하려하면 원수는 더 거세게 달려든다.

예수님께서 세례를 받으실 때에 하늘 문이 열리고 하나님 아버지의 놀라운 음성이 들려왔다. "이는 내 사랑하는 아들이요 내 기뻐하는 자라"(마태복음 3:17). 그렇지만 그 후로 40일 동안 예수님은 사단에게 심하게 유혹을 받으셨다. 우리 인생에 시련은 항상 찾아온다. 그렇지만 그것을 견디어내면, 그 순종으로 인하여 우리는 반드시 축복을 받게 된다. 하나님의 약속은 항상 진리로 판명되기 때문이다!

선교사로 사역할 당시, 나는 십일조라는 영역에서 마귀에게 시험을 받은 적이 있다. 사단은 내 귓가에 다음과 같이 속삭였다. "너는 네 인생 전체를 송두리째 하나님께 바친 사람이 아니냐? 그런데 그 쥐꼬리만한 수입에서 또 십일조를 떼서 바칠 필요가 있냐?" 그러나 나는 원수의 유혹을 뿌리치고, 아무리 적은 수입이라도, 돈이 생길 때마다 성실히 십일조 생활을 하였다. 그러다 보니, 점차로 주께서 우리 사역에 영적으로 복을 주셨고, 선교지에서 많은 열매를 거둘 수 있었다. 하나님은 신실하시다. 그분은 자신의 약속을 반드시 지키시는 분이시다.

십일조는 하늘에서 날아온 고지서

십일조란 우리가 하나님께 속해있다는 것을 상기시키는 숫자적 표현이다. 아주 오래 전에 나는 말라기를 읽다가 십일조에 관한 대목에 이르러 양심에 찔림을 받았다. 그리고 나는 은행의 거래내역을 적은 원장을 들추어보았다. 거기에는 지불한 청구서의 목록이 적혀 있었다. 그런데 아직도 미지급의 밀린 요금 고지서가 있었는데, 그것은 하나님으로부터 온 것이었다. 매달 밀린 그 고지서의 양은 눈덩이처럼 불어났다. 그 당시 나는 십일조를 내지 않고 있었는데, 그 이유는 낼 돈이 없다고 생각했기 때문이다.

그러던 어느 날 나는 십일조를 드리기로 결심했다. 다음 월급을 받자마자 즉시로 십일조를 떼어서 바쳤다. 얼마 후에 나는 내 순종의 결과로 초자연적인 일이 발생하는 걸 알아차렸다. 돈이 항상 금세 떨어졌는데, 이번엔 빨리 바닥이 나질 않았다! 주께서 계속 공급해 주신 것이다. 이따금 초자연적인 방법을 동원해서까지 주님은 약속을 이행하신다. 물론 하루아침에 변화가 일어난 것은 아니지만, 하나님은 우리 가정을 물질적으로 축복해 주셨고, 돈이 새나가던 구멍을 막아주셨다. 내 재물을 마구 삼키던 원수가 하나님으로부터 꾸지람을 듣고 저지를 당한 것이다.

신자들 중에는 "경제가 어려워서 십일조를 감당할 수 없습니다"라고 하는 자들이 있다. 그러나 진실은, 십일조를 드리지 않을 때 발생한 일을 감당할 수 없다는 것이다. 십일조는 하나님께 떼어놓은 돈이다. 그 돈이 의미하는 바는 우리의 재산 모두가 궁극적으로는 하나님의 소유이며, 십일조는 하나님께 속해있다는 것이다. 그러나 내가 만일 그 돈을 하나님께 바치지 않으면, 대신 게걸스럽게 먹어치우는 원수가 와서 전부 먹어버린다. 반면, 하나님께 십일조를 바치면 하나님은 그 원수(메뚜기)를 박멸하실 것이다.

> 만군의 여호와가 이르노라 내가 너희를 위하여 메뚜기(원수)를 금하여 너희 토지소산을 먹어 없애지 못하게 하며 너희 밭의 포도나무 열매가 기한 전에 떨어지지 않게 하리니 (말라기 3:11)

위의 "먹어 없애다"라는 표현으로 번역된 히브리어는 '먹다, 태워버리다, 소모하다'라는 뜻을 가졌다. 말라기 시대에 하나님의 백성들은 기아, 빈곤, 기상이변, 병충해 등으로 고생했다. 위의 성경 구절에 따르면,

십일조를 드리지 않으면, 원수가 우리가 받을 축복을 가로채 가는 것이 영적 원리라는 것이다. 우리가 십일조에 관련된 하나님의 원리 원칙을 벗어나면, 원수는 우리의 축복을 앗아갈 법적 권리와 기회를 획득하게 된다.

미국의 권위 있는 사전인 메리암-웹스터 사전은 십일조를 다음과 같이 정의하고 있다. "십일조란 소득의 십분의 일을 바치는 것으로, 특히 교회를 지원하기 위해 드리는 것이다." 당신은 세금을 내고 싶은 마음이 들 때에만 정부에 세금을 내는가? 하나님께 십일조를 바치기 위해서는 십일조를 드리고 싶은 기분이 들어야만 하겠는가? 물론 아니다. 십일조를 바치고 싶은 마음이 드냐 안 드냐 하는 것은 논의할 주제가 되지 못한다. 우리에게 필요한 것은 오직 순종뿐이다.

당신이 은행에 가서 그 동안 대출 받은 것을 다 갚는다고 하자. 은행의 창구 직원이 어떤 태도를 보이겠는가? 당신의 등을 두드려주며 '참으로 훌륭한 일을 하십니다'라고 하겠는가? 아니면 '이런 호의를 베풀어주셔서 감사합니다'라고 하겠는가? 마찬가지로, 우리가 십일조를 드린다고 해서 하나님이 우리에게 특별히 감사해하지 않는다. 우리가 십일조를 드림으로 하나님께 큰 호의를 베푸는 것이 아니기 때문이다. 하나님께 속한 것을 하나님께 드리는 것은 우리의 책임이기에, 우리는 순종함으로 그것을 실행할 뿐이다.

체계적으로 드리기

주님은 우리가 아무 계획 없이 주님께 바치는 것이 아니라, 고린도전서 16:2에 기록된 대로, 체계적으로 헌금하기를 바라신다. "매주 첫날에, 여러분은 저마다 수입에 따라 얼마씩을 따로 저축해 두십시오. 그래서 내가 갈 때에, 그제야 헌금하는 일이 없게 하십시오."(표준새번역).

어떤 성도는 십일조를 드릴 때마다 "성령의 음성"을 듣고 하겠다는 사람도 있다. 이는 마치 전기회사에 전화를 걸어 "이번 달에 전기세를 낼지 잘 모르겠어요. 아마 다음 달 치는 낼 수도 있을 것입니다. 하여튼 성령의 음성을 들으면서 결정하겠습니다"라고 말하는 것과 흡사하다. 전기세를 내지 않으면 전기의 공급은 중단된다. 성령의 음성은, 하나님의 말씀인 성경을 통해 우리에게 들리게 되어 있다. 그런데 성경은 기분 내키는 대로 십일조를 드리지 말고, 순종하며, 보다 체계적이고 그리고 지속적으로 드리라고 지시하신다.

만일 당신이 회사의 상사에게 전화를 걸어 "성령께서 일하러 가라고 재촉하시면 오늘 출근하겠습니다"라고 한다면 무슨 일이 발생할 것 같은가? 그 회사에서는 당신에게 이제 그만 나오라고 할 가능성이 높다. 십일조를 드리는 문제도 동일하게 취급될 수 있다. 십일조는 꾸준히 드리는 것이다. 물론 십일조를 드리고 나서, 더 많은 헌금을 해야 할 경우에는 성령의 감동하심에 민감하게 반응하는 게 중요하다. 우리 하나님은 질서와 규율의 하나님이시다. 그래서 십일조를 한참 안 내다가, 한꺼번에 몰아쳐서 낸다든지 하는 일은 없어야한다. 십일조는 한결같은 일관성을 가지고 바쳐야한다.

어떤 신도는 "십일조에 관해 기도해보고 나서 결정하겠습니다"라고 대꾸하는 사람도 있다. 정기적으로 성경을 읽을지 혹은 지역교회에 출석할지에 관한 문제는 기도해 볼 필요가 없다. 그건 당연히 하는 것이다. 십일조도 마찬가지이다. 왜냐하면 그런 모든 문제는 성경에 정확하게 지시되어 있기 때문이다.

나는 "총수익(세금을 공제하기 전의 액수)에 대해 십일조를 내나요 아니면 실질임금에 대해 십일조를 내나요?"라는 질문을 받은 적이 있다. 사실은 어느 것을 기준으로 해도 된다. 그렇지만 정부에 세금을 낼 때에는 총수익을 기준으로 한다. 그렇다면 십일조도 총수익에 의거하여 계산되어야한다고 나는 생각한다. 왜냐하면 가능하면 하나님께 많이 드리는 것이 우리의 기쁨이며, 십일조는 우리 믿는 자들의 특권이기 때문이다. 예수님께서 우리를 위해 하신 일을 생각하면, 우리는 당연히 십분의 일 그 이상을 바쳐야한다. 십일조는 선택사항이 아니다. 십일조는 순종의 행위인데, 하나님의 것을 하나님께 되돌려 드리는 행위이다.

십일조에 대한 태도

혹자는 주장하기를 십일조는 구약시대에만 통용되던 것이라고 한다. 이에 대한 빌 하몬 박사의 의견을 들어보자.

성경해석의 원리 중 하나는 구약성경에서 설립된 하나님의 법칙이 신약에서 폐지되지 않는 한 유효한 법칙으로 받아들여지고 실행된다는 것이다. 예컨대 십일조는 구약에서 설립된 하나님의 원칙인데, 신약에 그 원칙이 폐지되어야한다는 것이 명시되어 있지 않기에, 아직도 그리스도인들이 실천하기에 적합한 원칙으로 받아들여지고 있다.

예수님은 구약의 십일조 제도를 재확인하셨다. 물론 예수님은 마태복음 23:23에서 바리새인이나 서기관과 같은 그런 태도로 십일조를 드리는 것의 문제를 지적하기는 하셨지만 말이다. 이는 형식적으로 십일조만 드리고, 다른 하나님의 원리들은 무시하는 태도에 대한 경고이다.

화 있을진저 외식하는 서기관들과 바리새인들이여 너희가 박하와 회향과 근채의 십일조는 드리되 율법의 더 중한 바 정의와 긍휼과 믿음은 버렸도다 그러나 이것도 행하고 저것도 버리지 말아야 할지니라

예수님 당시의 종교 지도자들은 종교의 형식을 지키는 면에서는 거룩하고 신령하게 보였으나 실제로는 하나님 앞에 바로 서지 못했다. 그들은 아주 작은 향료 잎사귀에 대해서도 십일조를 바쳤지만, 마음은 이기심으로 가득하고 무정했다.

주님은 오늘날에도 신도들이 십일조를 바치기 원하신다. 그렇지만 하나님의 깊은 관심사는 십일조를 바치는 자들의 태도이다. 구약시대에 하나님의 백성은 율법적으로 십일조를 바쳤다. 즉 법이 요구하기에 그것을 지켰을 뿐이라는 것이다. 그러나 신약시내를 살아가는 성도들은 주께서 우리의 마음을 만져주셨기에 감사하는 마음으로 십일조를 드리고 있다. 주님의 것을 주님께 돌려드릴 수 있다는 것은 우리 그리스도인들의 영광스러운 특권이다. 그러므로 그리스도인들은 하나님을 사랑하는 마음의 표현으로, 교회를 지원하는 관대한 마음으로, 그리고 하나님의 사역자들을 존경하는 마음으로 십일조를 드린다.

내가 머물 집을 찾고 있는데, 당신이 나보고 당신의 집에 와서 머물러도 좋다고 했다고 가정해보자. 그리고 유일하게 내건 조건은, 한 달 동안 나에게 제공된 모든 것에 대해 매달 십분의 일만 내면 된다고 했다고 하자. 당신은 냉장고에 내가 먹을 것을 가득 채워주고, 내 자동차에 기름도 넣어주고, 내가 생활하는 데 필요한 것을 일체 공급해준다. 그런데 만일 내가 당신의 집과 그 안에 있는 모든 것이 다 내 것이라고 주장하고 그렇게 행동한다면 당신은 황당하지 않겠는가? 사실 내 것은 하나도 없다.

모두 당신에게 빌려서 쓰는 것뿐이지. 당신이 나에게 십분의 일을 내라고 한 건 모든 게 내 것이 아니라 당신의 소유라는 걸 분명히 하고자하는 것이었다. 바로 그것이 십일조의 의미이다. 주께서 십일조를 바치라고 하신 이유는 매번 모든 것이 하나님의 소유임을 천명하시고 우리로 상기케 하기 위함이다.

하나님께서 모두 채워주실 것이다

우리들의 존재 자체 그리고 우리들의 소유 전부가 몽땅 하나님의 것이라는 걸 깨닫게 되는 순간, 우리는 주님을 '공급자'로 고백하고 그분을 신뢰하게 된다. 그러면 십일조를 바치기도 수월해진다. 현재 별로 가진 것이 없어도, 십일조를 드리면, 주께서는 우리의 믿음을 보시고 모든 필요를 충족시켜 주실 것이다. 십일조를 드리는 것을 포함하여 모든 기부에는 재정의 막힌 통로를 뚫는 능력이 들어 있다. 너그럽게 드리는 것의 능력에 관해 이 시간 더 깊이 살펴보자. 성경에 보면 성전의 헌금함에 한 가난한 과부가 두 렙돈을 넣었다는 기사가 나온다. 이는 오늘날로 말하자면 미국의 가장 작은 화폐 단위인 페니(10원)보다 더 작은 양의 돈이다. 그렇지만 예수님은 그 과부의 희생적인 헌납을 언급하며 제자들 앞에서 칭찬하셨다.

> 예수께서 제자들을 불러다가 이르시되 내가 진실로 너희에게 이르노니 이 가난한 과부는 헌금함에 넣는 모든 사람보다 많이 넣었도다 그들은 다 그 풍족한 중에서 넣었거니와 이 과부는 그 가난한 중에서 자기의 모든 소유 곧 생활비 전부를 넣었느니라 하시니라(마가복음 12:43-44)

하나님은 우리의 마음 중심을 아는 분이시다. 하나님은 특히 십일조를 드리는 자의 충심을 알아주신다. 아마도 처음 십일조를 드릴 때에는 그것이 큰 희생인 양 그렇게 느껴질지도 모르겠다. 그러나 장기적으로 보면, 십일조 생활을 통해 돈에 조종을 받기 보다는 도리어 돈을 지배하는 자가 되는 유익을 보게 되어 있다.

도저히 십일조를 못하는 사람들은 어떻게 할 것인가? 예컨대 본인은 헌신된 그리스도인이지만 배우자는 불신자인 경우, 딜레마(進退兩難)에 빠지게 된다. 왜냐하면 십중팔구 배우자가 십일조를 드리는 걸 반대하게 되기 때문이다. 만일 배우자가 십일조를 반대하면, 당신은 자신에게 속한 재산에 한해서 십일조를 드릴 수밖에 없다. 또 예를 들어 당신의 사업이 동업이고 파트너(同業者)가 불신자라면, 당신은 자신의 지분에 대해서만 따로 십일조를 드릴 수밖에 없다. 그 모든 일들은 쉬운 일이 아닐 것이다. 그러나 우리는 하나님의 뜻에 순종해야만 한다.

여기에 몇 가지 제안이 있다. 배우자나 파트너에게 신심으로 호소해 보아라. 예컨대 "정기적으로 교회에 헌금을 드리는 걸 제발 좀 허락해주세요"와 같은 말을 하라는 것이다. 계속 기도하며 성령이 당신의 배우자나 파트너의 마음을 움직이도록 간구하라. 당신이 따로 헌금을 드릴 수 있도록 개인적인 수입이 생기도록 주님께 부탁하라. 그러면 주께서 당신에게 부업을 통해 부수입이 들어오도록 허락하시기도 한다. 사실 십일조의 양이 많던 적던 그것이 중요한 건 아니다. 하나님은 우리의 마음 중심을 보시며, 특히 순종하고자 하는 마음을 귀히 여기신다는 사실을 기억하자.

십일조는 어디에 바쳐야하나?

십일조는 어디로 드려야할까? 이미 앞서 살펴본 바대로 십일조는, 말라기 3:10에 언급된 '창고'로 들어가야 한다. "너희의 온전한 십일조를 창고에 들여." 그런데 그 창고라는 곳은 어디인가? 은유적으로 해석하자면 창고는 영의 양식이 있는 곳이다. 우리를 영적으로 먹이고, 인도하며, 사역에 합당한 자로 무장시키는 사람들의 양식 창고라는 말이다. 구약 성경에 보면, 레위 족속과 제사장들이 백성들을 인도하고 영적으로 먹이는 역할을 담당했던 걸 알 수 있다. 따로 구분되어 세워져서 주님을 위한 사역과 백성을 돌보는 일에 전념하는 그들에게 십일조로 걷힌 재물이 주어졌다. 특히 레위 족속의 살림살이는 오직 십일조로 그들을 지원하는 하나님의 백성의 신실함에 달려 있었다. "내가 이스라엘의 십일조를 레위 자손에게 기업으로 다 주어서 그들이 하는 일 곧 회막에서 하는 일을 갚나니"(민수기 18:21).

구약은 신약의 '그림자이자 원형'이기에, 구약에서 십일조가 어디에 사용되었느냐 하는 원칙은 신약시대에도 그대로 적용된다. 우리 그리스도인들은 영적 리더들이 있는 창고에 십일조를 드려야한다. 왜냐하면 그들은 하나님의 말씀 전함과 성례전을 집행함, 그리고 성도를 돌보고 고무하는 일에 따로 세워 부르심을 받은 자들이기 때문이다.

교회의 리더들은 신도를 잘 구비시켜 봉사의 일을 하게하며, 그리스도의 몸을 세우는 일에 쓰임 받도록 신도들을 훈련시키는 자들이다(에베소서 4:11-12 참조). 그들이 세상적인 일을 통해 생계를 꾸려가지 않도록, 교회에서는 그들을 재정적으로 지원해주어야 한다. 그래야만 그들이 돌보는 성도들을 위해 기도에 전념하며 성도를 먹일 말씀을 충분히 준비할 시간을 가질 수 있다. 사도행전 6:4를 보면, 초대교회의 지도자들은 오직 영적인 일에만 전심전력하였던 걸 알 수 있다. "우리는 오로지 기도하는 일과 말씀 사역에 힘쓰리라 하니."

한 남자는 나에게 언급하기를, "나는 말이지요, 사람들의 필요가 충족되어야할 상황이 보이면 십일조를 드립니다"라고 했다. 그 남자는 자각하지 못했겠지만, 사실은 십일조를 드리는 게 아니라 일반 헌금을 드리고 있었던 것이다. 십일조와 일반 헌금은 다르다. 일반헌금은 일단 십일조를 떼어놓고 나서, 필요가 생기면 십일조 이상으로 더 드리는 것이다. 반면에 십일조는 모든 수입에 대하여 먼저 십분의 일을 하나님의 창고로 넣는 것이다. 그리고 그 십일조는 지역 교회에서 신도들을 훈련시키고 돌보는 영적 리더들을 위하여 사용된다. "잘 다스리는 장로들은 배나 존경할 자로 알되 말씀과 가르침에 수고하는 이들에게는 더욱 그리할 것이니라"(디모데전서 5:17). 위의 '존경한다'는 단어의 뜻은 '재정적으로 지원한다'는 뜻이다. 다른 말로 하자면 하나님의 말씀으로 훈련시키고, 가르치고, 기도하고, 돌봐주는 지역교회의 리더들의 생활을 책임져주라는 뜻이다.

우리는 지금까지 십일조가 무엇이며 십일조는 어디로 가야하는지를 배웠다. 이제 다음 단원에서는 십일조와 더불어 일반 헌금을 드리는 것의 중요성을 살펴보도록 하자.

복습문제

1. 십일조는 무엇을 상징한다고 생각하는가?

2. 십일조를 드리지 않으면 누가 우리의 재산을 탈취해갈까?

3. 십일조를 드림으로 인하여 하나님께 축복받은 적이 있다면 이야기해보자.

4. 재정적인 창고에 십일조를 넣을 때에 그 자금으로 인하여 유익을 보는 사람들은 누구여야 하는가?

15장

십일조와 헌금,
둘 다 드려라

십일조와 봉헌물

지난 단원에서 학습했듯이, 교인이라면 누구나 십일조에서 나오는 자금으로 영적인 관리와 감독으로 봉사하는 리더들을 섬길 의무가 있다. 십일조를 창고(신도들을 영적으로 먹여주는 지역교회)에 들여놓으면, 영적 리더들의 물질적 필요가 채워진다. 갈라디아서 6:6에 보면, 영의 음식을 받아먹는 사람은 영의 음식을 먹여주는 사람을 물질적으로 지원해주어야 한다고 한다. "가르침을 받는 자는 말씀을 가르치는 자와 모든 좋은 것을 함께 하라."

그리고 7절에서 10절까지 이어지는 말씀에 따르면, 교인이 신실한 영적 리더를 지원하지 않을 경우는 이기주의의 씨를 뿌리고 멸망의 열매를 거둔다고 한다. 그렇지만 영적 리더들을 지원하게 되면 이는 "기회 있는 대로 모든 이에게 착한 일을 하되 더욱 믿음의 가정들에게" 하는 행위가 된다. 신실한 영적 리더들은 지원을 받을 만한 가치가 있는 자들이고, 그들을 지원하는 건 참으로 옳은 일을 하는 것이다(고린도전서 9:14,

요한3서 6-8, 디모데전서 5:18).

그러므로 지역교회에 내는 십일조에 우리는 우선권을 두어야한다. 그렇지만 십일조는 시작일 뿐이다. 신실한 성도는 십일조를 훨씬 넘어서 가치 있는 많은 일들에 자금을 쏟아 부어야한다. 그러므로 "헌금"은 항상 십일조를 넘어서 있다. 성도는 지역교회 이외에도 분야를 막론하고 각처에 헌금을 해야 한다.

그리스도인으로서 우리에게는 교회 안팎에 빈곤하고 궁핍한 사람을 도와야할 책임이 있다. 성경은 항상 가난한 이들을 도울 것을 권고한다. 예수님은 그의 제자들이 불쌍한 사람들에게 후하게 베풀 것을 기대하신다. 그리고 하나님은 잠언 28:27의 말씀을 통해 이런 축복도 해주셨다 "가난한 사람을 도와주는 사람은 모자라는 것이 없지만"(표준새번역).

덧붙여서, 지역교회 말고도 우리를 영적으로 먹여주는 곳에 헌금을 보내야한다. 그들은 예컨대 방송선교, 문서선교, 내지는 초교파적인 사역을 펼치는 분들이다. 그 이외에도 국내외에서 기독교 선교를 하는 많은 분들이 있다.

나는 방송선교를 하는 목회자 중에 다음과 같이 주장하는 분의 설교를 들은 적이 있다. "우리 기독교 방송국에 여러분의 십일조를 보내지 마세요. 십일조는 여러분이 출석하시는 지역교회에 바치시기 바랍니다. 그러고 나서 우리 방송 선교회에 헌금을 보내주세요." 내가 보기에 그 목회자는 십일조와 헌금의 성경적인 의미를 정확히 분별하는 분이었다.

결론적으로 말해서, 십일조는 반드시 지역교회의 창고로 들어가야 하고, 기타 헌금들은 하나님께서 이끄시는 대로 기쁜 마음과 자원하는 심정으로, 후하게 국내외의 선교지에 보내져야 한다.

마음 씀씀이와 헌금의 문제

인간은 자신이 중요하다고 생각하는 곳에 많은 재정을 투자하게 되어 있다. 그래서 마태복음 6:21은 우리가 돈을 쓰는 그곳에 우리 마음도 따라 간다고 하였다. "네 보물 있는 그 곳에는 네 마음도 있느니라."

거부가 되려는 사람은 그의 온 마음과 정신을 돈에 쏟아 넣는다. 그것이 마태복음 6:19-24에서 하나님을 섬기든지 돈을 섬기든지 둘 중에 하나를 선택해야한다고 주께서 말씀하신 이유이다.

너희를 위하여 보물을 땅에 쌓아 두지 말라 거기는 좀과 동록이 해하며 도둑이 구멍을 뚫고 도둑질하느니라 오직 너희를 위하여 보물을 하늘에 쌓아 두라 거기는 좀이나 동록이 해하지 못하며 도둑이 구멍을 뚫지도 못하고 도둑질도 못하느니라 네 보물 있는 그 곳에는 네 마음도 있느니라… 한 사람이 두 주인을 섬기지 못할 것이니 혹 이를 미워하고 저를 사랑하거나 혹 이를 중히 여기고 저를 경히 여김이라 너희가 하나님과 재물을 겸하여 섬기지 못하느니라

주식에 투자하는 사람은 신문을 보든지 인터넷을 켜든지 항상 주식 시세를 살펴보게 되어있다. 왜 그럴까? 관심이 그리로 쏠리기 때문이다. 돈이 있는 곳에는 관심도 따라간다. 그러므로 십일조나 헌금을 드리는 그곳은 우리가 가치가 있다고 여기는 곳이며, 따라서 우리의 마음도 따라가게 되어있다.

주께서는 지역교회를 지원하라고 그리스도인들을 부르셨기에, 십일조로 지역교회의 창고를 채우는 건 참으로 중요하다. 내가 시무하는 교회에서는 신실하게 십일조 생활을 하도록 모든 신도들을 격려한다.

지역교회에 십일조를 드리면 마음이 지역교회와 지역교회의 영적 지도자와 하나님께로 향한다. 결론적으로, 십일조란 단지 교인의 의무를 다하는 문제가 아니라 '마음 씀씀이'의 문제이다. 지역교회와 영적 지도자들에게 감사하는 마음이 충만하다면, 당연히 기쁨으로 십일조와 헌금을 드리게 될 것이다.

십일조를 드린다는 것은 영적 리더들을 신뢰한다는 뜻이다. 역으로 무심결에라도 십일조를 드리지 않는다면 이는 불신의 씨를 심는 행위가 된다. 십일조는 일종의 신뢰를 시험하는 것이다. 즉 '하나님을 신뢰하는가' 그리고 하나님께서 세우신 '영적 리더들을 신뢰하는가' 하는 것이 십일조를 통해 시험대에 오른다는 것이다.

십일조 – 신뢰의 시험대

이 시점에서 한번 복습해보자. 십일조는 소득의 십분의 일을 바치는 것으로, 우리의 소유 전체가 하나님의 것임을 고백하는 것이다. 헌금은 하나님께 사람에게 그리고 하나님 나라의 사역을 위해 드리는 것으로, 일단 십일조를 떼어놓고 나서 더 드리는 것이다. 용서하지 못함이 결국 정신적 침체와 곤혹스러운 혼돈을 야기하듯(마태복음 18:34-35), 십일조를 도적질하는 행위는 결국 사단-마귀에게 재산을 다 도둑맞는 결과를 초래한다. 그러므로 그리스도인이라면 모두 하나님을 신뢰하며 십일조 생활로 하나님 나라의 일을 지원해야한다. 그래서 주께서는 심지어 "그것으로 나를 시험하여"라고 까지 말씀하셨다(말라기 3:10).

하나님께서 '십일조로 창고를 채워라' 하실 때에는 '믿음'과 '신뢰'에 관한 말씀을 하시는 것이다. 하나님의 백성은 '믿고' 창고를 채우는데, 이는 레위 지파(영적 지도자)가 헌금을 적재적소에 잘 사용할 것으로 '신뢰'하기 때문이다. 이와 동일한 신뢰의 법칙이 오늘날에도 적용되어야 한다. 십일조는 영적 리더들의 필요를 채우기 위하여 지역교회의 창고로 들어간다. 그러면 영적 리더들은 십일조를 내는 성도들을 훈련시키고 위로하고 격려하는 일을 감당한다. 이렇게 십일조로 지원을 받는 사람들이 주의 백성을 영적으로 먹이고 인도하는 방식은 하나님의 계획의 일부이다.

> 우리가 너희에게 신령한 것을 뿌렸은즉 너희의 육적인 것을 거두기로 과하다 하겠느냐 다른 이들도 너희에게 이런 권리를 가졌거든 하물며 우리일까보냐 그러나 우리가 이 권리를 쓰지 아니하고 범사에 참는 것은 그리스도의 복음에 아무 장애가 없게 하려 함이로다 성전의 일을 하는 이들은 성전에서 나는 것을 먹으며 제단에서 섬기는 이들은 제단과 함께 나누는 것을 너희가 알지 못하느냐 이와 같이 주께서도 복음 전하는 자들이 복음으로 말미암아 살리라 명하셨느니라 (고린도전서 9:11-14)

혹자는 이런 질문을 할는지도 모르겠다. "그러면 담임목사(혹은 당회장)는 어디에다가 십일조를 내야하나요?" 어떤 교회에서는 목회자가 자신이 목회를 하는 교회에 십일조를 내지 않고, 자신을 감독하고 북돋아 주며 늘 지켜 봐주고 돌봐주는 상회에 내는 경우도 있다. 상회는 노회나 총회 혹은 교단으로, 목회자들을 전문적으로 돌보는 기관이다.

당신은 십일조 생활을 하는가?

말라기 3:8-12은 "사람이 어찌 하나님의 것을 도둑질하느냐?"라고 묻고 있다. 그에 대한 대답은 다음과 같다. "누구요? 나요? 아니 어떻게 내가 주의 것을 도둑질하나요?" 그런 대답에 하나님은 이렇게 응수하신다. "곧 십일조와 (봉)헌물이라!"

당신은 십일조 생활을 하는 성도인가? 만일 아니라면, 당신은 하나님의 것을 도둑질하는 날강도다. 오늘은 당신 같은 사람이 회개할 날이다. 마음을 고쳐먹고, 주님의 뜻에 순종하면서, 십일조 생활을 시작하라!

혹 과거에 십일조로 인하여 받은 상처로, 십일조와 헌금에 관한 부정적인 관념이 형성되었을 수도 있다. 이는 마치 이혼으로 부서진 가정에서 자라난 사람이, 동일한 상처를 반복하고 싶지 않기에 결혼을 포기하는 것과 마찬가지이다. 수많은 상처에도 불구하고, 결혼은 아직도 하나님의 멋진 계획으로 세워진 제도임에 틀림이 없다. 하나님은 결혼제도를 축복해 주신다. 마찬가지로 자금을 오용하거나 횡령하는 일이 가끔 교회에서 벌어진다 해도, 헌금과 십일조를 지역교회에 바치는 건 여전히 하나님의 뜻이다. 그러므로 우리에게는 "뒤에 있는 것은 잊어버리고 앞에 있는 것을 잡으려고 푯대를 향하여 그리스도 예수 안에서 하나님이 위에서 부르신 부름의 상을 위하여 달려가"는 용기가 필요하다 (빌립보서 3:13-14).

당신이 용기를 가지고 십일조를 계속 드리다보면, 주께서는 게걸스럽게 당신의 재산을 먹어치우는 마귀를 꾸짖으실 것이고, 하늘의 문을 여시고 부어주심으로 당신에게 영예를 안겨주실 것이다. 그러다 보면 하나님을 향한 신선한 신뢰가 생기고, 영적 리더십으로 섬기는 자들에 대한 믿음도 더욱 돈독해질 것이다.

창고로

말라기 3장에서 주님은 십일조로 창고를 채우라고 하신 후에, 순종하기만 하면 엄청난 복을 내려주시겠다고 약속하셨다. "내가 하늘 문을 열고 너희에게 복을 쌓을 곳이 없도록 붓지 아니하나 보라"(말라기 3:10).

하나님은 당신에게 복을 주시기 원하신다. 그러나 당신이 먼저 주님이 추천하시는 그 곳 즉 창고로 십일조를 채워 넣어야한다. 당신은 당신이 소속된 교회로 십일조를 내지 않고 있는가? 만일 다른 곳으로 십일조를 보낸다면, 그건 마치 맥도널드에서 햄버거를 사고 버거킹에다 돈을 지불하는 것과 마찬가지이다! 구약성경에 보면, 창고에 십일조가 제대로 들어오지 않을 경우 레위 족속의 제사장들이 제 역할을 감당하지 못한 예를 볼 수 있다. 사실은 오늘날도 마찬가지다. 그리스도의 몸의 일부분에서는, 신도들이 자기 교회로 십일조를 제대로 드리지 않아 목회자들과 교회의 리더가 재정적으로 악전고투하고 있는 경우가 있다. 결과적으로 그들은 '텐트를 깁는 일'(직업)을 통해 생계를 유지해야하므로, 시간부족으로 인하여 신도들을 제대로 돌볼 수 없게 된다. 그러면 원수는 그런 불순종하는 신도들을 쉽사리 먹어치운다. 물론 바울과 같은 사도는 가끔은 일부러 자비량 선교의 길을 택했다. 오늘날에도 선교지에서는 특수한 경우에 필요에 따라 전문인 선교 내지는 자립 선교의 길을 가는 이들도 있기는 하다.

창고(지역교회) 이외의 곳에 십일조를 내는 경우에는 어떤 것이 있을까? 아마도 초교파 운동, 선교사, 부흥사, 아니면 각종 선교회나 자선단체를 들 수 있을 것이다. 물론 평판이 좋은 부흥사, 선교사, 기독교 자선단체의 사역자들이 많다. 그런 유수한 분들은 재정적 보조를 받기에 합당한 분들이다. 그럼에도 불구하고, 성경적으로 보면, 그들은 십일조가 아닌 헌금을 통해서 지원을 받아야한다. 만일 우리가 그들에게 십일조를 보내게 되면, 지역교회에 대한 불신 혹은 신뢰의 부족을 초래하게 된다. 십일조는 우리를 영적으로 보호해주며 동시에 우리를 영적 군사로 무장시켜 효과적으로 사역하도록 돕는 영적 지도자들에게 분배되도록 반드시 지역교회의 창고에 들여져야한다.

흔히 발생하는 "십일조에 관한 오해"를 풀어주기 위해 문서선교를 하는 한 목회자는 자신이 이끄는 단체의 정기 간행물에 다음과 같은 글을 올렸다. "우리 선교 단체에 십일조를 보내는 사안에 관해 최근에 나는 목회자들로부터 35통의 편지를 받았습니다. 그들은 나에게 십일조는 지역교회에 속한 부분이라는 걸 상기시켜 주었습니다. 나는 그들의 주장에 완전히 동의합니다. 그렇지만 여기에서 우리의 특수한 사정을 소상히 밝히고 싶습니다. 우리 선교단체의 간행물을 구독하는 분들 중에는 다니던 교회가 문을 닫았거나 아직 특정한 교회를 찾지 못한 분들이 상당수 있습니다… 신도라면 누구든지 지역교회 하나를 정해서 거기에 정기적으로 출석해야한다는 것이 우리의 신조입니다. 그렇지만 그렇게 되기까지 종종 우리의 정기 간행물을 통한 나의 메시지가 사람들에게 유일한 영적 양식이 되는 경우가 있습니다. 그렇지만 우리 선교회를 지원하는 분들 중에 대부분은 자신이 출석하는 교회에서 십일조 생활을 하는 분들이며, 그들은 십일조 이상을 헌금하는 성도들입니다."

다음으로 중요한 질문은 이와 같다. 당신은 말라기 3장에 나타난 대로 순전한 마음으로 십일조를 드리는 사람인가, 아니면 자신이 낸 십일조의 사용을 조종하려는 사람인가? 어떤 이는 십일조를 내기는 내는데, 간혹 그것이 자신이 정한 특정한 곳에만 사용되어야한다고 제약을 가하는 경우가 있다. 그렇지 않으면 십일조 전체 내지는 일부분을 내지 않는다. 내가 정부에 세금을 낼 때, 내가 낸 세금의 일부는 군대를 지원하는데, 또 일부는 집을 개조하는데, 또 일부는 대통령이나 국무총리의 사무실에 새로운 가구를 들여놓는데 사용되어야한다고 개인적으로 그 사용한도를 정하지 않는다. 마찬가지로, 지역교회에서도 십일조를 드리는 사람이 십일조를 드리면서 자신이 낸 십일조의 사용항목을 개별적으로 규정짓지 않는 것이 통례이다. 왜냐하면 영적 리더들이 주님을 영화롭게 하는데 자금을 잘 배분할 것으로 믿고 드리기 때문이다.

하나님의 것을 도둑질하려는 핑계거리

그리스도인들이 하나님께 속한 십일조와 헌금을 떼어먹는 데는 다양한 이유가 있다. 첫째는 영적 무지에 기인한다. "알지 못하던 시대에는 하나님이 간과하셨거니와 이제는 어디든지 사람에게 다 명하사 회개하라 하셨으니"(사도행전 17:30). 만일 이 영적 진리에 대하여 무식했다면 당신은 회개하고 돌이켜야한다. 그런 다음에는 이 영적 진리에 순종하라. 우리가 섬기는 하나님은 자비하신 하나님이다. 그분은 순종하는 자를 축복해주기 기뻐하시는 분이시다.

그렇지만 하나님의 말씀에 정면도전하며 불순종으로 십일조를 드리지 않는 그리스도인도 있다. 하나님을 안다고 주장하면서 하나님께 순종하지 않는 자를 성경은 거짓말쟁이라고 한다. 거짓말하는 자는 회개하고 살아 계신 하나님께 순종하는 새 삶을 살아야한다. "그를 아노라 하고 그의 계명을 지키지 아니하는 자는 거짓말하는 자요 진리가 그 속에 있지 아니하되"(요한1서 2:4).

십일조를 드리지 않는 다른 이유 중에 하나는 개인적인 빚이 많기 때문이다. 성경 갈라디아서 6:7은 "스스로 속이지 말라 하나님은 업신여김을 받지 아니하시나니 사람이 무엇으로 심든지 그대로 거두리라"고 말씀하신다. 개인적으로 빚더미에 앉게 되는 데는 다양한 이유가 있겠으나, 그 중에 하나는 선한 일에 기부하는 데 인색했던 것이다. 나는 자신의 일 년 수입의 10배가 넘는 큰 빚을 안고 살아가던 한 그리스도인 사업가의 이야기를 읽은 적이 있다. 그러나 그런 상황 속에서도 그는 하나님께 순종하면서 십일조 생활도 하고 헌금도 희생적으로 많이 드렸다. 그러자 수년 내에 그의 재정상태가 온전히 반전되는 걸 경험하게 되었다. 하나님께서는 그를 형통케 하셨으며, 심지어 한 교회를 담임하는 목회자가 되기까지 인도하셨다. 주님은 현재 수많은 이들에게 십일조, 헌금, 그리고 구제하는 삶의 축복에 관한 가르침을 전파하는데 그를 사용하고 계신다.

당신이 빚으로 인해 시달리고 있다면 믿음직한 그리스도인 친구에게 조언을 구해 보아라. 아마도 당신은 건전한 재정관리를 위한 새로운 습관을 형성시켜야할지도 모르겠다. 수년 전에 나의 친구는 나에게 예산을 수립하는 법을 가르쳐주었다. 그 후로 예산을 세우며 재정을 관리하는 것이 내 인생에 큰 축복이 되었다. 예산수립이 우리의 씀씀이를 온전히 통제하는 것은 아니라 할지라도, 자금이 어디서 들어오고 어디로 흘러 나가는지는 알 수 있게 해준다.

개중에는 자신이 지나치게 가난하다는 생각에 사로잡혀 십일조를 드리지 못하는 자들도 있다. 주님은 얼마를 드리느냐를 따지지 않는다. 그러나 드리는 자의 태도는 보신다. 아무리 수입이 적어도 10의 1이라는 비율로 착실히 바치는 것은 항상 가능하다. 그리고 하나님은 그것을 크게 기뻐하며 받으신다. 십일조를 드리지 않는 자는 마치 씨앗까지 다 깡그리 먹어버려 다음해에 파종할 것이 없게 만드는 농부와도 같다. 십일조에 해당되는 물질을 '축복의 씨앗'이 되도록 하나님께 바치지 않고, 다른 목적에 도용하게 되면 우리의 삶을 향한 하나님의 축복이 내리지 못하게 된다.

하나님이 받으셔야 할 십일조와 헌금을 그리스도인들이 착복하는 이유는 그 이외에도 더 있다. 그들 중에는 자신이 출석하는 지역교회의 리더들을 신뢰하지 못하는 사람들도 있다. 그들은 자신이 바치는 십일조를 교회의 지도자들이 제대로 사용할지 의심한다. 나는 주께서 그런 사람들에게 신뢰의 영을 내려주시기를 기도한다. 진정으로 자신의 교회의 리더들이 재정을 제대로 관리하지 못한다는 강한 확신이 섰다면 그런 사람은 다른 교회로 옮겨야할지도 모르겠다. 고린도전서 12:18에 따르면, 주님은 그 분의 뜻에 따라 우리를 그 분의 몸에 배치하신다고 한다. 우리가 교회를 선택하는 게 아니라, 사실은 주님이 우리를 어떤 일정한 교회의 특정한 자리로 보내시는 것이다. 만일 당신이 의심에 휩싸인 상황에 처해 있다면, 하나님께서 당신을 신뢰할만한 리더십 밑에서, 믿고 신앙 생활할 수 있는 곳으로 보내주시기를 기도한다.

신선한 자유를 만끽하라

당신이 아직도 헌금과 십일조를 드리지 않는다면 오늘 당장 시작하기를 바란다. 당신의 삶에 새로운 자유를 체험하게 될 것이며, 지역교회에서 다른 성도들과의 새로운 관계가 형성될 것이다. 덧붙여서, 기독교 선교사역에 후한 기부를 할 수 있도록 당신을 재정적으로 많이 축복해 달라고 하나님께 간구하라. 이 세상에는 많은 재물을 쏟아 붓기에 합당한 건전한 기독교 사역들이 많다. 그러나 절대로 아무 데나 기부하지 말라. 기부하기 전에 사전 조사가 필요한 경우도 많다. 왜냐하면 주님은 기부에 대해서도, 올바른 곳에다 기부했는지 책임을 추궁하시기 때문이다.

성경은 말씀하시기를 십일조는 일종의 신뢰를 시험하는 것이라고 했다. 이는 재물을 먹어치우는 원수를 꾸짖고 하늘의 보물 창고를 여시는 주님을 신뢰하는가 하는 시험이다. 이는 또한 지역교회의 창고에 재물을 넣으면서 그 교회의 영적 리더들을 신뢰할 수 있는가 하는 시험이기도 하다. 주님은 참으로 기쁜 마음으로 십일조와 헌금을 드릴 정도로 우리를 온전히 해방시켜주시기를 원하신다. 그분은 또한 순종하는 자녀들에게 복을 주시기를 갈망하신다. 이는 요한복음 8:36의 말씀 그대로이다. "그러므로 아들이 너희를 자유롭게 하면 너희가 참으로 자유로우리라."

당신이 이 놀라운 영적 진리를 따라 순종할 때마다 하나님께서 하늘 창고를 열고 물 붓듯 부어주시며 당신에게 복 주시기를 기도한다. 이제 다음 단원에서는 주께서 우리에게 축복해 주신 돈과 재물과 부를 어떻게 관리할지를 살펴볼 것이다.

복습문제

1. 당신 자신의 말로 십일조와 헌금의 차이점을 설명해보아라.

2. 십일조를 드리는 일에 왜 신뢰의 문제가 개입되는가?

3. 지역교회에 십일조를 드릴 때 지정헌금으로 드리면 어떤 문제가 발생할까?

4. 십일조와 헌금을 드리며 당신이 해방감을 맛보았다면 그것은 무엇인가?

16장

하나님의 재정을 관리하라

현재 소유한 것에 대해 책임을 지는 삶

주께서 주신 재원과 소유물은 모두 주님께 속한 것이고, 우리들은 단지 관리인일 따름이다. 고린도전서 4:2는 "그리고 맡은 자들에게 구할 것은 충성이니라"고 말씀하신다. 하나님은 우리에게 관리직을 맡겨주셨다. 그렇다면 하나님께서 맡겨주신 재원과 소유물은 그분께 영예가 돌아가고 하나님의 나라를 설립하는데 사용되어야한다. 주께서 주신 재물은 충직하게 관리되어야한다.

동시에 얼마가 주어졌건 간에 주께서 주신 것에 대해서는 감사하고 자족해야한다. "어떠한 형편에든지 나는 자족하기를 배웠노니"(빌립보서 4:11).

자족한다는 말은 불평하지 않는다는 뜻이다. 우리 가정의 경우 어떤 시점에는 경제적으로 풍요로웠던 적도 있었지만, 어떤 시점에는 매우 빈곤했던 적도 있었다. 그러나 어떤 경우에라도 주님은 우리 가정을 자족하는 길로 인도하셨고, 끊임없이 변하는 경제적인 사정을 뛰어 넘어 영적으로 승리하는 삶을 살게 하셨다.

현대인들은 욕구가 즉각 충족되기를 원한다. 그래서 물건이 없으면 당장 죽을 것 같은 마음으로 사재기하다가 빚더미 위에 올라앉게 된다. 이는 재정운영의 실수이며, 결국은 불만족을 초래한다.

또한 매일 하나님께 순종하며 대가를 치르는 대신, 일확천금으로 졸지에 부자가 되려는 자들도 있다. 그들도 인생의 실수를 저지르는 것이다. "복권당첨"이나 "한탕 큰 것"을 기대하는 것도 마찬가지이다. 늘 그런 생각에만 빠져 지내는 사람은 가난하게 살아갈 수밖에 없다. 요행만 바라고 있으면 오늘의 재정적인 진보를 위해 나아갈 수 없다. 장기적인 안목을 가지고 꾸준히 정진하는 사람에게만 재정적인 성취가 나타나기 때문이다(히브리서 6:12 참조).

달란트의 비유를 아는가(마태복음 25:14-30)? 첫 번째 사람은 다섯 달란트를 받고 그것으로 성실하게 잘 장사하여 이윤을 남겼다. 두 번째 사람은 두 달란트를 받았다. 주인은 그 사람이 두 달란트를 능숙하게 잘 처리하리라 판단했기에 그에게 두 달란트를 맡기셨다. 세 번째 사람에게는 한 달란트가 주어졌다. 왜 주님은 그에게 한 달란트를 주었을까? 한 달란트로 상거래를 잘 할 수 있는 인물로 보았기 때문이다. 하나님은 우리가 다룰 수 있는 한계를 잘 아는 분이시다. 그리고 주님은 주어진 것에 충성하는 자에게 더 많이 맡기시는 그런 분이시다.

가정을 위한 공급

하나님은 가정의 필요를 충족시켜줄 만큼 재정적으로 우리를 축복해주기 원하신다.

누구든지 자기 친족 특히 자기 가족을 돌보지 아니하면 믿음을 배반한 자요 불신자보다 더 악한 자니라 (디모데전서 5:8)

우리가 너희와 함께 있을 때에도 너희에게 명하기를 누구든지 일하기 싫어하거든 먹지도 말게 하라 하였더니 (데살로니가후서 3:10)

예수님께 그의 삶을 드린 후에, 남은 생애를 전도만 하며 살기로 결심한 한 남자가 있었다. 그는 매일처럼 하루 종일 해변에 머물며 전도만 했는데, 그동안 가족들은 거의 굶고 살았다. 그는 자신이 '하나님의 일'에 전념하고 있음으로, 그의 가족은 하나님께서 당연히 돌보실 것으로 생각했다. 보다 못한 그리스도인 친구가 그에게 가족을 돌봐야한다고 조언했을 때에, 그는 빙어적인 태도로 다음과 같이 대답했다. "내가 놀고 있었나? 예수 그리스도를 다른 이들에게 열심히 소개하지 않았나? 이 세상에 그보다 더 중요한 일이 대체 뭐란 말인가?" 그렇지만 진실은 그가 하나님의 말씀을 따르지 않고 있었다는 것이다. 가족은 돌보지 말고 혼자 밖으로 나가 전도하라고 하나님은 말씀하지 않으신다. 하나님께서 비록 당신을 '오직 믿음으로' 사역하는 선교사(약정된 일정량의 금액으로 재정적인 지원을 받지 않고 사역하는 선교사, 옮긴이)로 부르셨다 하더라도, 억지로 가족을 희생시키면서까지 그 일을 감행하지는 말아야한다. 나는 전 세계를 돌아다니며 하나님의 말씀을 선포하고 그리스도인들을 훈련시키는 특권을 부여받은 사람이다. 그러나 책임의 우선 순위는 내 가정이다. 자신의 가족을 돌보는 것을 거부하는 그리스도인은 믿음을 저버린 자로 불신자보다 더 못하다.

개중에는 말하기를 "나는 교회에서 전적으로 지원을 받는 전임 사역자가 되기를 원합니다"라고 한다. 물론 그것은 고상한 바램이다. 그렇지만 모든 그리스도인들은 다 전임 사역자들이다. 직업의 종류에 관계없이 풀타임으로 일하는 모든 그리스도인은 다 전임 사역을 하는 것이라는 말이다. 왜냐하면 우리 그리스도인들은 모두 자신의 일터에서 사역하도록 부르심을 받았기 때문이다.

왜 그리스도인들은 돈을 벌면서 열심히 일해야 하는가? 값비싼 명품을 사기 위해서인가? 전혀 아니다. 성경은 말씀하시기를, 궁핍한 자를 돕기 위해 그리스도인은 풍성한 재물을 가지려고 노력해야 한다고 한다(에베소서 4:28 참조). 그렇지만 재물은 먼저 가족을 돌보는 데 사용되어야 하며, 그 다음에는 주변에 어려운 이들을 돕는데 사용되어야 한다.

일할 수 있다는 것은 큰 축복이다. 그렇지만 당신에게 딱 맞는 완벽한 직업이 나타날 때까지 기다리지 말라. 무엇이라도 주께서 기회를 주는 일이 있다면 그냥 시작하라. 그리고 맡겨진 일에 충실하며, 기도하고 찾다보면 주께서 당신을 아주 좋은 일터로 인도해 주실 것이다.

주님의 재산을 투자하기

하나님께 최대의 영예를 돌리면서 그분의 나라를 세우는 일에 쓰이도록 주님의 부를 투자하는 방안은 무엇일까? 첫째는 주님의 돈을 세계 복음화에 투자하는 것이다. 돌아온 탕자의 이야기를 기억하는가? 아버지는 아들에게 재산의 반을 나누어주었지만, 아들은 금세 탕진해버렸다. 아들은 다시 아버지에게 돌아오기는 했지만, 아버지 재산의 절반을 허비했다. 다른 말로 하자면, 한 영혼을 건지는 일에 막대한 자금이 들어갔다는 이야기다. 마가복음 8:36~37에 따르면, 영혼에는 가격표를 붙일 수 없다고 한다. "사람이 만일 온 천하를 얻고도 자기 목숨을 잃으면 무엇이 유익하리요 사람이 무엇을 주고 자기 목숨과 바꾸겠느냐."

우리 교회에서는 각 성도마다 반드시 한 사람의 선교사를 지원할 것을 권장한다. 왜 그런가? 성경에 의하면, 우리의 재물이 있는 곳에 우리의 마음이 머물러 있기 때문이다(마태복음 6:21 참조). 하나님의 마음은 세상 모든 사람들이 구원을 받는 곳에 가 있기에, 우리의 마음도 그 곳에 가 있어야한다. 우리가 아까울 정도로 돈을 내어 선교사를 지원하면, 우리의 마음은 하나님의 마음이 머물고 있는 그 곳에 머물게 된다. 세계 선교는 하나님의 큰 갈망이다. 그렇지만 선교사를 지원하는 돈은 우리의 십일조로부터 떼어서는 안 된다. 십일조를 뗀 나머지 90퍼센트에서 헌금으로 바쳐야 한다. 무엇이든지 십일조를 제한 나머지는 다 '헌금'이다. 헌금을 선교지에 투자하는 것은 주님의 돈을 세계 복음화에 투자하는 것이다.

재원을 잘 투자하는 방법 중에는 높은 수익률을 내는 펀드나 주식이나 부동산에 투자하는 것 등이 있다. 달란트의 비유를 통해 보듯이, 큰 수익을 내는 사업에 투자한 자는 지혜로운 자로 여겨진다. 그러므로 큰 수익을 보는 하나님의 나라에 투자한 자는 하나님으로부터 큰 칭찬을 받게 될 것이다.

돈과 대인관계

하나님의 돈을 현명하게 사용하는 방법 중에는, 돈을 좋은 인간관계를 맺는데 사용하여, 네트워킹을 통해 하나님의 나라를 설립하는 것도 있다. 예수님은 이제 해고당할 위기에 처한 청지기의 비유를 들어 이러한 진리를 잘 설명해 주셨다. 어떤 부자에게 청지기가 있는데 그가 주인의 소유를 낭비한다는 고발이 들어왔기에, 주인이 그를 소환했다. 그리고 대놓고 말하기를 "자네가 맡아보던 청지기 일을 정리하게. 이제부터 자네는 청지기 일을 볼 수 없네"라고 하였다. 그러자 그 청지기는 자기 주인에게 빚진 사람들을 하나씩 불러다가, 첫째 사람에게 '당신이 내 주인에게 진 빚이 얼마요?' 하고 물었고, 그 사람이 '기름 백 말이오' 하고 대답하자, 그에게 '자, 이것이 당신의 빚문서요. 어서 앉아서, 쉰 말이라고 적으시오.' 하고 말했다. 그리고 다른 사람에게 '당신의 빚은 얼마요?' 하고 물은 후에, 그 사람이 '밀 백 섬이오' 하고 대답하자, 그에게 '자, 이것이 당신의 빚문서요. 받아서, 여든 섬이라고 적으시오' 하고 말했다. 그런데 주인은 그 청지기를 보고 분노하는 대신 도리어 칭찬하였다는 것이다. 누가복음 16:8-9에서 예수님은 거기에다 다음과 같은 설명도 덧붙이셨다.

주인은 그 불의한 청지기를 칭찬하였다. 그것은 그가 슬기롭게 대처하였기 때문이다. 이 세상의 아들들이 자기네끼리 거래하는 데에는, 빛의 아들보다 더 슬기롭다. 그러므로 내가 너희에게 말한다. 불의한 재물로 친구를 사귀어라. 그래서 그 재물이 없어질 때에, 그들이 너희를 영원한 처소로 맞아들이게 하여라. (표준새번역)

주인은 불의한 청지기를 칭찬했다. 왜냐하면 위기에 매우 슬기롭게 대처했기 때문이다. 그는 주인의 재원을 인맥형성에 사용하였다. 그는 곧이어 직업을 잃게 될 것이며, 그러면 그를 도와줄 지인들이 필요하다는 걸 알았던 것이다. 비록 청지기는 정직하지 않았고 또한 예수님은 절대로 부정직함을 용납하시는 분은 아니지만, 그래도 배울 점이 있다는 것이다. 예수님은 세상의 사람들이 믿는 자들보다 더 현명하다고 했다.

즉 많은 비-그리스도인들은 인맥형성에 재정을 잘 투자한다는 말이다. 반면, 교인들은 이런 종류의 사교술과는 거리가 먼 경우가 있다.

그리스도인도 역시 인맥형성에 돈을 투자해야한다. '당신'이 돈을 내고 식사를 대접하라. 그러면서 친밀한 인간관계를 형성해라. 영원까지라도 갈 만한 그런 인간관계를 형성해보아라. 자기가 어린아이였을 때 어느 그리스도인이 아이스크림을 사준 적이 있다는 한 청년을 만나본 적이 있다. 그 350원 짜리 아이스크림이 계기가 되어 그 어린이는 그리스도인 아저씨와 인간관계를 맺게 되었고, 그로 인하여 결국 그리스도인이 되었다. 적은 금액이지만 그래도 그 아저씨는 복음전파를 위해 인간관계 형성에 자금을 투자한 것이다.

이웃과 음식을 나누는 것도 역시 대인관계 형성에 도움이 된다. 전도 대상자를 당신의 집으로 초대하여 식사를 대접하라. 그리고 영원까지 이어질 인간관계를 형성하려고 노력해보아라. 이는 주께서 우리에게 맡겨주신 재물을 대단히 현명하게 사용하는 방법 중에 하나다. 진취적으로 살도록 하라. 마태복음 5:16은 "이같이 너희 빛이 사람 앞에 비치게 하여 그들로 너희 착한 행실을 보고 하늘에 계신 너희 아버지께 영광을 돌리게 하라"고 하신다.

행위는 말보다 더 강하게 호소한다. 그리스도인들이 이 세상의 사람들에게 돈을 잘만 투자하면, 그들이 예수님을 사랑하고 주님과 영원한 교제를 즐기며 살도록 인도할 수 있다. 예수 그리스도는 우리 안에 우리와 함께 거하신다는 것을 잊지 말자(갈라디아서 2:20). 불신자들은 종종 그리스도인들을 신뢰하는 법을 배우면서 주님을 신뢰하는 법도 따라 배우게 된다.

빈곤한 이웃돕기

신약과 구약을 통틀어 주님은 가난한 사람들을 도울 것을 명령하셨다. 야고보서 1:27은 "하나님 아버지 앞에서 정결하고 더러움이 없는 경건은 곧 고아와 과부를 그 환난 중에 돌보고 또 자기를 지켜 세속에 물들지 아니하는 그것이니라"고 한다.

또한 신명기 15:7-8에는 "네 하나님 여호와께서 네게 주신 땅 어느 성읍에서든지 가난한 형제가 너와 함께 거주하거든 그 가난한 형제에게 네 마음을 완악하게 하지 말며 네 손을 움켜쥐지 말고 반드시 네 손을 그에게 펴서 그에게 필요한 대로 쓸 것을 넉넉히 꾸어주라"고 기록되어 있다.

그리고 무엇보다 심판대에서 예수님이 하실 말씀에 그러한 내용이 분명히 명시되어 있다.

> 내가 주릴 때에 너희가 먹을 것을 주었고
> 목마를 때에 마시게 하였고
> 나그네 되었을 때에 영접하였고
> 헐벗었을 때에 옷을 입혔고
> 병들었을 때에 돌보았고
> 옥에 갇혔을 때에 와서 보았느니라 (마태복음 25:35-36)

한마디로, 예수님을 사랑하는 마음으로 누군가 어려운 이를 돕는다면, 그것은 바로 예수님을 도운 것이나 마찬가지라는 말이다.

우리 모두는 주님의 심판대 앞에 서야하며, 그 때 주님은 성도들에게 "네 집에 나를 들여 극진히 대접해 주었던 그 때를 기억하니?" 혹은 "내가 재정적으로 너무 어려웠을 적에 네가 도와준 걸 기억하니?"라고 물으실 것이라고 나는 믿는다. 예수님 때문에 누군가를 집으로 초대하여 접대하고, 힘 겨운 사람들을 도와줄 때마다 우리는 그 모든 것을 주님께 하는 것이다.

만약에 주께서 우리를 재정적으로 풍성하도록 축복하셨다면, 그것은 우리 주변에 궁핍한 사람들을 도와주라고 그렇게 하신 것이다. "가난한 자를 불쌍히 여기는 것은 여호와께 꾸어 드리는 것이니 그의 선행을 그에게 갚아 주시리라"(잠언 19:17).

성경에 따르면, 가난한 자를 물질로 구제하는 것은 마치 하늘 은행에 저축하는 것과 마찬가지라고 한다. 우주에서 가장 믿을 만한 은행은 하나님의 은행이다. 만약 주께서 당신에게 어떤 특정한 사람에게 돈을 주라고 하시면, 믿음을 가지고 그렇게 하라. 진정 주님의 은행에 저축 투자하는 일이다. 당신이 구제로 주님의 은행에 투자했다면 주님은 축복과 함께 모든 것을 다 되돌려주실 것이다.

하나님 나라의 필요를 충족시킴

주님은 신도들을 물질적으로 넉넉하게 해주셔서 주님의 몸의 필요를 채우게 하신다. 고린도후서 8:14에는 "이제 너희의 넉넉한 것으로 그들의 부족한 것을 보충함은 후에 그들의 넉넉한 것으로 너희의 부족한 것을 보충하여 균등하게 하려 함이라"고 기록되어 있다.

다른 말로 하자면, 교회에서 한 성도에게 물질이 차고 넘치게 되었다면 이는 없어서 쩔쩔매는 사람들의 부족을 채워주려는 하나님의 의도라는 것이다. 이는 나에게 저울인 천평칭(天平秤)을 상기시킨다. 만일 내 쪽이 무거우면 좀 덜어서 상대편 저울로 옮긴다. 만일 당신에게 여유분이 있다면 그것을 덜어서 다른 부족한 사람에게 준다. 만일 그들이 경제적으로 넉넉하고 당신이 재정적인 부족에 시달린다면, 그들이 당신에게 나누어줄 수 있을 것이다.

그리스도의 몸에는 항상 부족함이 채워질 정도의 풍부가 있게 되어 있다. 나는 공산주의를 실천하자는 이야기를 하는 것은 아니다. 공산주의는 사람을 압제하여 강제적으로 통용하게 만든다. 이는 억압으로 만들어진 "균등"이다. 구제는 강요되어서는 안 된다. 하나님의 나라에서 성령님은 그리스도의 몸에 풍성함을 넣어주신다. 그래서 성도들은 풍요로움을 누리면서 가운데 지역사회와 선교지의 필요를 채우는 일에 헌신하게 된다.

베푸는 구제사역을 함에 있어서 주님은 우리가 올바른 태도와 동기를 유지하기 원하신다. 고린도후서 9:7은 특히 기부하는 행위 뒤에 있는 좋은 마음의 태도를 강조한다. "각각 그 마음에 정한 대로 할 것이요 인색함으로나 억지로 하지 말지니 하나님은 즐겨 내는 자를 사랑하시느니라."

그러므로 무엇보다 먼저 즐겨 내는 자가 되자. 내가 아는 텍사스 교회의 한 회중은 헌금을 바칠 때마다 너무 기쁘고 흥분되어 박수를 치고 환호성을 지른다고 한다.

또한 하나님은 흔쾌한 마음으로 그리고 자원하는 심정으로 베풀라고 우리를 부르셨다. 하나님은 기꺼이 주는 자를 사랑하신다. 마태복음 10:8에 기록된 "너희가 거저 받았으니 거저 주라"는 말씀을 되새기자. 의무감에서든지 마지못해 억지로 베푸는 행위는 하지 말자. 자원하는 마음으로 기부하는 것보다 더 좋은 것은 아마 이 세상에 없을 것이다.

"얼마나 많이 기부해야하나요?"라고 물을 사람도 있을 것이다. 예컨대 지역교회에서 특별헌금을 위한 모임을 가진다면, 주께서 성도들에게 마음의 평안을 주시며 얼마를 기부해야할지 알려주실 것이다. 거듭 강조하지만, 그리스도인은 강압에 못 이겨 혹은 의무감에 사로잡혀 기부하지 않는다. 우리는 하나님의 것을 하나님께 되돌려 드리는 기쁨으로 기부한다.

주라, 그러면 도로 받을 것이다

최근에 나는 새신자 친구를 사귀었는데 그는 현재 군에 복무중이다. 하루는 그의 군대 친구가 돈을 빌려갔는데 갚지 않았다. 그는 괘씸한 마음이 들어 심기가 상당히 불편했다. 그렇지만 누가복음 6:33-35를 읽고 분노했던 마음이 누그러들었다.

너희가 만일 선대하는 자만을 선대하면 칭찬 받을 것이 무엇이냐 죄인들도 이렇게 하느니라 너희가 받기를 바라고 사람들에게 꾸어 주면 칭찬 받을 것이 무엇이냐 죄인들도 그만큼 받고자 하여 죄인에게 꾸어 주느니라 오직 너희는 원수를 사랑하고 선대하며 아무 것도 바라지 말고 꾸어 주라 그리하면 너희 상이 클 것이요 또 지극히 높으신 이의 아들이 되리니 그는 은혜를 모르는 자와 악한 자에게도 인자하시니라

돈을 꾸어주든지 무상으로 기부하든지 간에, 모든 것은 믿음으로 행해져야 한다. 되돌려 받든 말든 상관없이, 늘 순수한 태도를 유지해야 한다. 그리고 원수까지도 사랑하는 믿음으로 살아야한다.

주님은 오직 믿음으로 베풀라고 우리를 부르셨다. 그런 우리를 주님은 축복해 주시겠다고 약속하셨다. "주라 그리하면 너희에게 줄 것이니 곧 후히 되어 누르고 흔들어 넘치도록 하여 너희에게 안겨 주리라 너희가 헤아리는 그 헤아림으로 너희도 헤아림을 도로 받을 것이니라"(누가복음 6:38).

우리가 타인에게 기부하는 만큼 주님은 그것을 헤아려 우리에게 그

대로 되돌려 주시겠다는 것이다. 우리가 믿는 주님은 복주시기를 즐겨하시는 분이시다. 기부하는 동기는 늘 하나님을 사랑하는 순수한 마음이 되어야하고, 누구든 순종하는 마음으로 베푸는 사람에게 주님은 복을 주신다. 많은 그리스도인들이 재정적인 복을 누리고 있지 못하다. 왜냐하면 믿음을 실천하지도 않고, 후히 베풂으로 하나님의 풍성한 복을 받을 것을 기대하지도 않기 때문이다.

둘째는 가능한 넉넉하게 많이 베풀어야한다. 고린도후서 9:6의 말씀이다. "이것이 곧 적게(인색하게) 심는 자는 적게 거두고 많이(후하게) 심는 자는 많이 거둔다 하는 말이로다."

예수님께서 우리를 위해 자신의 모든 것을 주신 것처럼, 우리도 타인에게 진실하고 성실하게 베풀어야할 것이다. 그렇지만 기부를 받는 곳의 상황을 면밀히 살펴볼 필요는 있다. 내 동료 목회자 한 분은 해외 선교비로 교회에서 수천 달러를 지불했는데, 선교지에서 한 사람이 그 선교비를 횡령하여 착복한 사실이 드러나 곤혹스럽다고 했다. 물론 그들은 그 선교비 지출을 중단했다. 그러므로 기부하는 곳이 양심적으로 운영되는 곳인지 자세히 살펴볼 필요가 있다. 사실 개인적으로 잘 아는 사람을 통해 기부하는 것도 좋은 방법이다. 모든 속사정을 잘 알고 진정한 성령의 열매가 있는 곳에 기부한다면 믿고 많이 투자할 수 있을 것이다.

마지막으로 하나님의 뜻은 우리 그리스도인들이 번성하는 것이다. 고린도후서 8:9에는 "우리 주 예수 그리스도의 은혜를 너희가 알거니와 부요하신 이로서 너희를 위하여 가난하게 되심은 그의 가난함으로 말미암아 너희를 부요하게 하려 하심이라"는 말씀이 기록되어 있다.

예수님은 우리를 대신하여 빈곤의 저주를 짊어지셨다. 그렇기에 이제는 매사에 우리에게 번영을 제공하신다. 영적으로, 대인관계에, 육신의 건강에, 정신적으로, 그리고 재정적으로 복을 주셔서 번성케 하신다는 것이다. 그렇지만 하나님은 우리를 물질적으로 축복하실 때마다 위험을 무릅쓰고 모험을 하신다. 왜냐하면 우리는 하나님보다 재물을 더 믿을 가능성이 열리기 때문이다. 하나님께서 우리 손에 부를 쥐어 주시는 건 주변의 어려운 이들을 그 물질로 축복해주라는 의도에서 그렇게 하시는 것이다. 당신이 그렇게 책임을 잘 감당하면 할수록 주께서는 더 많이 복을 주실 것이다. 나는 당신이 하나님께서 안심하고 많이 맡길 수 있는 그런 믿음직한 청지기가 되기를 축복한다.

복습문제

1. 디모데전서 5:8은 가정을 돌보는 일에 관해 무엇을 가르쳐주는가? 당신 자신의 삶을 검토해보아라. 당신은 옳은 동기로 일들을 처리하고 있는가?

2. 하나님의 나라를 위해 당신은 어떻게 재산을 투자하고 있는가?

3. 마태복음 5:16(이같이 너희 빛이 사람 앞에 비치게 하여 그들로 너희 착한 행실을 보고 하늘에 계신 너희 아버지께 영광을 돌리게 하라)의 "너희"를 "나의"로 바꾸어 큰 소리로 반복하여 읽어라. 이 구절을 중심으로 기도하라.

4. 하나님의 공평케(균등케) 하심과 공산주의가 다른 점은 무엇인가?

제5부

사역으로의 부르심

모든 그리스도인들은 '구경꾼'이 아니라
현장에서 뛰는 '주전 선수'들이 되어야 한다

17장

모든 사람은 다 사역자가 될 수 있다

우리는 사역을 위해 무장되어야 한다

열광하는 한 축구 팬이 월드컵 경기를 직접 관람한 이야기를 나에게 해주었다. 그는 150달러를 주고 축구 경기장에 간신히 좌석 하나를 예약했다고 한다. 경기장에서 수천의 관중들과 함께 22명의 선수들이 펼치는 놀라운 경기를 관전하며 열띤 응원을 벌였다는 것이다. 그러나 그가 축구를 무척 좋아하는 사람이었다 해도 그는 경기장에서 직접 뛰지는 않았을 것이다. 그는 기껏해야 관람객에 불과했다. 이 이야기는 현대 기독교의 상황과 비교될 수 있다. 이렇게 한번 생각해보자. 매주일 아침 수천 명의 그리스도인 관중이 모여 목회자가 그의 의무를 수행하는 걸 관람한다. 이것이 교회를 향한 주님의 디자인일까? 나는 그렇다고 생각하지 않는다. 모든 그리스도인들은 '구경꾼'이 아니라 현장에서 뛰는 '주전 선수'들이 되어야 한다는 게 내가 믿는 바이다.

개 교회의 목회자나 영적 리더들은 성도들을 훈련시키고 무장시켜, 목회사역이라는 운동장에서 뛸 수 있는 선수로 키워내는 역할로 부르심을 받았다. 에베소서 4:11-12에 따르면, 하나님께서는 교회의 지도자들을 2가지의 목적을 위하여 능력으로 덧입히신다고 명시되어 있다. "그분이, 어떤 사람은 사도로, 어떤 사람은 예언자로, 어떤 사람은 복음 전도자로, 또 어떤 사람은 목회자와 교사로 삼으셨습니다. 그것은 성도들을 준비시켜, 봉사의 일을 하게하고, 그리스도의 몸을 세우게 하시려는 것입니다"(표준새번역).

정리하자면, 영적 리더들에게 주께서 은사를 내려주시는 것은 결국 '성도들을 준비시켜(무장시켜) 봉사(사역)의 일을 하게 하는 것'과 '그리스도의 몸을 세우게(고양시키게) 하는 것'을 목적으로 한다는 것이다. 즉 신도들의 봉사사역을 통해 하나님께서 계획하신 대로 그리스도의 몸이 자라나게 하기 위함이다. 영적 리더들이 각각의 신도를 훈련시키고 목회 사역을 감당하도록 무장시키면, 교회는 자연적으로 성장하게 된다. 그러나 역으로 신도들이 봉사하는 길로 훈련받지 못하면, 교회는 무력화되거나 마비된다. 오직 영적으로 무장된 교회만이 쓰임을 받는다.

우리 몸이 중풍으로 병들게 되면, 몸의 일부에 마비가 오고 반신불수가 된다. 오늘날 그리스도의 몸을 살펴보면, 일부가 마비된 것을 볼 수 있다. 왜냐하면 봉사의 사역을 감당해야할 신도들이 훈련받지 못하고 있기 때문이다. 하나님은 이 간과된 기독교의 기본 진리를 회복시키고 계신 중이다. 그렇게 함으로 모든 신자가 역동적으로 사역에 가담하도록 그들을 인도하실 것이다.

사도, 예언자, 복음 전도자, 목회자, 교사 등 초대교회의 지도자들은 오직 기도와 말씀을 전하는 일에 전념하는 것이 그들의 임무라는 것을 깨달았다. "형제들아 너희 가운데서 성령과 지혜가 충만하여 칭찬 받는 사람 일곱을 택하라 우리가 이 일을 그들에게 맡기고 우리는 오로지 기도하는 일과 말씀 사역에 힘쓰리라 하니"(사도행전 6:3-4).

그렇지만 사도들은 오직 기도와 말씀에 전념하기 전에 먼저 신도들이 봉사를 온전히 감당할 수 있도록 훈련시켜야만 했다. 사실 성도들이 목회사역의 대부분을 감당할 수 있을 때에 비로소 영적 리더들은 오직 기도와 말씀에만 전념할 수 있는 자유를 획득하게 된다. 초대교회의 리더들이 이런 하나님 나라의 원칙을 실천으로 옮겼을 때 수천의 새신자들이 교회에 가담하게 되었고, 양과 질 양면에서 교회는 급성장했다.

누구든 봉사할 수 있다

성도는 봉사의 일을 하도록 부르심을 받았다고 성경은 말씀하신다. 그렇다면 과연 그 '성도'라는 게 누구를 지칭하는 것인지 한번 살펴보자. 하나님의 영으로 거듭난 그리스도인은 누구든 '성도'라는 게 성경의 진리이다. 그러므로 천국에 들어갈 때에 비로소 성도(saint: 성인, 성자)가 되는 것이 아니다. 그리스도인들은 이미 성인들이다. 아침에 일어나 세수를 하고 거울을 바라보면서 "나는 성인이다"라고 말하라. 성경에 따르면, 성인은 하나님의 나라를 위한 봉사를 통해 목회사역을 감당하는 사람이다(에베소서 4:12 참조).

오늘날 수많은 그리스도인들이 영적으로 충만한 삶을 살지 못하고 있다. 왜냐하면 하나님의 목적을 이루지 못하고 있기 때문이다. 신자를 향한 하나님의 목적은 봉사사역을 충실하게 이행토록 하여 충족된 삶을 살게 하는 것이다.

'목회사역' 혹은 '사역자'라는 단어가 의미하는 바는 무엇일까? 웹스터 사전에 보면, "사역한다는 것은 봉사하고, 시중들고, 수행하는 것이다"라고 되어 있다. 식당에 가면 웨이터나 웨이트리스가 있다. 그들은 당신의 식탁에서 시중들며 섬기는 자들이다. 사역에는 바로 그런 의미가 내포되어 있다. 비행기에는 승무원이, 배에는 객실 담당원이, 공공의 장소에서는 안내원이, 병원에서는 간병인이 손님이나 환자들의 편의를 돌보며 섬긴다. 사실 '사역한다'는 말과 '섬긴다'는 말은 상호 교환적으로 사용될 수 있는 용어이다.

모든 그리스도인들은 다 섬기라고 부르심을 받은 자들이다. 타인을 섬기고 그들을 위해 봉사할 수 있다는 건 그 자체가 그리스도인들의 특권이다. 그렇지만 섬김의 방법이 다양하기에, 다양한 종류의 기독교 사역들이 존재한다. 모든 성도들은 전부 예수님의 이름으로 섬기도록 부르심을 받았다. 그뿐만 아니라 마가복음 16:17-18에 의하면, 진정한 제자들에게는 표적이 따르고, 그로 인하여 그들이 전하는 복음의 진실성이 확증된다고 한다.

> 믿는 자들에게는 이런 표적이 따르리니 곧 그들이 내 이름으로 귀신을 쫓아내며 새 방언을 말하며 뱀을 집어올리며 무슨 독을 마실지라도 해를 받지 아니하며 병든 사람에게 손을 얹은즉 나으리라 하시더라

위의 성경구절에는 오늘날 펼쳐질 수 있는 다양한 종류의 사역이 열거되어 있다. 이러한 표적들이 사도나 목회자나 선교사에게만 나타난다고 성경은 말하지 않는다. 표적은 "믿는 자" 모두에게 나타난다. 그러므로 예수 그리스도를 진심으로 믿는 그리스도인들은 모두 예수님의 권세와 권능을 힘입어 하는 목회 사역에 동참하도록 부르심을 받았다고 할 수 있다.

우리는 영성을 체험하고 있나?

오늘날의 교회는 기독교 사역에 관해 너무 좁은 시야를 가지고 있는 듯하다. 그렇기에 주님은 오직 주님의 관점에서 기독교 사역을 바라보도록 우리를 훈련시키며 개조시키는 중이시다.

전통적으로 과거에는 지역교회의 목사가 거의 모든 목회사역을 감당해야한다고 생각했다. 즉 목회사역은 오직 성직자만이 하는 일이고, 성도들은 단지 지원하는 역할을 수행한다는 사고방식이다. 그러한 태도 때문에, 많은 평신도들의 영성이 대단히 약화되었다. 예컨대 당신과 내가 전혀 운동을 하지 않는다면 우리의 몸은 강인함을 유지할 수 없을 것이다. 영성도 마찬가지이다. 영적인 능력도 사용하지 않으면 영적으로 유약해진다. "단단한 음식은 장성한 자의 것이니 그들은 지각을 사용함으로 연단을 받아 선악을 분별하는 자들이니라"(히브리서 5:14).

하나님께서 지시하신 일들을 실행에 옮기는 영적 체험을 통해 신자는 성숙해간다. 하나님은 모든 신자가 그분을 위한 사역자가 되기 원하신다. 예수님을 믿은 지 며칠밖에 안된 신자라도, 주께서 그 짧은 기간 동안 그에게 베푸신 놀라운 일들을 증거하는 사역자가 될 수 있다.

목회자 혼자 교회의 모든 영적 사역을 감당하다보면 결국 지쳐 떨어지게 되어있다. 반면, 영적인 능력을 사용하지 않는 평신도는 영성이 점차 약화되고, 그 결과 교회 전체가 무력화된다. 매일 혼자 팔굽혀펴기를 4,000번씩 하는 목회자를 상상해보아라. 탈진하지 않겠는가! 그런데 영적으로 볼 때, 현대 교회의 모습이 바로 그러하다.

목회자와 교회의 지도자가 신도를 훈련시켜 영적 스포츠맨들로 만들고 목회 사역에 깊이 관여케 하는 것이 하나님의 계획이라고 나는 굳게 믿는다. 성도들은 그런 과정을 통해 그리스도 안에서 많이 성숙하게 된다. 말씀을 실천으로 옮기는 운동을 하지 않는 신자는 영적으로 자라날 수 없다. 하나님께서는 성도들 각자에게 봉사할 수 있는 재능과 능력을 부여하셨다. 그렇지만 목회사역을 위해 사용되어지지 않으면 아무 소용이 없다.

성도들이 주께서 명령하신 봉사의 사역을 감당하기만 하면 깜짝 놀랄만한 일들이 발생한다. 하나님은 성도들의 봉사를 통해 교회를 세우시는데, 특히 가정교회를 통해서 건실하게 세우신다. 교회 사역, 가정 사역, 캠퍼스 사역, 직장 사역은 저절로 발생하지 않는다. 이는 오직 하나님께서 주신 은사를 충분히 활용할 때에만 가능해진다. 평신도의 은사활용은 하나님의 위대한 계획이다.

어떻게 사역을 감당할 것인가?

사역에의 길은 다양하다. 예컨대 몸이 불편한 이들에게 차편을 제공하는 일로부터 시작하여 음식을 제공하는 일에 이르기까지 수를 헤아릴 수 없다. 우리는 이러한 일을 "사랑의 수고"라고 부른다. 타인을 격려하고, 환자를 위해 기도하고, 아이들을 돌보고, 주일학교에서 가르치고 하는 등 열거하자면 끝이 없다. 대부분의 사람들은 '목회 사역'이라고 할 때에 설교하거나 성경을 가르치는 일을 상상한다. 그러나 그것은 예수님의 이름으로 하는 수백 가지의 사역 중 하나일 뿐이다.

예수님께서 지상에 계실 때 그분은 시간과 장소에 제약을 받으셨다. 즉 일정한 시간과 장소에 머물 수밖에 없으셨다는 것이다. 그러나 하나님은 예수님을 십자가로 보내고, 죽고, 부활하고, 승천하고, 성령을 부어주시는 전략을 사용하셨다. 성령님은 모든 믿는 자들 안에 거주하신다. 그러므로 이제는 지상을 거니는 예수님 한 분이 사역하는 게 아니라,

성령 충만함을 받은 수억의 신자들이 예수님의 이름으로 전 세계에서 동시다발적으로 사역을 감당한다.

성령을 받은 사람은 반드시 주님의 사역을 해야 한다. 예수님은 어디를 가시든 목회 사역을 하셨다. 우리도 마찬가지이다. 가정이든, 지역사회든, 학교든, 직장이든 어디를 가든지 사람들을 대상으로 주님이 주시는 힘으로 하나님 나라의 사역을 펼쳐야한다(베드로전서 4:11 참조).

우리가 주님의 사역을 감당할 수 있는 것은 우리 안에 어떤 능력이 있어서가 아니라 주께서 능력을 공급해주시기 때문이다. 새 언약의 일꾼이 되도록 주님은 우리를 성령으로 덧입혀 주시고 능력을 허락하신다.

> 우리가 무슨 일이든지 우리에게서 난 것 같이 스스로 만족할 것이 아니니 우리의 만족은 오직 하나님으로부터 나느니라 그가 또한 우리를 새 언약의 일꾼 되기에 만족하게 하셨으니 율법 조문으로 하지 아니하고 오직 영으로 함이니 율법 조문은 죽이는 것이요 영은 살리는 것이니라(고린도후서 3:5-6)

나는 아주 젊은 나이에 성경공부를 인도하게 되었다. 나는 아직도 내가 인도한 첫 성경공부를 잊지 못한다. 그 당시 인도자가 된다는 것은 나에게 생소한 일이었기에 많이 긴장하였다. 어떻게 해냈는지는 몰라도, 나는 두려움을 극복하고 잘 진행하였다. 하나님의 능력이 내 안에서 역사하신 것이다. 나의 능숙함은 오직 하나님으로부터 온다는 사실을 나는 늘 체험하고 있다.

몇 년 전에 나는 전혀 악기가 없는 곳에서 예배를 인도하게 된 적이 있다. 내 앞에는 율관(律管: 기본이 되는 음을 잡아 주는 데 쓰는 작은 피리)이 하나 놓여 있었다. 나는 이전에 그런 기기를 사용해본 적이 없었는데, 찬양을 시작할 때면 음을 잡아주기 위해 사용하지 않을 수 없었다. 그런데 너무 세게 불어서인지 갑자기 큰 소리가 나는 바람에 당혹스러웠던 것이 아직도 뇌리에 박혀 있다. 나의 그런 실수에 대하여 청중들이 여기저기서 킥킥대며 웃는 모습을 보고 쥐구멍에라도 들어가고 싶을 정도로 부끄러웠다. 이는 참으로 나를 겸손하게 만든 체험이었다. 그렇지만 하나님의 은혜로 나는 첫 찬송가를 잘 인도할 수 있었다. 나는 무반주 방식으로 예배를 인도하는 법을 계속 연습하면서 나중에는 익숙하게 되었다. 일단 숙달된 다음에는 반주 없이도 예배 인도하는 것을 즐기게 되었다.

적당히 요령을 피우는 삶으로부터의 탈출

우리 모두는 안일해질 수 있다. 즉 적당히 요령을 피우며 살아도 되는 경우가 있다는 말이다. 일단 그런 안일함이 삶에 자리를 잡으면, 거기로부터 빠져 나오는 게 쉽지 않다. 그러나 믿음의 발걸음을 내딛으면 새로운 사건이 발생한다. 베드로는 배에서 나와 믿음으로 바다 한가운데로 발을 내딛었을 때, 기적을 체험하게 되었다(마태복음 14:30 참조).

주님은 우리를 믿음의 사람이 되도록 부르셨다. 우리 자신의 능력이 아니라 하나님의 능력에 의존하면서 주님의 일을 이루어 내도록 하신 것이다. 그래서 성경은 "믿음이 없이는 하나님을 기쁘시게 하지 못하나니 하나님께 나아가는 자는 반드시 그가 계신 것과 또한 그가 자기를 찾는 자들에게 상 주시는 이심을 믿어야 할지니라"고 하신다(히브리서 11:6). 다른 이들을 위한 사역을 하다보면 그것이 믿음 없이는 불가능하다는 걸 종종 발견한다. 왜냐하면 계속 믿음으로 안일함의 자리를 박차고 나가야하기 때문이다.

가정은 특히 목회 사역의 중요한 장이다. 예수님은 사람들이 편안한 마음으로 그들의 수준에서 하나님을 만날 수 있는 장소인 가정을 방문하여 많은 사역을 베푸셨다. 주님은 그렇게 하심으로 인간의 실제적인 문제들을 다루어주셨다. 당신도 여러 가정을 방문하며 그들과 함께 기도할 수 있는 기회를 달라고 주님께 간청해 보아라. 참으로 삶이 변화되는 놀라운 체험을 하게 될 것이다. 당신은 하나님의 사역을 하도록 부르심을 받은 성도라는 사실을 절대로 잊지 말라.

하나님은 때로 우리를 상담자로 세우시기도 한다. 아니면 경건한 조언을 베푸는 자로 세우기 원하실 때도 있다. 그렇지만 개중에는 전문적인 훈련을 받은 상담자가 아니라는 이유로 그런 하나님의 계획에 부정적인 반응을 나타내는 신자들도 있다. 성경 이사야 9:6에는 "이는 한 아기가 우리에게 났고 한 아들을 우리에게 주신 바 되었는데 그의 어깨에는 정사를 메었고 그의 이름은 기묘자라(탁월한 경륜가), 모사라, 전능하신 하나님이라, 영존하시는 아버지라, 평강의 왕이라 할 것임이라"는 말씀이 나온다. 예수님은 탁월한 경륜가이며 그분은 우리 안에 거하신다. 사람들은 인생의 문제에 대한 해결책을 구한다. 나는 해결방안은 모르지만, 내 안에 놀라운 상담자이신 예수님이 함께 하신다는 것을 알고있다. 예수님은 해답을 가지고 계시다. 그래서 나는 기도하며, 주님께서 그들에게 직접 말씀하실 것을 간구한다. 물론 때로는, 문제를 가진 사람을 나보다 더 잘 도울 수 있는 사람들에게 연결시켜주기도 하지만 말이다.

주님은 당신에게 놀라운 간증거리를 주셨다는 사실을 늘 잊지 말라. 당신의 삶에 발생한 하나님의 놀라운 역사를 다른 사람들과 나누면, 주께서 당신을 사용하여 진리를 전파하시며, 사람들의 마음속에 믿음을 생성시키신다. 때론 혹 대답하기 어려운 질문을 받을까 두려울 때도 있을 것이다. 만일 명확한 답을 모른다면, "그 문제에 대해서 저는 잘 모르겠습니다. 그렇지만 더 잘 아는 분께 물어보고 대답해 드리겠습니다"라고 하면 된다. 이 세상에 모든 것을 다 아는 사람은 없다. 영적인 문제에 대해서도 마찬가지이다. 그렇기에 주께서는 다양한 은사를 가진 사람들을 그리스도의 몸 안에 배치해놓으셨다. 우리에게는 서로의 도움과 협력이 필요하다.

우리의 능력이 아닌 그분의 능력으로

주님은 우리가 여러 사람들을 위한 다채로운 사역에 항상 준비되어 있기를 원하신다. 내가 우리 교회를 처음 개척했을 당시 첫 주일에는 어른 예배에서 설교를 해야 했고, 다음 주일에는 어린이 예배를 인도해야 했다. 어린이 예배를 인도하는 것은 처음에는 낯설었지만, 나중에는 그와 관련된 사역을 준비하는 계기가 되었다. 이렇게 그리스도인은 하나님께서 부르시면 즉각 순종하여, 주께서 사용 가능하도록 늘 준비되어 있어야한다.

그렇지만 당신이 어떠한 사역으로 부르심을 받았던, 분명한 사실은 자신의 능력으로는 그 사역을 감당할 수 없다는 것이다. 목회 사역은 오직 우리 안에 계신 주님의 능력으로만 가능하다. 교회에서 유치부를 맡았다면, 어린 심령을 위해 기도하고, 예수님의 이름으로 그들의 머리에 손을 얹고 안수할 수 있을 것이다. 주님의 눈으로 세상을 바라보기만 하면 사역할 일거리들이 널려져 있는 것을 보게 된다. 요한복음 3:16은 "하나님이 세상을 이처럼 사랑하사 독생자를 주셨으니 이는 그를 믿는 자마다 멸망하지 않고 영생을 얻게 하려 하심이라"고 말씀하신다. 하나님은 그리스도인들 가운데 거하시며, 그리스도인들을 통해 이 세상의 사람들을 사랑하신다! 주변의 사람들을 독려하고 그들을 위해 봉사하라고 하나님이 그리스도인들을 부르셨다는 건 진실 중에 진실이다.

봉사는 종종 실질적인 형태를 띤다. 예컨대 비가 오는 날, 이웃의 바람 빠진 타이어를 갈아 끼우는 작업을 돕는 일 같은 것 말이다. 이는 하나님께서 당신을 통해 자동차를 수리하시는 것이다. 이따금 봉사하다보면 나는 우리가 원하는 것이 아니라 주께서 하라고 하신 일을 해야 한다는 걸 느끼게 된다. 성경의 말씀대로 그리스도인들이 진실로 예수님과 함께 십자가에 못 박혔다면, 자신이 원하는 것만 하는 것에 대해서도 이미 죽었어야 한다. "내가 그리스도와 함께 십자가에 못 박혔나니 그런즉 이제는 내가 사는 것이 아니요 오직 내 안에 그리스도께서 사시는 것이라 이제 내가 육체 가운데 사는 것은 나를 사랑하사 나를 위하여 자기 자신을 버리신 하나님의 아들을 믿는 믿음 안에서 사는 것이라"(갈라디아서 2:20).

당신의 옛사람은 이미 죽었고, 이제는 그리스도께서 당신 안에 살아 계신다. 그리고 주님은 지금 당신이 그분을 위한 사역자가 될 것을 요구하고 계신다.

사랑이 모든 것을 극복해낸다

나는 수년간의 심리학적인 훈련을 받은 상담 전문가와 대화를 나눈 적이 있다. 그런데 그는 이렇게 충고했다. "통례적으로 사람들은 상담을 해 주려면 수년간의 전문 훈련과정을 통과해야한다고 생각합니다. 그렇지만 오늘날 심적으로 고통당하는 이들에게 가장 먼저 필요한 사람은 상담 전문가가 아니라 그를 진실로 사랑해줄 사람입니다." 그 전문 상담가는 상담훈련의 필요성을 무시하지는 않았으나, 오늘날 현대인들의 마음속에 내재한 깊은 욕구인 사랑에 대한 갈망을 강조하였던 것이다.

바로 이것이 기독교 사역의 핵심이다. 주님은 '사람을 사랑하는 사역'으로 우리를 부르신 것이다. 우리는 '경청'하면서 욕구를 채워주는 방법으로 사람을 사랑할 수 있다. 그런 사역에 대하여 두려워하거나 스스로 자격이 없다고 판단하면서 주눅이 들 필요는 없다. 오직 성경의 한 구절만 생각하라. "사랑 안에 두려움이 없고 온전한 사랑이 두려움을 내쫓나니"(요한1서 4:18상).

나는 하나님께서 나를 사랑하시고 또한 내가 사역하는 대상도 극진히 사랑하신다는 사실을 깨닫는 순간, 모든 두려움이 사라지는 것을 경험한다. 우리가 더 많은 시간을 할애하여 예수님과 교제하면 할수록, 더 많은 사랑이 우리 안으로 밀려들어오고, 그로 말미암아 주님은 우리를 통해 더 많이 사역하실 수 있게 된다. 주님과의 개인적인 만남이 잦아질수록, 우리의 삶에 그 분의 사랑과 담대함이 충만하게 드러나기에, 효과적인 사역을 할 수 있는 능력도 커진다. 이는 초대교회의 평범한 지도자들에게 나타난 역사와 동일한 것이다. "그들이 베드로와 요한이 담대하게 말함을 보고 그들을 본래 학문 없는 범인으로 알았다가 이상히 여기며 또 전에 예수와 함께 있던 줄도 알고"(사도행전 4:13).

사실 우리가 실력도 없고 연약하기 짝이 없다고 느낄 때에도 담대한 건 주님의 은혜가 우리에게 흡족하게 임하기 때문이다. 사도 바울은 "육체의 가시"를 제거해 달라고 주님께 3번이나 매달려 간구하였다. 그러나 주님은 약한 데에서 오히려 주님의 능력이 강하게 나타남을 바울에게 알게 해 주셨다. 그러한 내용이 담긴 고린도후서 12:9-10의 말씀을 깊이 묵상해보자.

나에게 이르시기를 내 은혜가 네게 족하도다 이는 내 능력이 약한 데서 온전하여짐이라 하신지라 그러므로 도리어 크게 기뻐함으로 나의 여러 약한 것들에 대하여 자랑하리니 이는 그리스도의 능력이 내게 머물게 하려 함이라 그러므로 내가 그리스도를 위하여 약한 것들과 능욕과 궁핍과 박해와 곤고를 기뻐하노니 이는 내가 약한 그 때에 강함이라

우리가 매일의 삶을 승리하며 살 정도로 하나님의 은혜는 늘 족하다. 우리가 그리스도에게로 가까이 다가갈 때에 주님은 온갖 상황 속에서도 우리를 도우실 것이며, 능력과 위로로 늘 덧입혀 주실 것이다. 그러면 주님이 주시는 그 능력으로 믿음을 발휘하여 타인을 위한 사역을 감당할 수 있게 된다.

복습문제

1. 에베소서 4:11-12에 따르면 교회의 영적 리더들의 역할은 무엇인가? 교회의 리더들은 우리가 목회사역에 가담하도록 우리를 어떻게 훈련시키는가?

2. 마가복음 16:17-18에 기록된 표징 중에 당신의 삶에서 발생하고 있는 것이 있는가?

3. 타인을 위하여 당신이 할 수 있는 일들의 목록을 적어보아라.

4. 당신이 판에 박힌 생활이나 안일한 곳으로부터 벗어난 경험이 있다면 말해보아라.

18장

우리는 섬기라고 부르심을 받았다

위대한 인물이 되고 싶다면?

하루는 예수님의 제자인 야고보와 요한의 어머니가 예수님을 찾아와 특별한 요청을 하였다.

> 그 때에 세베대의 아들의 어머니가 그 아들들을 데리고 예수께 와서 절하며 무엇을 구하니 예수께서 이르시되 무엇을 원하느냐 이르되 나의 이 두 아들을 주의 나라에서 하나는 주의 우편에, 하나는 주의 좌편에 앉게 명하소서
> (마태복음 20:20-21)

성경에는 나머지 제자들이 이 사건에 대해 모두 분노했다고 기록되어 있다. 야고보와 요한이 자기들만 예수님의 오른편과 왼편에 앉겠다고 요청한 그 뻔뻔함에 경악을 금치 못했던 것이다. 모든 제자들은 그때까지만 해도 예수님께서 지상에 왕국을 건립하실 것으로 기대했다. 그뿐만 아니라 12제자들은 하나님 나라의 사역과 리더십에 관해서도 오해

하고 있었다. 예수님은 다음과 같이 말씀하심으로 그들의 그릇된 사고방식을 수정해주셨다.

> 예수께서 제자들을 불러다가 이르시되 이방인의 집권자들이 그들을 임의로 주관하고 그 고관들이 그들에게 권세를 부리는 줄을 너희가 알거니와 너희 중에는 그렇지 않아야 하나니 너희 중에 누구든지 크고자 하는 자는 너희를 섬기는 자가 되고 너희 중에 누구든지 으뜸이 되고자 하는 자는 너희의 종이 되어야 하리라 인자가 온 것은 섬김을 받으려 함이 아니라 도리어 섬기려 하고 자기 목숨을 많은 사람의 대속물로 주려 함이니라 (마태복음 20:25-28)

예수님은 세상의 시스템에 얽매여 있는 자들은 참된 기독교 사역과 섬김의 원리를 이해할 수 없다는 의도로 말씀하신 것이다. 이 세상의 리더들은 사람을 조종하고 그들에게 완력을 사용하는 사람들이다. 그러나 예수님은 새로운 삶의 길을 제시하셨다. 진정한 리더십은 섬김의 본을 보인다는 것이다. 섬기는 리더는 섬김을 실천한다. 우주의 왕이신 예수 그리스도는 섬김을 몸소 실천하려고 이 땅의 낮고 낮은 곳으로 내려오셨다. 그리고 기회 있을 적마다 사람들을 섬김으로 우리에게 섬김의 본을 보여주셨다. 그래서 그리스도인들은 예수님의 이름으로 사람을 섬기는 사역자로 소명을 받고 있는 것이다. 그러므로 이 세상에서 예수님의 이름으로 남을 섬기며 돕는 사역을 하는 자보다 더 위대한 인물은 아마 없을 것이다.

사역과 섬김은 동일한 것이다

그렇다면 구체적으로 섬김이란 과연 무엇일까? 이미 앞서 살펴보았지만, 사실상 '섬김'과 '사역'은 동의어다. 야고보와 요한은 하나님의 나라에서 권세를 가진 큰 자가 되기를 원했다. 그들은 높은 자리 좋은 자리에 올라가면 위대한 사람이 되리라 생각했다. 그러나 예수님은 섬기는 자가 큰 자라고 하심으로 그들의 관념을 뒤바꾸어 놓으셨다. 이 세상의 가치관과 하나님 나라의 가치관은 다르다. 하나님 나라에서의 위대함은 우리의 실력이나 수완에 달려있지 않고 기꺼이 섬기고자하는 의향에 달려있기 때문이다.

섬기는 자는 온전히 타인에게 헌신된 사람이다. 나는 사람들을 관찰하기를 즐긴다. 전 세계를 여행하며 나는 위대한 하나님의 남녀들을 만나보았는데, 진실로 놀라운 진리를 하나 발견했다. 그들 모두에게서 발견되는 공통점은 '섬기는 종의 마음'을 가졌다는 것이었다.

오래 전 내가 젊은 목사 축에 속해 있을 적에, 나는 오하이오의 데이톤에서 열린 리더십 수련회에 참석한 적이 있다. 많은 목회자가 모였는데, 그 중에 지금은 작고하신 한 나이 많은 선배 목회자 한 분이 내 눈길을 끌었다. 그분은 연장자임에도 불구하고 가는 곳마다 사람들의 시중을 들었다. 그러다가 나는 그가 호텔에서 손님의 짐을 운반하는 벨보이에게 접근하여 예수 그리스도의 복음을 전하는 걸 보았다. 영적인 문제에 관해 상담해 오는 사람들 하나하나를 온화하고 정감어린 태도로 어루만져주는 모습도 바라보게 되었다. 그 목회자는 진정한 주의 종이었다.

하나님 나라에서 위대함의 기준은 순종함으로 타인을 섬기고자하는 의지에 달려있다. 한번은 예수님께서 바리새인의 우두머리 집에 모인 하객들에게 다음과 같은 비유를 말씀하셨다.

네가 누구에게나 혼인 잔치에 청함을 받았을 때에 높은 자리에 기대어 누워 있지 말라 그렇지 않으면 너보다 더 높은 사람이 청함을 받은 경우에 너와 그를 청한 자가 와서 너더러 이 사람에게 자리를 내주라 하리니 그 때에 네가 부끄러워 끝자리로 가게 되리라 청함을 받았을 때에 차라리 가서 끝자리에 기대어 누워 있어라 그러면 너를 청한 자가 와서 너더러 벗이여 올라 기대어 누워 있어라 하리니 그 때에야 함께 기대어 누워 있는 모든 사람 앞에서 영광이 있으리라 무릇 자기를 높이는 자는 낮아지고 자기를 낮추는 자는 높아지리라(누가복음14:8-11)

주님은 우리가 자만하며 잘난척하는 걸 허락지 않으신다. 그러므로 주님 앞에서 스스로 높이기보다는 배후에서 조용히 섬기는 것이 그리스도인의 바른 자세가 될 것이다. 주께서 놀랍게 사용하셔서 100만 명 이상을 예수님에게로 인도한 위대한 전도자 DL 무디는 항상 뒷전에 앉기를 좋아했다. 그는 실로 주의 종다운 종이었다. 우리가 겸손과 섬김의 정신으로 주님만 높일 때에, 때가 되면 주께서 우리도 높여주실 것이다.

사랑으로 봉사하기

내 친구 중 하나는 미국에서 기독교 지도자로 활약하고 있다. 그는 오래 전 젊은 나이에 대도시로 이주했다. 그는 카리스마를 가진 지도자로 성경을 깊이 연구했다. 그리고 각별히 가르치는 은사가 뛰어나서 가르치는 일이라면 열정을 보이는 인물이다. 그가 지도자로 발탁되기 전 무명 시절에 한번은 성경공부 모임에 참석했는데, 다음 모임에서의 성경공부 인도를 부탁 받았다. 그 성경공부 모임의 인도자가, 하나님의 말씀을 사모하는 내 친구의 열정에 감동을 받은 것이다. 그런데 다음 주일에 내 친구는 누구보다 먼저 일찍 가서 의자를 펴고 책상을 잘 배열해 놓았다고 한다. 그는 흔쾌히 섬기는 일을 하는 사람으로, 현재 전 세계를 순회하며 성경을 가르치는 저명한 지도자로 명성을 날리고 있다.

고린도전서 8:1에는 "지식은 교만하게 하며 사랑은 덕을 세우나니"라는 말씀이 기록되어 있다. 사랑 없이 지식만 지나치게 내세우다보면 교만하게 된다. 그러나 사랑은 항상 남을 세워준다. 나는 기독교 사역이 남을 섬기는 게 아니라 남을 가르치고 설교하는 것이라는 관념을 가진 사람들을 보았다. 남을 가르치고 설교하는 일은 오늘날 교회에서 참으로 필요한 사역이다. 그렇지만 모든 사역이 다 그렇듯, 설교하고 가르치는 사역도 역시 자비와 사랑의 마음으로부터 우러나와야 한다. 교회의 교사와 설교자도 역시 봉사의 사역으로 부르심을 받은 사람들이다. 오직 사랑만이 사람을 참된 사람으로 만들어갈 수 있다. 사랑과 자비의 마음이 결여된 지식은 그것이 성경 지식이라 할지라도 패망의 선봉인 교만으로 이끈다.

사람들 앞에 서서 가르치거나 설교하는 일을 맡기 전에 먼저 자질구레하고 하찮은 일을 통해 사람을 섬기는 일을 하는 게 좋다. 지극히 겸손한 자세로 낮은 자리에서 주님을 성실히 섬기다보면 주께서는 더 큰 일에 사용하실 것이다. 그 안에 종의 자세가 충분히 배양되었다고 판단되면 주님께서 그를 높이 들어 사용하신다는 말이다. 주님은 높은 학위나 많은 세상 경험이 아니라, 섬김의 자세를 가진 사람을 찾으신다. 주님은 기꺼이 섬기려는 자에게 하늘나라의 위대한 일을 맡기신다. 반대로 흔쾌히 섬길 마음이 없다면, 교육 정도나 배경이 아무리 좋다하더라도, 하나님의 나라에 크게 기여할 수 없을 것이다.

어떻게 구체적으로 섬길 수 있을까?

예수 그리스도 안에서 거듭나자마자 왜 주님은 우리를 하늘의 천국으로 이끌지 않으시는가? 나는 그 해답이 지상에서의 봉사에 있다고 생각한다. 주님이 아직도 우리를 지상에 남겨 놓으신 이유는, 사람들이 하나님의 나라로 들어가도록 그들을 돕는데 사용하기 위함이다. 결론적으로 핵심은 이것이다. 모든 성도는 봉사의 길로 부르심을 받았다는 것이다. 우리는 가정에서, 일터에서, 소그룹에서, 그리고 지역교회에서 만나는 사람들을 섬기며 살도록 운명 지어졌다. 그러므로 우리는 어디를 가든지 항상 "내가 어떻게 섬길까?"라는 질문을 던지며 살아야한다.

사실 섬길 수 있는 길은 다양하다. 주일학교의 인형극이나 드라마 사역에 가담할 수 있다. 아니면 교도소 사역에 참여할 수도 있다. 지역사회를 청소하는 사역에 관심을 가질 수도 있다. 아니면 독거노인들을 방문하여 그들을 섬길 수도 있고, 환자나 어려운 일을 당한 사람들에게 음식을 제공하는 선행을 베풀 수도 있다. 미국에서는 특히 거동이 불편한 분들에게 교통편을 제공하는 것이 큰 도움이 된다.

이웃을 위해 봉사하는 사람만이 진정한 목회 사역자이다. 예수님은 "내가 왕이다. 모두 와서 나를 경배하라!"고 하지 않으셨다. 그분은 지상에 오셔서 단지 섬기다 가셨다. 그래서 야고보서 4:10은 "주 앞에서 낮추라 그리하면 주께서 너희를 높이시리라"고 말씀하시는 것이다.

수십 년간 주님의 교회를 충실히 섬기다 은퇴하고 우리 교회에 출석하기 시작한 한 원로 목회자가 있었다. 그 신실한 목회자가 우리 교회에 와서 나에게 던진 첫 질문은 "내가 어떻게 섬길 수 있겠습니까?"였다. 그의 질문은 "언제 나에게 설교할 기회가 주어집니까?"가 아니었다. 그는 실로 진실한 목회 사역의 핵심을 파악한 사람이라고 나는 생각한다.

목회 사역에서 가장 중요한 것은 그리스도의 몸을 섬기는 것이다. 주님은 늘 섬김의 자세를 가진 사람들을 사용하여 그분의 교회를 영향력 있는 단체로 키워오셨다.

신기하게도 나는 섬기려는 사람들에게 끌린다. 예수님도 섬김을 실천하시는 중에, 사람들이 그에게로 매료되었다. 우리가 '섬기는 종의 마음'을 견지하고 있으면, 주님은 우리 주변으로 사람들이 몰려들게 하신다. 그래서 우리가 그들을 위해 기도하며 사랑을 베풀게 하신다. 자신의 한계를 넘어 이웃을 위한 봉사로 헌신하기 시작하면, 사람들이 하나님의 나라로 끌려 들어온다. 성경을 이해하는 것이 중요하긴 하지만, 우리의 많은 성경 지식을 보고 사람들이 하나님의 나라로 끌리는 것은 아니다. 그들의 마음이 하나님의 나라로 끌리는 것은 사랑의 섬김이 그리스도인들의 삶에서 실천되는 것을 보기 때문이다.

섬김으로 이웃에게 감동주기

성경에 따르면, 우리 주변의 사람들은 신자의 섬기는 모습을 보고 하나님께 영광을 돌리게 된다고 한다. "이 같이 너희 빛이 사람 앞에 비치게 하여 그들로 너희 착한 행실을 보고 하늘에 계신 너희 아버지께 영광을 돌리게 하라"(마태복음 5:16).

눈이 어마어마하게 많이 오는 지역에 거주하는 내 친구는 겨울에 이웃 노인 분들 집의 눈도 치워주기로 결심했다. 그런데 그런 결심을 하자마자, 그 해에 갑절의 눈이 내렸다. 그래도 그는 기쁜 마음으로 삽질을 하였다.

나는 장구한 세월 동안 목회자로 섬겨오고 있다. 그런데 주일 예배에 많은 사람들이 참석하는 이유로, 교인들을 개별적으로 접촉하는 건 나에게는 불가능한 일이다. 그렇지만 교인들 각자를 개별적으로 접촉하는 사람들이 있다. 그런 일을 감당하는 사람들은 과연 누구일까? 그들은 섬기는 평신도들이다. 주일날 주차장 앞에서 들어오는 모든 교인들에게 인사하는 분들, 예배당 현관에서 안내하는 분들, 구역을 인도하는 셀 그룹 리더들, 주일학교에서 아이들을 위해 봉사하는 교사들이 그런 사람들이다. 많은 이들이 그렇게 봉사하는 귀중한 성도들을 통해 그리스도를 체험한다. 일단 그리스도를 만나면 자동적으로 하나님의 나라로 끌리게 되어 있다.

예수 그리스도께서 우리를 통해 일하시면 세상은 변한다. 그리스도는 세상을 변화시키는 분이시다. 예수 그리스도의 사랑으로 우리 교회의 성도들이 주변 사람들의 마음을 어루만지자, 수백 명의 소중한 생명들이 하나님 나라의 일부가 되었고, 지역교회인 우리 교회에 가담하게 되었다. 예수님은 오늘도 우리 교회의 수백 명의 사역자들의 실제적인 봉사를 사용하셔서, 하나님의 나라로 들어온 수많은 이들을 섬기게 하고 있다.

세계의 어디를 가든 나는 섬기는 종의 마음을 가진 그리스도인들을 접한다. 한 번은 아프리카를 방문했는데, 주님의 축복 가운데 끊임없는 봉사의 기회를 맞는 한 사업가를 만났다. 그는 교회 안에서 어떤 직분을 구하고 있지 않았다. 그렇지만 자신의 비즈니스의 번창을 통해 지역교회의 신도들을 최대한 섬기고 있었다. 내 눈에 비친 그 사업가는 참된 사역자의 모습이었다.

물론 지역 교회의 지원을 받는 직업적인 목회자는 반드시 필요하다. 그런 목회자는 평신도 지도자들을 키워내는 사명을 띠고 있다. 그렇지만 내가 거듭 강조하고자하는 바는 모든 그리스도인이 다 사역자로 부르심을 받았다는 사실이다.

보조로 "돕는" 사역

예수님은 12제자를 격려하고 훈련시키는 일에 많은 시간을 할애하셨다. 그러면서 하나님의 나라가 어떠하다는 모델을 제시하셨다. 그 결과 예수님의 제자들은 고린도전서 12:28에 명시된 것과 비슷한 그런 돕는 사역도 감당하게 되었다.

> 하나님께서 교회 안에 세우신 이들은, 첫째는 사도요, 둘째는 예언자요, 셋째는 교사요, 다음은 기적을 행하는 사람이요, 다음은 병을 고치는 은사를 받은 사람이요, 남을 도와주는 사람이요, 관리하는 사람이요, 여러 가지 방언으로 말하는 사람입니다.(표준새번역)

남을 도와주는 사역은 원조와 보조, 그리고 지원과 구호를 감당한다. 이는 어려움에 처한 사람을 도와줌으로 난국에서 벗어나 하나님을 스스로 섬길 수 있도록 세워주는 사역이다. 그리고 어려움에 처한 사람뿐만 아니라, 하나님 앞에서 막중한 사명을 감당하는 사람을 보조하는 일도 여기에 포함된다. 예수님의 제자들은 예수님이 사명을 잘 감당하도록 예수님을 도왔다. 예수님 주변에는 그분의 목회 사역을 돕는 여인의 무리가 있었는데, 그들의 도움으로 예수님은 기도와 복음 전파와 병든 자들을 치유하는 사역에 전념하실 수 있었다(누가복음 8:1-3 참조).

한번은 예수님께서 예루살렘에 입성하실 때 타고 들어가려고, 맞은편 마을로 가서 묶어 있는 나귀새끼를 풀어오라고 두 제자에게 명령하셨다(마태복음 21:1-11 참조). 제자들은 그런 심부름을 잘 이행하였다. 또 다른 경우에 예수님은 제자들에게 성안에 가서 유월절을 지킬 장소를 마련하라고 시켰는데, 제자들은 예수님께서 시킨 대로 잘 준비하였다

(마태복음 26: 17-30). 예수님의 제자들은 주님을 돕는 "조력 사역"을 통해 봉사했다고 할 수 있다.

또 한 번은 예수님의 가르침을 들으려고 수천 명이 군집한 적이 있었다. 그런데 저녁이 되자 사람들은 배가 고프기 시작했다. 뭔가 먹을 것이 있냐는 주님의 물음에 제자들은 떡 다섯 개와 물고기 두 마리뿐이라고 했다. 그러자 주님은 떡 다섯 개와 물고기 두 마리를 가지고 하늘을 우러러 축사하시고 떡을 떼어 제자들에게 주었고, 제자들은 그것을 또 다시 무리에게 주었다. 그러자 그 양이 초자연적으로 불어나 다 배불리 먹고도 열두 바구니에 가득하게 거두었다(마태복음 14:31-21 참조). 예수님의 제자들은 음식을 배고픈 군중에게 나누어주는 '돕는 사역'에 관여했다. 그 결과 그들은 상급을 받았는데, 12광주리가 남은 건 12제자에게 한 개씩 안겨주기 위함이라고 나는 개인직으로 그렇게 해석한다.

또 한 번은 예수님께서 성전세금을 내야만 하는 상황에 처한 적이 있다. "네가 바다에 가서 낚시를 던져 먼저 오르는 고기를 가져 입을 열면 돈 한 세겔을 얻을 것이니 가져다가 나와 너를 위하여 주라 하시니라"(마태복음 17:27 참조). 베드로는 물고기를 낚아 세금을 내는 봉사를 통해 '돕는 사역'을 이행하였다.

나는 기도하며 미래의 지도자를 물색하는 중이다. 내가 믿기로 이 시대가 가장 필요로 하는 리더는 '돕는 사역'으로 섬길 의향이 충만한 사람이라고 생각한다.

미래의 사역을 위한 준비 훈련

예수님의 제자들은 실제적으로 봉사하면서 충직함을 배웠다. 우리가 작은 일에 충성을 다하면 하나님께서는 '더 많은 책임을 맡겨도 되겠다'고 생각하게 될 것이다. "지극히 작은 것에 충성된 자는 큰 것에도 충성되고 지극히 작은 것에 불의한 자는 큰 것에도 불의하니라"(누가복음 16:10).

모세는 위대한 지도자로 발탁되기 전에 섬기는 훈련을 호되게 받았다. 이스라엘 백성을 애굽으로부터 이끌어내기 전, 모세는 광야에서 40년 동안 장인의 양을 치는 '도우미'로서의 역할을 감당했던 것이다.

여호수아는 나중에 모세의 책임을 이어받아 지도자로 활약하기 전에 먼저 모세를 보필하는 사역을 통해 훈련을 받았다. 오늘날에도 하나님께서 리더십의 위치를 주시거나 대중사역의 문을 여시기를 기다리며, 다른 기존의 기독교 리더 밑에서 보좌하는 역할을 감당하며, 수년간 훈련받고 있는 이들이 있다.

사실은 예수님 자신도 아버지의 목공소에서 30년간 아버지를 도우며 조수로 일했다고 볼 수도 있다. 빌립과 스데반은 유력한 전도자들이다. 그러나 그들은 집사로 과부들을 접대하고 구제하는 일을 통해 섬김을 배운 사람들이다(사도행전 6:1-7 참조). 나는 당신이 "하나님께서 내 삶에 허락하신 영적 리더들을 어떻게 섬길까?"라는 질문을 자신에게 해보기를 권한다. 그리고 당신의 삶에 하나님께서 배치하신 영적 리더에게, '보필하면서 사역을 배우고 싶다'는 의향을 직접 말해 보아라.

나는 젊은이들을 전도하기 위하여 수년간 돕는 사역에 가담했었다. 함께 농구 등 스포츠를 하면서 그리스도를 전하려고 하였다. 나에게 맡겨진 책임은 두 가지였는데, 하나는 농구공을 매번 가져가는 것이었고, 다른 것은 매주 청소년이 농구장으로 가는 차편을 제공하는 것이었다. 그러다가 한참 시간이 흐른 후에, 나에게는 새신자 소그룹 성경공부 리더를 맡아달라는 제안이 들어왔다. 이렇게 주께서는 작은 일에 충성을 다하는 자를 계속 다른 사역에도 사용하신다.

만일 당신도 나름대로 전문적인 사역을 찾고 싶다면, 먼저 남을 보좌하는 사역으로부터 출발하라. 각광을 받는 리더로 드러나고 싶어 하는 사람이 있다면, 먼저 뒷전에서 이름도 빛도 없이 봉사하는 것으로부터 시작해야한다. 그렇게 하는 동안 주께서는 마음속에 섬기는 종의 마음을 심어주실 것이다. 하나님은 우리를 높여주기 원하신다. 그러나 주님이 그렇게 하기 위해서는, 먼저 우리가 스스로를 낮추어야한다. 그러면 하나님의 때에 하나님께서 알아서 높여 주실 것이다(베드로전서 5:6 참조).

복습문제

1. 섬기는 리더를 주님은 어떤 방식으로 높여주시는가?

2. 당신이 그저 배후에서 보조로 돕는 사역을 한 적이 있다면 어떤 경우였는가?

3. 당신이 전문가이거나 권위자라 할지라도 겸손함을 유지할 수 있을까? 어떻게 그런 일이 가능한가?

4. 돕는 사역이란 무엇인가? 당신은 조력자(조수)로 사역해본 적이 있는가? 그것은 어떤 종류의 사역이었는가?

19장

긍휼(矜恤)로 사역하기

사람들이 보이는 반응에 아랑곳하지 않고 계속 사역하기

예수님의 사역은 언제나 오직 자비와 사랑의 마음으로부터 우러나오는 것이었다. "무리를 보시고 불쌍히 여기시니 이는 그들이 목자 없는 양과 같이 고생하며 기진함이라"(마태복음 9:36). 예수님은 자신이 섬기던 무리들을 사랑하셨으며, 우리도 그와 동일한 일을 하도록 부르신다. 고린도전서 13장은 "사랑의 장"으로 알려져 있다. 고린도전서 13장의 중심 메시지는, 교회가 온갖 종류의 사역을 펼칠 수 있겠으나, 사랑의 마음이 결여되어 있으면 자신이나 타인이나 누구에게도 도움이 안 된다는 걸 말해준다.

사랑은 감정이 아니라 우리가 내리는 결단이다. 사랑은 되돌려 받고자 하는 기대 없이 그냥 주는 것이다. 예수님은 우리의 반응에 상관없이, 우리를 사랑하기로 결심하고 십자가를 지셨다. 예수님이 우리를 위하여 그 분 자신을 주신 것처럼, 우리도 남을 위하여 자신을 바치도록 예수님은 소명을 주신다. 예수님께서 우리를 먼저 사랑하셨기에, 우리도 남을 사랑하는 것이 가능해졌다. 예수님이 우리 안에 사심으로, 그 분의 사랑도 우리 안에 머문다. 그러므로 매일 우리 안에 있는 하나님의 사랑이 세상으로 발현되도록 허락해야한다. 우리는 매일 하나님의 말씀과 우리 안에 내주하시는 주님의 진리를 따라 살 것인지, 아니면 자신의 느낌과 판단을 따라 살 것인지 결정해야한다. 타인을 위한 봉사의 사역을 감행할 때에 주님의 뜻대로 하고 있는지 점검할 수 있는 확인항목들이 여기에 있다. "오직 위로부터 난 지혜는 첫째 성결하고 다음에 화평하고 관용하고 양순하며 긍휼(矜恤)과 선한 열매가 가득하고 편견과 거짓이 없나니"(야고보서 3:17). 만일 당신이 교회에서 누군가에게 조언을 주고 싶다면, 먼저 당신 마음속에 그리스도의 자비가 들어 있는지 살펴보아야 한다. 스스로에게 다음과 같은 질문을 던져보는 것이 도움이 될 것이다. "나의 태도는 공손한가?" "내 동기는 순수한가?" "내 조언의 결과로 평화가 성립될 것인가 아니면 혼란이 야기될 것인가?" 남에게 조언을 주는 사람마다 다음의 말씀을 명심해야할 것이다. "하나님은 무질서의 하나님이 아니시요 오직 화평의 하나님이시니라"(고린도전서 14:33).

사람들은 말은 바른말을 하지만 그릇된 태도를 보일 때가 있다. 그러면 하나님께서 원하시는 결과를 창출해내지 못한다. 우리는 주변의 사람들에게 뱀처럼 혹은 양처럼 반응한다. 양은 온순하고 많이 당해도 참는다(이사야 53:7 참조). 마귀는 항상 뱀처럼 반항한다. "나에게 이래라 저래라 하는 너는 대체 뭐냐?"와 같은 반응이다. 하나님은, 우리가 뱀이 아니라 양처럼 반응하며 사역하기를 원하신다.

작은 것으로부터 시작하라

사랑과 긍휼의 마음으로 이웃을 위한 사역을 하려면, 주님의 사역이 대단히 다양하다는 사실을 반드시 인정해야한다. 고린도전서 12:4-7,11에는 다음과 같은 진리가 명시되어 있다.

> 은사는 여러 가지나 성령은 같고 직분은 여러 가지나 주는 같으며 또 사역은 여러 가지나 모든 것을 모든 사람 가운데서 이루시는 하나님은 같으니 각 사람에게 성령을 나타내심은 유익하게 하려 하심이라… 이 모든 일은 같은 한 성령이 행하사 그의 뜻대로 각 사람에게 나누어 주시는 것이니라

전혀 음을 잡지 못하는 음치가 예배의 찬양 인도자로 부름을 받았다고 주장하는 걸 본적이 있다. 그 사람은 재능에 있어서 음악하고는 전혀 걸맞지 않는 사람이었다. 그렇기에 영적 은사를 갈망하는 것만 가지고는 부족하다. 내적인 욕구가 있다하더라도, 실질적으로 그것을 실행해낼 능력이 있지 않으면 안 된다는 말이다. 하나님은 각양각색의 사역을 충분히 감당하도록 재능과 능력을 부어주시는 분이시다. 만일 어떤 사역이 진정으로 주께서 주신 사역이라면 제대로 기능을 발휘하여 좋은 결과를 창출해내게 될 것이다.

어떤 특정한 사역을 처음 시작하는 시발점으로는 셀 그룹이나 가정교회가 가장 적합하다고 나는 생각한다. 어느 것이라도 초기에는 작은 것으로부터 시작하는 것이 바람직하다. 예컨대, 하나님께서 당신을 예언 사역으로 부르셨다는 확신이 든다고 가정하자. 아니면 찬양 사역자로 부르셨다는 확신이 생겼을 수도 있다. 그렇다면 그런 사역을 셀 그룹이나 가정교회에서 시작하라. 일단 작은 것에 충성하며 성공을 거두게 되면 주께서 더 큰 사역지로 옮겨주실 것이다.

목회자들에게는 소위 "설교하고 싶어서 근질거리는 근성"이라는 게

있다. 가는 데마다 가르치고 설교해야 한다는 강박관념을 가진 사람들도 있다. 하나님의 말씀을 설교하고 싶은 것은 참으로 고상한 욕망이다. 그러나 목회 사역의 진수는 섬기는 것이다. 이미 앞서 언급했으나, 유력한 전도자들인 빌립과 스데반도 과부를 접대하는 일부터 시작했다. 말씀을 전하는 것은 물론 중요하지만, 실제적인 도움을 주는 일도 중요하다. 그러므로 성경의 본보기를 따르는 것은 항상 바람직하다.

영원히 남는 것들

수년 전에 우리 교회는 예수 그리스도를 모르고 자라난 청소년들을 대상으로 사역을 한 적이 있다. 하루는 그 청소년들이 내 자동차 뚜껑에 달린 선루프(바깥의 빛이나 공기가 자동차 안으로 들어오도록 조절할 수 있는 승용차의 지붕) 위에서 놀다가 선루프를 훼손시켰다. 그 후로 비만 오면 물이 손상된 지붕 사이로 새어 들어와, 운전하는 내 무릎 위로 똑똑 떨어졌다. 그럴 때마다 내 안에서는 울화가 치밀었다. '과연 내가 이런 아이들을 돌보는 사역을 계속 감행해야하나'라는 생각이 들었다. '막되 먹은 놈들이 남의 자동차 지붕 위에서 놀지를 않나, 그렇다고 자기들을 위해 혼신의 힘을 기울이는 사역에 대해 감사를 표시하기를 하나' 하는 등의 잡다한 생각들이 들끓어 골치가 아팠다. 그러다가 갑자기 이런 생각이 떠올랐다. "뭐 그것이 그렇게까지 대수로운 일이겠는가? 이 청소년들에게 영원한 생명을 안겨줄 수만 있다면, 그런 일시적인 일들은 별것이 아니지 않겠는가!" 그래서 시험을 극복하고 계속 선한 일에 정진할 결과, 그들 중 일부는 현재 상당히 역동적인 그리스도인들로 성장하였다.

하나님의 관점에서 인생을 바라볼 적에, 이 세상에서 가장 중요한 것은 하나님과의 관계 그리고 이웃을 섬기며 그 이웃과 가지는 관계이다.

하나님이 우리에게 주신 두 가지의 가장 큰 계명은 하나님을 사랑하고 이웃을 사랑하는 것이기 때문이다.

사도 바울은 고린도전서 9:22에서 "약한 자들에게 내가 약한 자와 같이 된 것은 약한 자들을 얻고자 함이요 내가 여러 사람에게 여러 모습이 된 것은 아무쪼록 몇 사람이라도 구원하고자 함이니"라고 하였다. 우리가 진정으로 어떤 사람을 사랑한다면, 그와 친분관계를 맺을 수 있는 계기를 마련하고, 그가 예수 그리스도를 알도록 도와주고, 그래서 결국 그의 삶을 향한 하나님의 계획이 실현되도록 도와 줄 것이다. 사실 우리가 중요하다고 생각하는 문제들은 하나님의 눈에는 별로 중요하지 않은 경우가 많다. 일단은 예수님을 사랑하고 또한 사람을 사랑하면서, 그리스도인은 모두 사역자라는 사실을 자각하자. 그리고 예수님의 이름으로 주변의 이웃들에게 접근해 거룩한 사귐을 나누자. 갈라디아서 3:28-29를 읽어보면, 천차만별의 사람들을 주님의 몸 된 교회로 모으는 것이 하나님의 뜻이라는 것이 분명해진다.

너희는 유대인이나 헬라인이나 종이나 자유인이나 남자나 여자나 다 그리스도 예수 안에서 하나이니라 너희가 그리스도의 것이면 곧 아브라함의 자손이요 약속대로 유업을 이을 자니라

나는 그리스도인의 모임에서 사람들이 사랑하고 서로를 용납하는 모습을 보면 참으로 기쁘다. 다 낡은 청바지를 입은 신자 옆에 신사복으로 잘 차려입은 사람이 앉는다. 그래도 서로에 대한 거부감을 느끼지 않는다. 그리스도 안에서 하나된 사람들에게는 사회적, 국가적, 인종적, 성별에 따른 차별이 없다. 주님과의 친분관계를 형성함에 있어서는 전

혀 차별이 없다는 말이다. 이제 그리스도인들에게 중요한 건 외적인 치장이 아니라 그리스도에 의하여 변화된 마음이기 때문이다.

하나님은 불완전한 사람을 사용하신다

이제부터는 주께서 목회사역의 리더로 부르시는 인물들의 모습을 한번 살펴보고자 한다. 아마도 당신은 뜻밖에 놀라운 사실을 발견하게 될지도 모르겠다. 우선 먼저 모세로부터 시작해보자. "모세가 하나님께 아뢰되 내가 누구이기에 바로에게 가며 이스라엘 자손을 애굽에서 인도하여 내리이까 하나님이 이르시되 내가 반드시 너와 함께 있으리라 네가 그 백성을 애굽에서 인도하여 낸 후에 너희가 이 산에서 하나님을 섬기리니 이것이 내가 너를 보낸 증거니라"(출애굽기 3:11-12).

모세는 주님께서 그에게 맡기시는 사역을 감당할 능력이 없다고 느꼈다. 기독교 사역으로 부르심을 받는 대부분의 성도들도 비슷한 것을 느낀다. 자신의 힘으로는 불가능하기에 오직 주님께만 의지해야함을 느낀다는 것이다. 난생 처음으로 소그룹 성경공부의 리더 역할을 맡으라는 제안을 받았을 적에 나는 참으로 난감했다. 그러나 나는 하나님께서 필요한 모든 능력과 용기를 공급해주실 것으로 믿고 그런 제의를 수락했다. 한마디로 믿음의 도약을 한 것이다. 여호수아는 하나님의 부르심을 받았을 적에 매우 두려웠다. 그래서 하나님은 여호수아에게 거듭 이렇게 말씀하셨다. "내가 네게 명령한 것이 아니냐 강하고 담대하라 두려워하지 말며 놀라지 말라 네가 어디로 가든지 네 하나님 여호와가 너와 함께 하느니라"(여호수아 1:9).

주님은 리더로서 새로운 역할을 담당해야하는 여호수아를 거듭 독려해야만 했다. 그리스도인도, 용기를 북돋아 주시는 주님을 의식하지 않는 한 맡겨진 막중한 사명을 감당할 수 없다. 맡겨진 사역을 감당할 만한 천부적인 재능이 당신에게 없다는 생각이 든다 할지라도 절대로 낙심하지 말라. 사실 당신과 비슷한 상황에 처한 사람들이 성경에 많이 나온다. 모세와 여호수아도 역시 하나님의 계획을 이룸에 있어서 자신이 적합한 사람이 아니라고 느꼈다. 그렇지만 어찌되었건 하나님은 그들을 사용하셨다. 하나님은 완벽치 못한 인간을 선택하셔서 그분의 목적을 성취하시는 분이시다. 주님은 그렇게 하심으로 이 세상의 지혜롭고 강한 자들을 부끄럽게 하신다(고린도전서 1:27).

절대로 두려워하지 말라

주께서 리더십과 목회 사역으로 부르셨을 때 심적으로 대단한 어려움을 겪으며 망설인 사람이 또 하나있다. 그의 이름은 기드온이다.

기드온이 그에게 대답하되 오 나의 주여 여호와께서 우리와 함께 계시면 어찌하여 이 모든 일이 우리에게 일어났나이까 또 우리 조상들이 일찍이 우리에게 이르기를 여호와께서 우리를 애굽에서 올라오게 하신 것이 아니냐 한 그 모든 이적이 어디 있나이까 이제 여호와께서 우리를 버리사 미디안의 손에 우리를 넘겨 주셨나이다 하니 여호와께서 그를 향하여 이르시되 너는 가서 이 너의 힘으로 이스라엘을 미디안의 손에서 구원하라 내가 너를 보낸 것이 아니냐 하시니라 그러나 기드온이 그에게 대답하되 오 주여 내가 무엇으로 이스라엘을 구원하리이까 보소서 나의 집은 므낫세 중에 극히 약하고 나는 내 아버지 집에서 가장 작은 자니이다 하니 여호와께서 그에게 이르시되 내가 반드시 너와 함께 하리니 네가 미디안 사람 치기를 한 사람을 치듯 하리라 하시니라(사사기 6:13-16).

당신도 기드온처럼 느낀 적이 있는가? 주께서 부르신다는 것은 분명하지만, 자신의 과거의 "실적"을 보면 그런 사역을 감당할 만한 인물이 아니라는 것이 분명해지는 경우 말이다. 참으로 믿기 어려운 일이긴 하지만, 주님은 종종 우리의 한계를 뛰어넘는 사역으로 우리를 부르시고 그것을 이루어내신다. 한 가지 부인할 수 없는 사실은 일단 주님이 부르시고, 우리가 오직 섬기는 자세로 그 부르심에 순종하기만하면, 주님이 우리와 함께 하신다는 것이다 (마태복음 28:19-20).

오늘날에도 하나님은 많은 젊은이들을 하나님의 사역으로 부르신다. 성경에 보면 예레미야라는 사람이 나오는데, 그는 젊은이로서 사역으로 부르심을 받았을 때에 매우 당혹스러워했다. 예레미야 1:6-8을 읽어보자.

내가 이르되 슬프도소이다 주 여호와여 보소서 나는 아이라 말할 줄을 알지 못하나이다 하니 여호와께서 내게 이르시되 너는 아이라 말하지 말고 내가 너를 누구에게 보내든지 너는 가며 내가 네게 무엇을 명령하든지 너는 말할지니라 너는 그들 때문에 두려워하지 말라 내가 너와 함께 하여 너를 구원하리라 나 여호와의 말이니라

"나 같은 사람은 할 수 없다"는 부적합성이 위의 모든 인물들의 공통분모이다. 이는 목회사역과 리더십의 위치로 부름을 받을 때에 유약한 사람들이 보이는 통상적인 첫 반응이다. 그러나 하나님은 그런 사람들만 골라서 사용하신다. 왜냐하면 그들은 하나님께 온전히 의존하지 않으면 안 되는 사람들이기 때문이다. 당신이 해내야 하는 임무가 어떤 것이든 상관없이, 전능하신 주님은 함께 하시고 도와주시겠다고 약속하셨다.

과거에 너무 많은 실수를 범했기에 이제는 더 이상 하나님이 사용하지 않으실 거라고 생각하는 사람도 있다. 그렇다면 '요나'라는 성경의 인물을 살펴보아라. 하나님의 부르심으로부터 도망가다가 큰 물고기에게 삼킨바 된 후에 어떤 일이 발생했는지 성경을 읽어보자. "여호와의 말씀이 두 번째로 요나에게 임하니라 이르시되"(요나3:1).

우리 하나님은 재기의 하나님이다. 그래서 언제나 두 번째 기회를 허락하신다. 그러나 우리는 하나님을 온전히 신뢰해야만 한다. 확실한 것은 하나님께서 나타나지 않으면 모든 것이 헛것이라는 사실이다. 그렇지만 하나님에게는 유약한 인물들을 사용하셔서 그들의 힘만으로는 도저히 성취할 수 없는 것들을 달성시키신 과거의 실적이 많다. 사람은 겉모양을 보지만, 하나님은 마음의 중심을 보신다는 사실을 잊지 말자(사무엘상16:7 참조). 우리의 마음자세가 올바르고, 주님의 뜻에 온전히 굴복하면, 주님은 어떤 상황에서도 우리를 영적으로 무장시키시고 놀랍게 사용하신다.

연결되고 보호받기

오늘날 인류를 향하신 하나님의 뜻은 지상에 교회를 세우는 것이다(마태복음 16:18 참조). 그분의 우주적인 교회는 세계각처에 세워진 지역교회들로 구성되어 있다. 교회라는 조직체의 목표는 복음을 전파하는 것이고, 그 결과로 남녀노소를 예수 그리스도와의 바른 관계로 인도하는 것이다. 그러므로 지역교회는 구성원 신자 모두를 전도와 선교에 가담하도록 독려해야한다. 안디옥의 초대교회 리더들은 모여서 금식하고 기도하며 역동적인 선교 팀을 파송했다.

안디옥 교회에 선지자들과 교사들이 있으니 곧 바나바와 니게르라 하는 시므온과 구레네 사람 루기오와 분봉 왕 헤롯의 젖동생 마나엔과 및 사울이라 주를 섬겨 금식할 때에 성령이 이르시되 내가 불러 시키는 일을 위하여 바나바와 사울을 따로 세우라 하시니 이에 금식하며 기도하고 두 사람에게 안수하여 보내니라(사도행전 13:1-3)

바울과 바나바는 독단적으로 선교하러 나가지 않았다. 그들은 지역교회의 지원과 독려 속에 팀을 이루고 나갔으며, 선교의 한 장을 마친 후에 선교보고를 하였다.

거기서 배 타고 안디옥에 이르니 이 곳은 두 사도가 이룬 그 일을 위하여 전에 하나님의 은혜에 부탁하던 곳이라 그들이 이르러 교회를 모아 하나님이 함께 행하신 모든 일과 이방인들에게 믿음의 문을 여신 것을 보고하고(사도행전 14:26-27)

이렇게 지역교회를 통해 파송을 받고, 선교를 한 후에 하나님께서 행하신 일들을 보고하는 것이 중요하다. 믿음의 성도들이 모이는 지역교회들을 계속 세우는 것은 하나님의 강한 열망이다. 예수님은 이미 지옥의 권세가 교회를 이기지 못할 것을 예견하셨다(마태복음 16:18 참조).

이따금 그릇된 열정이나 성경에 대한 오해로 인하여 사람들이 지역교회에 가담하지 않는 경우가 있다. 그러나 지역교회라는 그리스도의 몸에 연결되지 않음으로 인하여 겪지 않아도 될 영적 고통을 당하는 많은 이들을 나는 지난 수년간 지켜보고 있다. 정상적인 사역을 하려면 반드시 지역교회에 소속되어 보호받는 것이 중요하다.

우리 모두는 왕이요 제사장이다

많은 경우에 우리는 선입견이나 자신의 경험에 비추어 하나님의 사역을 이해하려고 한다. 각 교단은 그 나름대로의 전통을 가지고 있다. 그리고 그 전통을 뛰어 넘는다는 것은 대단히 어려운 일이다. 예컨대 침례교, 감리교, 장로교, 루터교(루터파), 오순절 교단은 나름대로의 성경해석과 적용방법을 유지하고 있다. 그런 교단의 배경 하에, 자기방식의 신학이 올바르다는 자기 확신을 가진다.

그러나 분명한 것은 이 세상에는 왜곡된 전통도 있다는 사실이다. 성경은 말하기를, 베뢰아의 그리스도인들은 사도 바울의 가르침을 곧이곧대로 믿으려하지 않았다는 것이다. 그들은 말씀을 받아들이되, 그것이 사실인지 확인코자 날마다 성경을 펴보고 연구했다고 한다.

> 베뢰아의 유대 사람들은 데살로니가의 유대 사람들보다 더 고결한 사람들이어서, 아주 기꺼이 말씀을 받아들이고, 그것이 사실인지 알아보려고 날마다 성경을 상고하였다.(사도행전 17:11, 표준새번역)

우리가 판단하기에 옳은 전통이라고 간주하는 것들 중에도 사실은 성경에 근거를 두지 않은 것이 있다는 말인가? 아무 생각 없이, 그냥 믿음의 조상들이 그렇게 했기에 우리도 따라하는 것들은 없는가? 나는 햄을 요리하기 전에 반드시 끄트머리를 잘라버리는 습관을 가진 한 어머니의 이야기를 들은 적이 있다. 딸이 어머니에게 왜 그렇게 하느냐고 물으니, 어머니는 할머니 적부터 그런 관습이 전해 내려왔다고 했다. 그런데 나중에 알고 보니, 할머니가 사용하던 프라이팬은 조그마해서 양쪽 끝을 잘라 길이를 맞추어야만 했다는 것이다!

물론 좋은 전통들도 많다. 그러나 우리의 사고방식이 하나님의 것과 들어맞는지 끊임없이 새롭게 확인해 보아야 한다. 내 생각에 가장 나쁜 전통(비성경적인 전통) 중에 하나는, 매주일 평신도들은 목회자가 인도하는 예배를 통해 그저 주는 대로 받아먹기만 해야 한다는 것이다. 하지만 모든 신도는 다 사역자로 부르심을 받았다는 것이 성경의 진리이다. 그런 방식으로 목회를 하지 않으면, 교회는 주님이 의도하신 대로 세워지지 않을 것이다.

오늘날 많은 그리스도인들이 지역교회의 목사를 하나님과 인간 사이의 유일하고 거룩한 중보자로 격상시켰다. 그렇지만 성경에서는 모든 신자를 왕과 제사장이라고 명시하고 있다.

> 그의 아버지 하나님을 위하여 우리를 나라와 제사장으로 삼으신 그에게 영광과 능력이 세세토록 있기를 원하노라 아멘(요한계시록 1:6)

예수 그리스도의 흘리신 보혈의 피 덕분으로, 모든 신도에게는 주님의 은혜의 보좌로의 직접적인 접근이 가능해졌다. 목사, 장로, 그리고 다양한 영적 지도자들을 우리에게 주신 주님을 찬양하라. 그러나 그들만이 목회 사역을 하는 자들은 아니다. 그들이 목회 사역의 대부분을 감당하리라 절대로 기대하지 말라. 영적 리더의 역할은 평신도를 격려하고, 무장시키고, 훈련시켜서 이웃을 위한 사역을 잘 감당하도록 돕는 것뿐이다. 이 세상에 당신이 도울 수 있는 곤궁한 사람, 궁핍한 사람, 빈곤한 사람이 어디에 있는지 발견하여 사역하도록 영안을 열어달라고 주님께 기도하라. 그리고 당신이 사역하기에 충분한 자원과 능력을 허락하실 것을 주께 기대하라.

복습문제

1. 야고보서 3:17에 명시된 위로부터 난 지혜(첫째 성결하고 다음에 화평하고 관용하고 양순하며 긍휼과 선한 열매가 가득하고 편견과 거짓이 없나니) 중에서 당신에게 역력하게 드러나는 건 무엇이라고 생각하는가?

2. 주께서 당신에게 주신 영적 은사들을 활용해본 적이 있는가? 남들도 그것이 하나님께서 당신에게 허락하신 은사라고 인정하는가? 모든 이들을 그리스도에게 이끌기 위해 당신은 융통성을 발휘할 수 있는가?(고린도전서 9:22 참조)

3. 당신이 어떤 특정한 사역에 합당치 않은 인물이라고 생각했지만, 주께서 은혜를 주셔서 감당해낸 적이 있는가? 만일 그렇다면 어떤 경우였는가? 그것이 여호수아 1:9의 약속과 어떤 관련이 있다고 생각하는가?

4. 당신은 지역교회와 긴밀히 연결되어 있는가? 당신은 지역교회가 제공하는 '영적 보호'라는 이득을 누리고 있는가? 만일 지역교회와 전혀 관계없는 성도가 있다면 그에게 어떤 일이 발생할 것 같은가?

20장

우리는 예수님과
한 팀이다

매일을 충만하게 살아가기

만일 대통령이나 국무총리가 당신에게 개인적으로 자신의 팀에 들어와 함께 일하자고 제의한다면 당신의 기분이 어떻겠는가? 그런데 여기에 더 놀라운 소식이 있다. 우주의 왕이 그분의 사역 팀의 일원으로 당신을 손수 뽑으셨다는 것이다! 그렇다면 아침에 일어나 하루를 또 살아갈 것을 생각하며 끔찍해하는 대신, 하나님께서 나를 그분의 위대한 사역에 사용해 주실 거라는 들뜬 기대감으로 하루를 시작할 수 있다. 그리스도인이라면 일터와 학교로 가면서 그리고 가정과 지역사회를 돌보면서, 하나님께서 사용해 주신다는 확신에 찬 마음으로 살아가는 게 정상이다. 하나님은, 그들의 인생에 예수님이 꼭 필요한 사람들을 만나게 하심으로 우리의 사역을 세심히 조직하신다. 우리가 믿음으로 그분을 신뢰하기만 하면, 하나님은 그분의 원대한 계획을 하나씩 우리 앞에 펼쳐 놓으신다.

그런데 사역의 성취감을 맛보는 일을 방해하는 원수의 계략이 있다. 이는 우리로 과거에 머물러 살게 유혹하는 것이다. 만일 그것이 실패하면, 미래에 대한 불안감으로 걱정하도록 유도한다. 하나님은 우리가 현재를 충만하게 살기 원하신다. 그리고 온갖 문제구덩이 한 가운데에서도 주님의 선하신 통치를 인정하기 원하신다. 마태복음 6:33-34에 기록된 예수님의 진리의 말씀을 되새겨보자.

> 그런즉 너희는 먼저 그의 나라와 그의 의를 구하라 그리하면 이 모든 것을 너희에게 더하시리라 그러므로 내일 일을 위하여 염려하지 말라 내일 일은 내일이 염려할 것이요 한 날의 괴로움은 그 날로 족하니라

당신이 가진 각종 문제는 사실 하나님의 기적을 체험할 절호의 기회이다. 성경을 자세히 읽어보면 알겠지만, 모든 기적이 발생하기 전에는 항상 문제가 선행되었다. 홍해는 갈라졌다. 왜냐하면 애굽의 군대가 뒤에서 추격하는 문제에 봉착했기 때문이다. 예수님은 오천 명을 먹이셨다. 왜냐하면 그에 앞서 굶주림이라는 문제에 봉착했기 때문이다. 맹인이 보게 되는 기적이 발생했다. 왜냐하면 볼 수 없다는 문제에 봉착했기 때문이다. 온갖 문제 앞에서 하나님은 당신을 기적의 도구로 사용하기 원하신다.

일전에 소그룹의 사람들과 대화를 나누다가, 그 중에 한 여인이 지난 수년간 두려움의 노예로 살아가는 듯한 느낌을 받았다. 내가 주님으로부터 그런 계시를 받았다고 털어놓았더니, 그 여인은 흐느끼며 울기 시작했다. 그 자리에서 즉시 우리 모두는 그녀를 위해 기도했고, 예수님은 그분의 평화를 나누어주시며 치유의 역사를 일으키셨다. 항상 영적인 눈을 크게 뜨고 다녀라. 우리 주변에는 참으로 영적인 욕구가 채워져야 할 사람들이 많다. 또한 생명을 불러오는 하나님의 말씀을 전해야 할 필요가 있는 상황도 많다.

예수님이 당신을 사용하실 것을 기대하라

많은 그리스도인들은 하나님께서 그들의 인생에 세우신 계획의 전모를 알기 원한다. 그러나 사실 예수 그리스도를 위한 삶은 '매일을 새롭게' 사는 것이다. 이는 하루하루 순종하며 주님을 믿고 의지하며 나아가는 삶이다. 인생은 마치 축구경기와 같다고 할 수 있겠다. 아무리 유능한 코치라도 축구 경기를 처음부터 끝까지 철저히 계획할 수는 없을 것이다. 왜냐하면 실제 경기에서는 수많은 변수가 있으며, 이변들도 발생하기 때문이다. 그뿐만 아니라 상대편이 어떤 식으로 나오느냐에 따라 전략에 변화를 가해야 되기도 한다. '인생이라는 경기'에서도 이것은 그대로 적용된다. 하나님은 경기의 계획을 가지고 계시다. 그러나 원수인 사단-마귀도 역시 나름대로의 계획이 있다. 그리고 우리들은 그 중간에 서 있다. 그러므로 각각의 상황에서, 매일 매순간 예수님께서 주시는 지혜를 받으며, 우리를 사역자로 사용하실 때마다 주께 순종하는 길 이외에는 다른 길이 없을 것이다. 물론 인생에 대한 궁극적인 계획인 천국에 대한 청사진은 결코 변함이 없다는 것을 굳게 믿어야 하지만 말이다.

주님과 매일 친밀한 사귐을 가지며 늘 그분의 음성을 들으려고 노력하다보면, 주님이 항상 우리 주변에서 활동하신다는 것을 체험하게 될 것이다. 예수님은 이렇게 말씀하셨다.

> 예수께서 그들에게 이르시되 내 아버지께서 이제까지 일하시니 나도 일한다 하시매… 그러므로 예수께서 그들에게 이르시되 내가 진실로 진실로 너희에게 이르노니 아들이 아버지께서 하시는 일을 보지 않고는 아무 것도 스스로 할 수 없나니 아버지께서 행하시는 그것을 아들도 그와 같이 행하느니라 아버지께서 아들을 사랑하사 자기가 행하시는 것을 다 아들에게 보이시

고 또 그보다 더 큰 일을 보이사 너희로 놀랍게 여기게 하시리라(요한복음 5:17,19-20)

살아 계신 하나님 아버지는 당신의 삶에 지금 어떤 일을 행하고 계신가? 이제부터는 그분이 현재 행하시는 일을 발견하고, 그분에게 반드시 필요한 사역 파트너가 되자. 그렇지만 반드시 기억해야할 사실은, 하나님은 개시자이고 우리는 호응자라는 것이다. "나를 보내신 아버지께서 이끌지 아니하시면 아무도 내게 올 수 없으니…"(요한복음 6:44).

하나님은 사람들을 예수 그리스도에게로 이끌고 계신다. 그러므로 관찰하고, 기도하고, 성령께서 인도하시는 대로 반응하면서 주님의 사역을 감행하자.

하나님의 사랑이라는 동기로 사역하기

이웃을 향한 사역이 중요하기는 하지만, 그보다 더 중요한 것은 사람들과 개인적으로 사랑하는 관계를 맺는 것이다. 하나님은 우리를 무척 사랑하신다. 예수님이 우리를 사랑하신다는 증거를 찾고 있는가? 예수님은 우리를 위해 2,000년 전에 자신의 목숨을 내놓으셨다. 그리고 예수님은 현재에도 하나님이 예수님을 사랑하는 것만큼 우리를 사랑하신다.

아버지께서 나를 사랑하신 것 같이 나도 너희를 사랑하였으니 나의 사랑 안에 거하라 내가 아버지의 계명을 지켜 그의 사랑 안에 거하는 것 같이 너희도 내 계명을 지키면 내 사랑 안에 거하리라… 사람이 친구를 위하여 자기 목숨을 버리면 이보다 더 큰 사랑이 없나니(요한복음 15:9-10,13)

한번은 내 딸이 외국에서 한 젊은 여인과 사귀게 되었다. 우리 딸은 "예수님을 사랑하세요?"라고 물었다. 그러자 그 여인은 "물론이지요. 그러나 나는 하나님 아버지는 사랑하지 않습니다"라고 대답했다. 그리고는 그 이유를 이렇게 설명했다. 자신이 어렸을 적에 육신의 아버지가 자기를 성추행했다는 것이다. 그 엄청나게 충격적인 사건으로 인하여 자기는 '아버지'라는 단어조차 싫다고 했다. 그 결과 하늘 아버지까지도 믿지 못하게 되었다는 것이다. 그래서 우리 딸은 그 여인에게 하나님 아버지가 그녀를 완벽하게 사랑한다는 사실을 차근차근 설명해 주었다.

이웃을 위한 사역의 원동력은 하나님이 우리를 사랑하신다는 데서부터 온다. 절대로 타인에게 칭찬 받으려고 혹은 하나님께 인정받으려는 동기에서 사역하면 안 된다. 기독교 사역은 이미 신자가 하나님께로부터 '의롭다고 인정받았다'(以信稱義)는 데로부터 출발한다. 우리는 그 하나님의 사랑을 전하는 사역자가 될 따름이다. 이사야 43:4에서 하나님은 이스라엘에 대한 사랑을 이렇게 표현하셨다. "네가 내 눈에 보배롭고 존귀하며 내가 너를 사랑하였은즉 내가 네 대신 사람들을 내어 주며 백성들이 네 생명을 대신하리니."

이와 동일한 사랑이 오늘날 당신과 나에게 임하고 있다. 하나님은 진정으로 당신을 사랑하신다! 그분은 우리를 구속하셨으며, 우리는 그의 소유가 되었다. 그런 하나님의 놀라운 사랑을 경험하면서, 우리는 자신이 체험한 그것을 이웃에게 전한다. 연인들은 매일 서로 사랑한다고들 말한다. 우리도 매일 하나님께 하나님을 얼마나 사랑하는지 말할 필요가 있다. 예수님은 성경과 성령을 통해 그분이 우리를 얼마나 사랑하시는지 거듭거듭 말씀하고 계신다. 그러므로 우리가 하나님의 사랑과 용납을 더 많이 체험하면 할수록, 우리는 더욱 효과적인 목회 사역을 펼치는 사람이 될 수 있다.

예수님의 파트너

그리스도인들은 하나님과 파트너가 되어 주님께서 지상을 위해 행하시는 일에 동참할 특권을 부여받았다. 요한복음 15:16은 그런 영적 진리를 이렇게 표현했다. "너희가 나를 택한 것이 아니요 내가 너희를 택하여 세웠나니 이는 너희로 가서 열매를 맺게 하고 또 너희 열매가 항상 있게 하여 내 이름으로 아버지께 무엇을 구하든지 다 받게 하려 함이라."

하나님은 우리를 사용하기로 선택하셨다. 내가 어렸을 때 학교 친구들과 야구 게임을 한 기억이 난다. 그렇지만 나는 뛰어난 선수가 아니어서 시합에 나갈 때마다 가끔씩 출전선수의 팀에 선택되지 못했다. 호출되기까지 뒷전에서 기다리는 후보대열에 끼여 있다가 게임으로 들어오라는 소리를 들으면 그렇게 기쁠 수가 없었다. 하나님은 당신을 그분의 팀에 일원으로 선택하셨다. 그리고 당신을 그분을 위한 열매를 맺을 자로 임명하셨다.

이번 주간 중에 당신이 어디를 가든지 스스로에게 이런 질문을 하며 돌아다녀 보아라. "주님, 주님은 지금 이곳에서 무슨 일을 하고 계시나요? 주님, 내 영안을 여시고, 주님이 보는 것을 나도 똑같이 보게 하소서. 주께서 나를 사랑하심을 압니다. 주여, 이번 주간 중에 내가 하나님의 일에 어떻게 동참하기를 원하시나요?" 주님은 아마도 누군가 격려가 필요한 사람에게 용기를 북돋는 말 한마디 해주기를 원하실 수도 있다. 아니면 마음이 어려운 사람에게 위로의 쪽지나 편지 보내기를 원하실 수도 있다. 누군가 축 처진 사람에게 힘을 실어줄 만한 강력한 중보기도로 인도하실 수도 있다. 혹은 아동을 돌보는 사역으로, 아니면 비참한 상황 속에 있는 사람의 이야기를 들어주는 사역으로 부르실 수도 있다.

나는 하나님이 왜 꼭 사람을 사용해야하는지 그 정확한 이유는 모르겠다. 그러나 틀림없는 사실은 하나님이 사람을 사용하신다는 것이다. 만일 내가 신이라면, 나는 인간을 사용하지 않겠다. 왜냐하면 인간은 너무나 많은 실수를 범하기 때문이다. 그러나 하나님은 이 땅에서 그 분의 목적을 이루기 위해 인간을 사용하신다. 그렇지만 예수님의 이름으로 사역을 해야만 하는 경우라면, 우리는 반드시 주님의 사랑 안에 머무는 것을 간과해서는 안 된다.

순종하기로 결심함

그리스도 안에서 신자로 살면서 열매를 맺는 인생이 되려면, 그분의 사역자로서 매일 복종하기로 결심해야한다. 사도 바울은 삶의 상황과 무관한, 충직한 순종을 권유했다. "너희가 범사에 순종하는지 그 증거를 알고자 하여 내가 이것을 너희에게 썼노라"(고린도후서 2:9).

인생은 결국 결정(decision)의 연속이다. 오늘의 결단이 앞으로 남은 인생에 커다란 영향을 끼칠 것이다. 우리의 모든 결정에서 예수님을 인정하도록 하자. 그렇게 되면 당신은 예수님과 함께하는 사역의 동역자로 여김을 받게 될 것이다.

구약의 나아만 장군은 고침을 받고자 선지자 엘리사를 찾아온 사람이다(열왕기하 5장). 엘리사는 그에게 요단강에서 7번을 씻으라고 했다. 나아만은 그런 요구에 대하여 처음에는 부정적인 반응을 나타냈다. 그러나 그의 하인의 간청에 못 이겨 태도를 바꾸고, 예언자의 말을 따르기로 결정했다. 그가 순종하며 요단강에서 씻을 때에 그는 치유를 받았다. 나아만은 순종함으로 실질적인 효과를 보았던 것이다.

순종은 항상 성과를 거둔다. 매일 당신과 나는 이웃을 위한 사역자가 되는 기회와 특권을 부여받는다. 그러나 원수는 우리로 이기적이 되게 한다. 그래서 자기중심적으로 생각하게 하고, 자기의 문제와 자기의 필요에만 집착하게 한다. 그러나 매일 주님과 파트너가 되기로 결심하면, 인생에는 새로운 의미가 부여되고, 새로운 기회의 문도 열린다.

나는 그 동안 나를 위해 사역해준 사람들이 참 고맙다. 아주 오래 전 나에게 예수 그리스도의 복음을 전해준 그 아주머니에게 너무나도 감사하다. 내가 성령으로 세례를 받고 사역으로 뛰어들었을 때에 나를 끝까지 참아 준 담임 목사님에게 신세진 바가 크다. 내가 어린 소년이었을 때에 나를 키워주신 부모님에게 충심으로 감사를 드린다. 나를 격려하고 고무해준 수많은 그리스도인들이 내 주변에 있었다는 것이 그렇게 고마울 수가 없다. 그런데 성경은 말하기를 많이 받은 자에게 하나님은 더 많이 요구하신다고 한다(누가복음 12:48). 하나님은 우리를 참으로 잘 대해 주셨다. 그런데 이제는 타인을 위한 사역자가 되라고 요구하신다. 그렇게 되기로 바로 지금 결단하자.

사람보다는 하나님을 기쁘게 해드려라

믿음으로 나아가 이웃을 위해 봉사하다보면, 오해받는 일이 많이 발생한다. 예컨대 예수님이 맹인을 위해 사역하셨을 때, 예수님도 맹인도 둘 다 사람들에게 오해를 받았다. 종교 지도자들은 소경에게 '예수님이 죄인이 아니냐'고 힐문하였다. 그러자 소경은 이렇게 대답했다. "그가 죄인인지 내가 알지 못하나 한 가지 아는 것은 내가 맹인으로 있다가 지금 보는 그것이니이다"(요한복음 9:25).

이 맹인은 자신을 변호하지 않았다. 그는 단지 진실을 말했을 뿐이었다. 살아 있는 하나님께 순복하며, 주님의 이름으로 이웃을 위한 사역을 감행할 때 오해받는 일이 발생한다 해도 절대로 놀라지 말라. 우리가 봉사하는 대상은 인간이 아니라 하나님인 것을 먼저 분명히 해둘 필요가 있다. 모든 인간이 우리의 봉사에 다 감사해 하는 것도 아니고 모두 이해해 주는 것도 아니다. 예수님과 그분의 사도들은 많은 오해를 받았다. 오죽했으면 사도 바울이 다음과 같은 말을 했을까!

이제 내가 사람들에게 좋게 하랴 하나님께 좋게 하랴 사람들에게 기쁨을 구하랴 내가 지금까지 사람들의 기쁨을 구하였다면 그리스도의 종이 아니니라 (갈라디아서 1:10)

하나님을 기쁘시게 해드리는 것이 우리의 우선순위이다. 하나님보다 사람을 더 기쁘게 하려는 순간부터, 우리는 사역에 실패하게 된다. 내가 성령 세례를 받았을 때, 이전에 좋게 지내던 사람들까지도 나를 오해했다. 사람들을 믿음의 길로 인도하려할 적마다, 그 사람들의 친척과 가족들이 나에게 화를 내는 사건이 이따금 발생했다. 그러나 그건 예수 그리스도를 따르는 사람들이 치러야할 대가이다.

타인을 위해 사역한다는 것은 그들을 사랑하고 그들의 삶에 하나님의 축복과 평화가 임하기를 늘 기원한다는 뜻이다. "할 수 있거든 너희로서는 모든 사람과 더불어 화목하라"(로마서 12:18). 그렇지만 사람을 기쁘게 하는 것보다는 예수님을 기쁘게 해드리는 일에 정신을 집중시켜야 한다. 그래서 초대교회의 사도들은 이렇게 담대히 선포했다. "베드로와 사도들이 대답하여 이르되 사람보다 하나님께 순종하는 것이 마땅하니라"(사도행전 5:29).

당신을 선택한 분은 하나님이시다

주님과 사랑의 관계를 맺고 그것을 계속 유지하는 방법 중 하나는 주님과 파트너가 되는 것이다. 주님은 그분의 위대한 일들을 '신자들을 통해' 하기 원하신다.

내가 진실로 진실로 너희에게 이르노니 나를 믿는 자는 내가 하는 일을 그도 할 것이요 또한 그보다 큰 일도 하리니 이는 내가 아버지께로 감이라 너희가 내 이름으로 무엇을 구하든지 내가 행하리니 이는 아버지로 하여금 아들로 말미암아 영광을 받으시게 하려 함이라 내 이름으로 무엇이든지 내게 구하면 내가 행하리라(요한복음 14:12-14)

아내인 라 베르네와 나는 결혼을 약속하며 약혼했다. 그런데 우리는 약혼시절에 젊은이들을 위한 사역에 몰두했다. 그렇게 사역의 파트너로 일하면서 우리는 서로에 관해 더 많이 알게 되었고 아주 가까운 사이가 되었다. 이는 예수님과의 관계에도 적용될 수 있을 것이다. 예수님과의 파트너로 이웃을 위한 공동사역을 펼치면서 당신은 예수님을 더욱 친밀히 알게 될 것이다.

당신의 '영적인 눈'을 크게 뜨기 바란다. 예수님은 지금 당신의 삶과 당신이 사랑하는 사람들의 삶과 당신 주변의 사람들의 삶에서 어떤 일을 행하고 계신가? 그들을 향한 사역을 위하여 예수님과 파트너가 된다면 당신은 어떤 봉사의 일을 담당할 수 있을까? 주님이 오늘 당신을 사용하실 것으로 예상하라. 그러나 반드시 다음의 사항을 염두에 두어라. "우리가 이 보배를 질그릇에 가졌으니 이는 심히 큰 능력은 하나님께 있고 우리에게 있지 아니함을 알게 하려 함이라"(고린도후서 4:7).

신자는 그 안에 보배이신 그리스도를 가진 사람들이다. 타인을 위한 사역에 필요한 능력은 우리 안에 있지 않고, 주님으로부터 나온다. 우리는 그저 깨지기 쉬운 연약한 질그릇 같은 존재일 뿐이다. 그러나 인간적인 연약함 속에 주님의 강력한 능력이 머물고 있다.

당신이 병자의 몸에 안수하며 기도할 때에 신유의 기적이 일어날 것을 기대하라. 그리스도께서 당신 안에 내주하신다. 당신이 신앙의 말로 이웃을 독려하면, 주께서 그 사람의 마음속에 믿음을 발생시키실 것을 기대하라. 그리고 우주의 왕이신 하나님이 직접 당신을 그분의 사역 파트너로 지목하였다는 사실을 절대로 잊지 말라!

복습문제

1. 타인에게 용기를 북돋는 말을 해준 적이 있는가? 그런 독려를 통해 어떤 변화가 발생했는가?

2. 당신은 매사에 결정을 내릴 때에, 어떤 방식으로 주께 순종하며 결단을 내리는가?

3. 다른 이들과 화평을 유지하며 살고자하는 의향은 있었으나, 그것을 실천으로 옮기기가 어려운 경우는 없었는가? 있었다면 결국 어떻게 되었는가?

4. 부족함을 많이 느꼈는데, 주께서 힘을 주셔서 인간적인 연약함을 극복한 사례가 당신에게 있는가?

제6부

지상명령

제자들의 사명은 지상의 모든 나라에서 많은 제자들을 만들어내는 것이었다.
예수님은 그와 동일한 사명을 오늘날 우리들에게도 주고 계신다.
……우리들도 역시 온 세상으로 나아가 제자를 삼으라는 진격 명령을 받고 있다.

21장

지상명령이란 무엇인가?

가서 제자를 삼아라!

죽은 자 가운데서 부활한 후에 예수님은, 하늘 아버지에게로 돌아가기 직전에, 열두 제자를 불러 모으시고 마지막 지시를 내리셨다. 우리는 그것을 "지상 명령(Great Commission)"이라고 부른다. 이는 마태복음 28:18-10에 기록되어 있다.

예수께서 나아와 말씀하여 이르시되 하늘과 땅의 모든 권세를 내게 주셨으니 그러므로 너희는 가서 모든 민족을 제자로 삼아 아버지와 아들과 성령의 이름으로 세례를 베풀고 내가 너희에게 분부한 모든 것을 가르쳐 지키게 하라 볼지어다 내가 세상 끝날 까지 너희와 항상 함께 있으리라 하시니라

예수님께서 제자들에게 마지막 진격 명령을 내리실 때 당신도 그 자리에 있었다면 하는 생각이 들지 않는가? 비록 예수님은 이제 다시 하늘 아버지의 품으로 돌아가지만, 그래도 영으로 세상 끝 날까지 제자들과

함께 있을 것을 약속해 주셨다.

제자들의 사명은 지상의 모든 나라에서 많은 제자들을 만들어내는 것이었다. 예수님은 그와 동일한 사명을 오늘날 우리들에게도 주고 계신다. 즉 예수님의 제자들의 경우와 마찬가지로, 우리들도 역시 온 세상으로 나아가 제자를 삼으라는 진격 명령을 받고 있다는 말이다.

지상 명령(Great Commission)이라는 표현에서 사용된 명령(commission : 위임, 위탁, 주문, 의뢰)이라는 단어는 일련의 지시나 명령을 뜻한다. 전 세계의 모든 족속을 제자로 삼으라는 예수님의 지시는 일종의 명령이다. 즉 선택의 여지가 없다는 뜻이다. '가서'라는 말에는 "계속 가면서"라는 뜻이 담겨 있다고 주장하는 성서학자도 있다. 다른 말로 하자면, 우리가 예수 그리스도를 위한 삶을 산다면, 언제 어디로 가든지 하나님은 제자 삼는 일로 우리를 계속 부르신다는 뜻이다. 그리스도인들은 이 사명을 일터에서, 가정에서, 지역사회에서, 교회에서, 그리고 선교지에서 완수해야한다. 언제 어디를 가든지 우리의 사명은 제자를 삼는 것이다.

이번 단원에서는 전도하는 영적 군대(영적 권세)가 되어, 가서 제자를 삼고, 멘토가 되고, 하나님의 나라가 이 땅으로 침투하는 것을 체험하는 것이 무엇인지 살펴보고자 한다. 특히 본서의 끝 부분에서는 능력 있는 영적 아버지와 어머니라는 멘토 사역을 통해 제자를 삼는 강력하고도 효과적인 방법을 살펴볼 것이다. 영적 어머니와 영적 아버지들은 멘토를 받는 사람들을 돕고, 계발시키고, 독려해서, 결국 그들도 또 다른 영적 아버지와 어머니들이 되도록 인도하는 사람들이다. 멘토링을 통한 훈련은 현재에는 영적 부모를 모시고 미래에는 자신이 영적 부모가 되도록 도전을 준다. 그런 의미에서 영적 멘토링은 영속적인 결과를 초래한다. 사실 본서는 예수 그리스도께서 계획하신 대로 제자를 만들기 원하는 사람들을 위한 매뉴얼로 제작된 책이다.

모든 민족으로 제자삼기

지상명령을 수행함에 있어서 중요한 임무 중 하나는 아직 예수 그리스도의 복음을 들어보지 못한 지역으로 선교사를 파송하는 것이다. 지상에는 아직도 복음을 전혀 들어보지 못한 미전도 종족들이 많다. 그리스도인들은 지상의 모든 부족들에게 복음을 들고 들어가라는 명령을 받았다 "그러므로 너희는 가서 모든 민족을 제자로 삼아…"(마태복음 28:19).

하나님은 예수 그리스도를 믿는 이들에게 땅 끝까지 복음을 들고 나아가라고 하신다. 선교사들은 아직 복음에 친숙하지 않은 다른 문화권으로 들어가 복음을 전하도록 하나님의 부르심을 받은 자들이다. 선교사들은, 진리를 모른 채 죽어 가는 이들에게 영원한 생명의 소식을 전하고자하는 하나님의 마음을 읽는 사람들이다. 그들은 타문화권으로 들어가 그 지역에 사는 보통 사람들의 평범한 언어로 기독교 신앙을 전한다. 그렇기에 일반적으로 선교사들은 선교지로 들어가, 그들의 언어를 익히고, 그들과 함께 거주하며, 복음을 설명해주고, 그들을 사랑하면서 원주민들이 하나님의 나라로 들어오도록 돕는 일을 감당한다.

선교사로 부르심을 받은 사람들은 우선 복음이 원주민들의 마음속 깊숙이 침투하기를 소망하지만, 동시에 사회의 변혁도 시도한다. 선교사는 자신이 선택한 제2의 나라 사람이 되어, 그 나라를 위해 목숨을 바친다. 하나님은 이렇게 타문화권의 새로운 환경에서 복음을 실천할 남녀 일꾼들을 오늘도 찾고 계신다. 하나님은 외국으로 나가 구원의 복음이 필요한 사람들에게 생명을 전하는 일에 혹시 당신을 사용하실 지도 모르겠다.

우리 그리스도인들은 직접 혹은 간접적으로 모두 선교에 동참해야 한다. 어떤 이들은 직접 선교사로 나가도록 부르심을 받는 반면, 다른 사람은 후방에서 기도하며 재정적으로 후원해주도록 부르심을 받는다. 세계선교에 관해 당신을 향한 하나님의 뜻이 무엇인지 기도해보라.

전략

예수님의 지상명령은 사실 단순하다. 한마디로 제자를 만들라는 것이다. 그렇지만 "어떻게 온 세상을 돌아다니며 제자를 만들어내나요?"라고 문의할 사람도 있을 것이다. 지금 있는 그곳에서부터 '시작'하면 된다! 하나님은 전 세계를 복음화 하도록 교회를 부르셨지만, 지금 이곳에 있는 우리는 어디로 부르시는지 구체적으로 물어보아야 한다. 물론 선교사로 지원하여 외국으로 나가는 사람도 있겠으나, 현재 자기가 살고 있는 곳에서 제자 삼는 사역을 하는 신자도 있어야한다. 하나님은, 훈련시켜 제자로 삼을만한 사람들을 늘 주변에서 만나도록 인도하시기 때문이다.

제자는 한 번에 한 명씩 만들어진다. 제자는 절대로 대량생산되지 않는다. 예수님은 군중을 상대로 사역하셨지만, 대부분의 시간은 소그룹의 제자를 만들어내는 일에 할애하셨다. 예수님은 본인과 대인관계를 맺었던 사람들 모두와 동일한 수준의 친밀감을 유지하지 않으셨다. 예수님에게는 아주 가까이하는 사람들이 따로 있었다. 요한복음 13:23에 의거하여, 요한이 예수님과 가장 가까운 사이였을 것으로 추정할 수도 있다. 그리고 요한에 덧붙여, 베드로와 야고보가 일단의 무리가 되어 예수님과 긴밀한 관계를 유지한 것으로 알려져 있다. 그리고 12제자들 중 나머지는 또 다른 수준의 친분관계를 예수님과 가진 것으로 보인다. 그리고 예수님은 70인의 전도단과 특별한 관계도 맺으셨고, 나중에 예수님의 승천을 목격한 120성도들과도 각별한 관계를 형성하셨다.

예수님이 다채로운 사람들과 다양한 종류의 관계를 맺으신 것처럼, 우리들도 여러 부류의 사람들과 다양한 수준의 인간관계를 맺어가야 한다. 그런데 주님은 특히 일단의 소수의 무리들과 깊은 관계를 맺으며 그들에게 우리의 '삶을 쏟아 붓기'를 원하신다. 예수 그리스도의 교회는 그런 영적 친분관계를 통해 세워져간다. 베드로전서 2:5는 그것을 "너희도 산 돌 같이 신령한 집으로 세워지고…"라고 표현했다. 우리 그리스도인 각자는 하나님 나라의 '산 돌'이다. 하나님은 산 돌인 우리를 사용하여 그분의 집인 하나님의 나라를 건립하신다. 산 돌인 우리는 '하나님이 함께 하시는 친분관계'라는 접착제로 붙여져서, 서로 연결되고, 하나님의 집으로 지어져 올라간다.

오늘날 하나님의 갈망은, 영적 자녀들을 양육하여 그리스도인으로 잘 자라나도록 돕는 영의 부모들이 많이 양산되는 것이라고 나는 생각한다. 한번은 저명한 복음 전도자가 한 도시 전체에 큰 영향력을 끼칠만한 일이 무엇인지에 대하여 질문을 받았다. 그의 대답은 매우 간단했지만 대단히 전략적이었다. 그 도시에서 핵심적인 사람 몇 사람을 찾아내어, 그들과 함께 시간을 보내고, 주께서 인도하시는 대로 모든 것을 쏟아 부으며, 그들이 하나님의 사람이 되도록 훈련시키는 것이라고 대답했다. 그런 후에는 영적 아비의 권위로, 그들에게 자신이 한 일과 동일한 일을 하도록 권유한다는 것이다. 즉 제자가 될 만한 또 다른 인물을 발굴하여, 혼신의 힘을 다해 훈련시키라는 것이다. 이것이 바로 영적 부모 됨과 제자도의 진수이다. 이런 전략이 성공을 거두기만하면 도시 전체가 완전히 변화될 것으로 믿어 의심치 않는다고 그 복음 전도자는 주장했다. 나는 진심으로 그의 주장에 동의한다. 주님은 오늘날 영의 부모 됨과 제자도 운동을 다시 불붙듯 주님의 교회에 일으키고 계신다.

관계는 영원히 지속된다

주님은 서로 좋은 관계를 유지하며 살라고 우리를 그리스도인으로 부르셨다. 대상이 변하기는 하지만, 관계 자체는 영원히 지속된다. 당신과 내가 천국에 이르렀을 적에 가장 소중하게 여겨질 것은 당신과 나의 관계 그리고 하나님과의 관계이다. 교회 건물이나 교회의 프로그램은 시간이 지나면 허물어지고 사라진다. 그러나 관계는 영원히 지속된다. 초대교회는 가정집에서 모였다. 왜냐하면 교회에서도 가족 관계처럼 긴밀한 인간관계를 충만히 맛보고자 했기 때문이다. 가정집에서 모여 서로를 키워주고, 영적으로 무장시켜주고, 서로를 위해 봉사하는 그런 '관계'는 그들이 믿던 하나님 나라의 핵심이었다.

> 그리고 날마다 한 마음으로 성전에 열심히 모이고, 집마다 빵을 떼면서, 순수한 마음으로 기쁘게 음식을 먹고, 하나님을 찬양하였다. 그래서 그들은 모든 사람에게서 호감을 샀다. 주께서는 구원받는 사람을 날마다 더하여 주셨다. (사도행전 2:46-47, 표준새번역)

초대교회의 성도들이 개인적인 돌봄과 헌신의 사랑을 몸소 실천한 결과 구원받는 사람들이 날마다 더해졌다. 제자 삼는 일이 보다 용이해지게 하기 위해 그들은 소그룹으로 모였다. 소그룹은 각자의 재능과 은사와 능력이 모두 충분히 발휘될 수 있는 장소이기에, 오늘날 많은 교회들이 소그룹 사역을 펼치고 있다. 소그룹에서는 배제되거나 간과되어지는 사람이 없다. 소그룹에서는 한 사람도 빠짐없이 서로를 위해 구체적으로 기도해주고, 개인적으로 하나님을 체험하는 일이 발생한다. 그것을 통해 제자를 삼으라는 하나님의 명령이 수행된다.

그렇지만 다 알다시피, 제자는 그냥 자연적으로 탄생하지 않는다. 그러므로 신앙적인 인간관계를 통해 열매가 맺히도록 주께 늘 기도하며 능력과 지혜주실 것을 구하라. 사실 타인에게 혼신의 힘을 기울여 "삶을 쏟아 부으며" 그리스도 안에서 성숙하도록 헌신하지 않으면 제자는 만들어지지 않는다. 오직 생명을 쏟아 붓는 곳에 생명이 움트기 때문이다. 그렇지만 하나님의 말씀에는 그 자체에 삶을 변혁시키는 능력이 있음도 잊지 말자.

> 내가 복음을 부끄러워하지 아니하노니 이 복음은 모든 믿는 자에게 구원을 주시는 하나님의 능력이 됨이라 먼저는 유대인에게요 그리고 헬라인에게로다(로마서 1:16)

> 십자가의 도가 멸망하는 자들에게는 미련한 것이요 구원을 받는 우리에게는 하나님의 능력이라(고린도전서 1:18)

복음에는 능력이 있다! 어떤 엔지니어들은 다이너마이트로 산에 구멍을 뚫고 터널을 만드는 일에 종사한다. 다이너마이트의 폭발하는 성질은 잘만 사용하면 참으로 유용하다. 복음도 마찬가지이다. 복음을 전파하여 잘 만 사용하면, 가정과 지역사회와 국가에 이르기까지 폭발적인 변화의 역사가 일어난다!

영국에서 1900년대에 발생한 웨일즈 부흥(The Welsh Revival) 당시, 복음의 여파로 범죄율이 급격히 감소한 결과, 많은 경찰관들이 할 일없이 놀 수밖에 없었다는 것은 잘 알려진 일화이다. 그래서 그 당시 경찰관들은 사중창단을 결성하여 교회와 부흥회를 돌아다니며 특송을 담당했다고 한다.

당신의 인생이 책이다

사도 바울은 자신이 그리스도를 따랐던 방식대로 초대교회의 성도들도 주님을 따르라고 권고하였다. "내가 그리스도를 본받는 자가 된 것 같이 너희는 나를 본받는 자가 되라"(고린도전서 11:1). 우리의 인생이 하나님과 이웃을 사랑하는 삶이라면, 다른 이들도 우리의 삶을 본보기로 따르게 될 것이다. 우리의 인생에 예수님의 특성이 드러나면, 주변 사람들은 자연히 예수님께 끌리게 되어 있다. 당신 주변에 있는 불신자들이 읽을 수 있는 유일한 영성 서적은 '당신의 삶 자체'라는 것을 아는가? 이런 종류의 말씀은 고린도후서 3:2-3에 기록되어 있다. "너희는 우리의 편지라 우리 마음에 썼고 뭇 사람이 알고 읽는 바라 너희는 우리로 말미암아 나타난 그리스도의 편지니 이는 먹으로 쓴 것이 아니요 오직 살아계신 하나님의 영으로 쓴 것이며 또 돌판에 쓴 것이 아니요 오직 육의 마음판에 쓴 것이라."

구약에 보면 하나님의 말씀이 시내산에서 돌판에 새겨졌던 것을 알 수 있다. 그러나 이제는 예수 그리스도의 새 언약이 주어진 이 시점에, 성령께서 하나님의 말씀을 성도의 마음판에 새기고 계신다. 이 심령의 법은 '하나님을 사랑하고 이웃을 사랑하는 것'을 그 골자로 한다. 그래서 사람들은 신자의 삶을 마치 성경책처럼 읽는 것이다. 우리 주변의 사람들이 우리의 삶을 관찰하면서 하나님 나라의 모델을 체험한다는 것은 우리에게는 참으로 특권이다. 신자들에게는 불신자들에게 모범을 보여

줄 수 있는 특권이 있다.

만일 당신이 부모라면 주변의 사람들이 당신의 자녀양육법을 보게 될 것이다. 만일 당신이 불신자들과 함께 스포츠를 하게 된다면, 당신은 주님을 경외하는 자로서의 자세를 그들에게 보여줄 수 있을 것이다. 당신의 가정에서, 일터에서, 지역사회에서, 학교에서, 사람들은 당신의 삶이 진정으로 하나님 나라의 원리를 반영하는지 살펴보고 있다. 만일 당신이 실패하거나 실수를 저질렀다면, 주변의 사람들은 당신이 스스로 고치거나 회개하는 모습을 보기 원할 것이다. 이 시대에 사는 사람들은 진실한 그리스도인의 삶의 본보기를 보기 원한다. 인간이 만들어낸 종교적인 규율에 적응하여 사는 사람이 아니라, 진리를 실천하는 참된 신앙인의 삶을 보기 원한다는 것이다. 세상 사람들은 하나님의 참사랑이 마음판에 새겨진 그런 진실한 그리스도인을 진정으로 보기 원한다.

나는 참된 믿음의 삶을 살아온 신앙의 선배들의 모범을 보고 많은 감동을 받았다. 물론 나는 좋은 신앙서적을 읽고 멋진 설교 듣는 것을 즐기지만, 참된 삶을 사는 그리스도인의 삶의 본보기를 직접 체험하는 것보다 내 인생에 더 큰 영향력을 끼친 것은 없을 것이다. 물론 내가 본보기로 삼은 사람들이 실수하는 것도 관찰하였다. 그러나 나는 그들이 회개하는 모습에 더 깊은 감명을 얻었다. 그들의 모범적인 삶은 나에게는 '서로 돌아보아 사랑과 선행을 격려하는' 효과가 되었다(히브리서 10:24 참조). 나는 예수 그리스도의 형상을 닮아가며 신앙이 성장하도록 본보기를 보여준 사람들을 내 주변에 배치하신 하나님께 영원히 감사한다.

의견차이는 작게 보고, 예수그리스도는 크게 보자

제자 삼기에 실패하는 이유 중 하나는 교회 안에서 문젯거리와 의견

차이에만 집중하도록 유도하는 마귀의 꼬임에 넘어가기 때문이다. 우리는 부정적인 것이 아니라 제자를 만들어내는 긍정적인 것에 초점을 맞추어야한다. 마태복음 6:33은 "그런즉 너희는 먼저 그의 나라와 그의 의를 구하라…"고 말씀하신다.

하나님의 나라(왕국)는 다름 아닌 왕이신 하나님, 예수 그리스도, 그리고 그분의 다스리심이다. 하나님은 전 우주를 다스리시는 통치자이시다. 그리고 우리는 그분의 통치의 일부이며 그분을 섬기는 종이다. 그의 나라는 예수 그리스도의 이름을 믿는 모든 신자를 포함한다. 그의 나라는 또한 예수님을 주로 고백하며 그분의 말씀을 실천하는 모든 지역교회와 교단을 포함한다.

그의 나라에는 다양성이 있다. 나는 가족 모임을 가질 때마다 느끼는 것이 있다. 같은 혈통을 가졌기에 비슷한 양태를 보이기는 하지만, 각자 모두 나름대로의 특색을 가진 것에 놀라움을 금치 못한다. 각 가정이 특색을 가진 것처럼, 각 지역교회, 노회, 교단도 특징적인 성질을 가지고 있다. 그러나 차이점을 지나치게 꼬집는 대신, 주님은 우리 모두가 예수님을 믿는다는 점에 집중하며 협력하여 사역할 것을 바라신다.

예컨대 그리스도인들 중에는 어떤 특정한 절기는 반드시 지켜야한다는 확신을 가지고 있는 사람들이 있다. 그렇지만 그런 확신에 이견이 있다할지라도, 그것으로 인하여 교회가 분열되는 길로는 절대로 가지 말아야한다. 성경은 사소한 일에 대해서는 서로 비방하지 말고, 각자 소신대로 행동하면 된다고 한다. "또 어떤 이는 이 날이 저 날보다 더 중요하다고 생각하고, 또 어떤 이는 모든 날이 다 같다고 생각합니다. 각각 자기 마음에 확신을 가져야 합니다"(로마서 14:5, 표준새번역). 사소한 일에 목숨 걸고 투쟁할 필요가 없다는 말이다. 사소한 이슈에 대해서는 나름대로 자기의 길을 가면 된다. 반드시 일치를 도모할 필요가 없다. 내가 믿는 것을 남도 똑같은 방식으로 믿어야한다고 강요할 필요가 없다는 뜻이다.

영적으로 하나 됨

모든 그리스도인들은 서로 연결되고 하나가 되어 하나님의 나라를 세우도록 부르심을 받았다. 그러므로 만사를 제쳐놓고 오직 예수님에게만 초점을 맞추며, 지상명령을 완수하는 것에 집중하자. 천국에 이르러 돌이켜보면, 반드시 잘못된 일들이 발견될 것이다. 그렇지만 중요한 것은, 발견되는 오점이 아니라, 우리의 실수에도 불구하고 예수님이 우리들을 위해 헌신하셨다는 점이 될 것이다! 예수님은 요한복음 17:20-21에서 다음과 같은 기도를 올리셨다. "내가 비옵는 것은 이 사람들만 위함이 아니요 또 그들의 말로 말미암아 나를 믿는 사람들도 위함이니 아버지여, 아버지께서 내 안에, 내가 아버지 안에 있는 것 같이 그들도 다 하나가 되어 우리 안에 있게 하사 세상으로 아버지께서 나를 보내신 것을 믿게 하옵소서." 이 기도의 요점은 제자들이 하나가 되는 것이다.

우리들의 하나 됨은 동일한 주님인 예수 그리스도를 믿는 그 믿음에 기반을 둔다. 물론 매사에 동일한 의견을 가질 필요는 없다. 그렇지만 적어도 하나님의 말씀과 계시된 진리에 대한 동일한 태도를 유지하는 것은 중요하다. 사탄은 교회를 분열시키려고 장기간 끈질기게 책동하고 있다. 절대로 사탄의 영향을 받고 교회를 비판하지 말라. 예수님은 사람도 사랑하고 주님도 사랑하는 '교회'를 위해 재림하신다. 우리 주님은 점도 흠도 없는 그리스도의 신부들을 위해 다시 오실 것이다. "자기 앞에 영광스러운 교회로 세우사 티나 주름 잡힌 것이나 이런 것들이 없이 거룩하고 흠이 없게 하려 하심이라"(에베소서 5:27).

교회는 완벽한 곳은 아니지만, 예수 그리스도의 신부로 주님의 형상을 닮기 위해 끊임없이 변화를 시도하는 곳이며, 주님의 부르심에 합당한 삶으로의 변혁을 꿈꾸는 곳이다.

기도, 전도, 그리고 제자도

예수님의 삶은 기도, 전도, 제자도라는 세 가지의 가치관으로 특징지어져있다. 이 기본 가치들은 마치 다리가 세 개 달린 의자와도 같다. 나는 농장이 있는 시골에서 자라났다. 농가에서 자란 사람들은 소젖 짜는 사람들이 아침저녁으로 앉아서 일했던 삼발이 의자를 기억할 것이다. 왜 다리가 세 개일까? 다리가 두 개면 안정적이 아니기 때문이다.

나는 하나님께서 교회에 다리가 세 개 달린 의자를 주셨다고 생각한다. 하나님은 오늘날에도 기도, 전도, 제자도라는 진리를 사용하여 교회를 안정적으로 세우신다. 우리가 주변의 사람들을 위해 기도하고, 깊은 관심을 가지고 그들에게 접근하여 삶으로 복음을 나누고, 혼신의 힘을 기울여 제자로 훈련을 시킨다면, 반드시 교회에 큰 열매가 맺히리라 나는 확신한다. 사실 교회가 최대의 축복을 받으려면 누가복음 6:38의 말씀대로 나누어주는 교회가 되어야한다. "주라 그리하면 너희에게 줄 것이니 곧 후히 되어 누르고 흔들어 넘치도록 하여 너희에게 안겨 주리라 너희가 헤아리는 그 헤아림으로 너희도 헤아림을 도로 받을 것이니라."

전도서 11:1에는 "너는 네 떡을 물 위에 던져라 여러 날 후에 도로 찾으리라"고 적혀있다. 당신이 시간을 내고, 노력을 경주하여, 주변의 사람들을 돌보고, 전도하고, 멘토해 주면서 제자 삼는 사역에 관여하면, 반드시 하나님으로부터 보상을 받게 될 것이다. 사실 헌신하다보면 자신의 필요를 채우는 일은 가끔 뒷전으로 밀리기도 하지만, 타인의 삶에 씨앗을 뿌리면 반드시 그에 부합된 풍성한 열매가 당신의 인생에 허락될 것이다. 잠언 11:25는 진리의 말씀이다. "구제를 좋아하는 자는 풍족하여질 것이요 남을 윤택하게 하는 자는 자기도 윤택하여지리라."

내 친구 하나는 자신이 병들어 치료가 필요했던 시기에 대해 말해주었다. 그녀는 자신의 문제에 집착하는 대신, 치유가 필요한 다른 사람을 위해 열심히 기도해주기 시작했다는 것이다. 그런데 기도하는 동안 하나님은 기적적으로 내 친구의 몸을 만져주셨고, 질병이 떠나고 건강한 몸으로 회복시켜주셨다. 이는 예수님의 이름으로 타인의 원기를 회복시키려다가, 자신 스스로가 회복된 사례라고 할 수 있다.

복습문제

1. 마태복음 28:19에 따르면 신자는 어떤 종류의 명령을 받았는가? 사람들을 제자로 삼으며 복음으로 온 세상을 접촉하려면 구체적으로 어떤 방법을 취해야할까?

2. 제자는 어떻게 만들어지는가? 당신이 친분관계를 맺고 있는 사람들은 누구인가? 그 친분관계의 영향권에서 어떻게 제자 삼는 사역을 펼칠 수 있을까?

3. 대그룹보다 소그룹이 제자양육에 더 효과적인 이유는 무엇일까?

4. 우리는 누구를 본보기로 삼고 따라가야 하는가?(고린도전서 11;1 참조). 타인의 삶 속에서 그리스도를 본 적이 있는가? 그로 인하여 영향을 받았다면 어떤 경우인지 기술해보라.

22장

영적 전쟁준비

우리는 영적 군대이다

성경 전체를 통해 하나님의 말씀은 우리에게 영적 전쟁을 치르는 영적 군사가 될 것을 권유하고 있다. 군인이 전쟁을 어떻게 치를 것인지 배우기만 하고 실제 전투에 참여하지 않는다면, 그의 모든 훈련은 쓸모없는 것이 될 것이다. 진정한 군인은 교실에서의 학습에 참석하는 것 그 이상의 일을 하는 사람이다. 군인은 실제로 엄청난 고난과 역경을 참아내야 한다. "너는 그리스도 예수의 좋은 병사로 나와 함께 고난을 받으라" (디모데후서 2:3). 그러므로 실제 전투에 참가하기 전에는 진짜 병사라 할 수 없다.

하나님의 나라에서 그리스도인들은 영적 군대가 되어, 불신자들이 어두움에서 광명으로 탈출하도록 돕는다. 그러기 위해 그리스도인들은 온갖 고난과 역경도 견디어내는 전투를 치른다. 사실 교회에서 신도들이 소그룹이나 대예배로 모이는 이유는 말씀으로 훈련받아 완전 무장을 갖추고 세상으로 나아가 성공적인 전투를 치르기 위함이다. 하나님은 불신자들을 마귀의 손아귀로부터 빼내는 그런 영적 전투로 신자들을 부르셨다.

한편으로 교회는 마치 의료단을 가진 군대와도 같다. 하나님의 병사가 전투 중 부상을 당하면, 교회라는 의무실에서 치료를 받고 다시 전장으로 나간다. 그리고 예수 그리스도를 알고 그분 안에서 성장하게 하는 전투를 치른다. 하나님은 하나님의 왕국을 건립 중이신 데, 그 나라는 다양한 지역 교회들, 노회, 교단 등으로 구성되어 있다. 이들은 모두 서로 전 세계적으로 협력하여 하나님의 나라를 전투적으로 건설해간다.

우리는 다른 그리스도인들이 믿음 안에서 계속 정진하도록 북돋아 주어야한다. "오직 오늘이라 일컫는 동안에 매일 피차 권면하여 너희 중에 누구든지 죄의 유혹으로 완고하게 되지 않도록 하라"(히브리서 3:13). 피차 격려하고 힘을 실어줌으로, 주님의 재림을 예비하는 강력한 주님의 군대가 되도록 해보자. 우리는 쪽지, 편지, 전화, 친절한 행위 등을 통해 그리스도의 몸에 속한 지체들을 매일 격려하도록 부르심을 받고 있다. 마귀는 '아무리 해도 소용이 없을 것이다'라는 말을 한다. 그리고 '사람은 변하지 않기에 주님의 목적도 이루어지지 않을 것이다'라고 한다. 그러나 그것은 거짓말들이다. 하나님은 우리가 사람을 키워주는 자가 되기를 원하신다. 우리는 사람들을 독려하고 하나님 말씀의 진리를 선포함으로 마귀에게 대항해야한다.

이번 단원에서는 지상명령을 수행함에 있어서 주님이 허락하신 영적 전쟁의 무기들을 활용하는 법을 다루어보고자 한다.

기도라는 무기

영적 전쟁은 허구가 아니다. 영의 세계는 실제로 존재한다. 원수의 두 가지 주요 책략은 다음과 같다. 첫째는 악한 영의 존재를 부인하도록 유도하여 무관심하게 하는 것이고, 둘째는 지나치게 관심을 가진 나머지 두려워 쩔쩔매게 하는 것이다. 혹자는 마귀란 단지 동화에 나오는 이야기라고 생각한다. 뾰족한 귀와 삼지창이 달린 꼬리를 가진 붉은 악마 말이다. 마귀가 눈에 보이지 않는다고 해서 존재하지 않는다고 할 수는 없다. 레이더, 라디오 전파, 원자력의 방사능 등은 눈에 보이지 않으나 존재한다.

이 세상에는 만사를 귀신과 악령 탓으로 돌리는 자들도 있다. 그들은 주님의 능력보다 마귀의 능력을 더 믿는 자들이다. 우리의 초점은 늘 예수님께 맞추어져 있어야지 원수에게 맞추어져 있어서는 안 된다. 모든 것을 악령이나 귀신 탓으로 돌리는 대신, 인생의 어떤 부분은 자신이 더 노력하고 훈련받아야 개선된다는 사실을 겸허하게 인정해야 할 것이다. 그리고 특히 하나님의 일에 제약을 가하는 것들과 맞서서 끊임없는 투쟁을 벌여야한다.

그리스도인들은 어떻게 전투하는가? 일단은 주님 안에서 굳게 서야 하며, 하나님이 주시는 전신갑주를 입어야한다. 악한 영과의 영적 전쟁을 벌이려면 완전 무장해야 한다는 말이다. 이 영적 전쟁은 오직 성령의 능력으로만 가능하다(로마서 8:13 참조). 사도 바울은 에베소서 6:10-12에서 사탄의 획책을 무찌르려면 마치 로마 병사처럼 우리들도 영적으로 완전 무장해야 한다고 한다.

> 끝으로 너희가 주 안에서와 그 힘의 능력으로 강건하여지고 마귀의 간계를 능히 대적하기 위하여 하나님의 전신 갑주를 입으라 우리의 씨름은 혈과 육을 상대하는 것이 아니요 통치자들과 권세들과 이 어둠의 세상 주관자들과 하늘에 있는 악의 영들을 상대함이라

그리스도인의 싸움은 사람을 상대로 한 것이 아니다. 영적 전쟁은 지옥의 사자들, 즉 어두움에 속한 악령들과의 싸움이다. 영적 전쟁에서 소용이 있는 무기는 오직 영의 무기뿐이다. 그 중에 하나는 기도인데, 어두움의 세력에 대항하는 강력한 무기이다. 고린도후서 4:3-4에는 "만일 우리의 복음이 가리었으면 망하는 자들에게 가리어진 것이라 그 중에 이 세상의 신이 믿지 아니하는 자들의 마음을 혼미하게 하여 그리스도의 영광의 복음의 광채가 비치지 못하게 함이니 그리스도는 하나님의 형상이니라"는 말씀이 있다.

사탄은 불신자의 마음을 확고하게 붙잡고 있다. 예수님께 순종하지 않는 사람의 마음은 사탄에게 순종하고 있다. 그래서 사탄의 지배를 받는다. 사탄은 불신자의 마음을 베일로 가려 복음의 진리를 보지 못하게 한다. 홍수가 지나간 후에 운전을 하고 있다고 가정해 보자. 앞에 놓여있는 다리가 홍수에 휩쓸려 떠내려갔다는 경고 표지판을 붙여 놓았다면, 제정신을 가진 운전자라면 그 길로 들어서지 않을 것이다. 그러나 술에 만취한 운전자는, 아무리 표지판을 붙여놓아도 판단력이 흐리기에, 그냥 끊어진 다리를 향하여 돌진할 가능성이 높다. 진리에 대하여 눈먼 사람은 늘 피해를 당한다. 오늘날 많은 이들이 아직도 지옥을 향하여 돌진하고 있다. 그런데 성경은 말씀하시기를, 그리스도인들은 예수 그리스도의 이름으로 어두움의 세력을 결박하고, 사람들이 광명을 찾도록 기도할 수 있다고 한다. 그러면 불신자도 변화되어 진리를 밝게 볼 수 있게 될 것이다. 마태복음 18:18의 말씀은 진실이다. "진실로 너희에게 이르노니 무엇이든지 너희가 땅에서 매면 하늘에서도 매일 것이요 무엇이든지 땅에서 풀면 하늘에서도 풀리리라."

예수님은 우리가 영적으로 묶을 수 있다고 하셨다. 예수 이름의 권세를 사용하여 기도하면, 아무리 견고한 진이라도 허물고, 고질적인 문제까지 해결할 수 있는 능력을 얻을 수 있다. 기도는 그만큼 강력하다. 예수님의 이름으로 사탄의 거점을 장악하면, 사람들은 자유를 얻고 복음을 귀담아 듣고 예수 그리스도에게 반응을 보인다.

한 젊은이는 최근에 나에게 "내가 그리스도인이 된 주된 이유는 우리 어머니가 나를 위해 줄기차게 기도하셨기 때문입니다"라고 했다. 그 어머니는 하나님 나라의 원리를 이해한 사람이다. 예수 그리스도가 필요한 주변의 사람들을 위해 끊임 없이 기도하는 것의 중요성을 새삼 깨달을 필요가 있다. 예수님의 이름으로 악령의 아성을 무너트리면, 눈멀게 하는 악령의 영향력이 없어지면서, 그들도 예수 그리스도에 대한 복음을 이해하고 적극적인 반응을 보이게 될 것이다.

강인한 군사로 서게 하는 진리

에베소서 6:10-12에 기록된 대로, 악한 영(정사와 권세)의 본거지를 공략하기에 앞서 우리는 하나님께서 주시는 장비로 완전 무장해야한다. 다음의 두 구절은 우리가 입어야만 하는 전신갑주(갑옷)의 첫 두 가지 요소를 기술하고 있다.

> 그러므로 하나님의 전신 갑주를 취하라 이는 악한 날에 너희가 능히 대적하고 모든 일을 행한 후에 서기 위함이라 그런즉 서서 진리로 너희 허리 띠를 띠고 의의 호심경을 붙이고(에베소서 6:13-14)

사실 사도 바울은 에베소서를 기록할 때 감옥에 수감되어 있었다. 그는 감옥에 앉아, 죄수들을 감시하며 순찰하는 군인들을 쳐다보고 있었을 것이다. 그렇지만 그는 자연적인 눈으로 보이는 것들의 영적 의미를 파악하였다. 그는 아주 어려운 시기를 지나면서도 영적인 면을 간파하였기에 굳게 설 수 있었다. 세상을 살다보면 순탄한 날도 있겠으나, 악악한 영으로부터 심한 공격을 받는 날도 있다. 그런 공격은 압제, 학대, 공포, 혼돈, 우울증, 절망감 등의 형태로 나타난다. 그런 경우에 우리는 예수 그리스도의 군사로 선한 싸움을 싸우며 굳세게 서서 버티는 법을 습득해야 한다. 만일 굳세게 서지 않는다면, 시험에 걸려 넘어지게 될 것이다. 우리는 진리로 허리띠를 띠고 버티어 서 있어야한다.

성경은 예수님이 길이요, 진리요, 생명이라고 한다(요한복음 14:6 참조). 바울이 바라보던 로마 군병들은 각종 무기를 차고 있었는데, 그것들은 모두 허리띠에 의하여 몸에 부착되어 있었다. 그와 마찬가지로, 그리스도인들에게도 모든 것을 지탱해줄 진리의 허리띠가 필요하다. 우리는 그리스도인으로서의 삶의 모든 것을 예수 그리스도라는 진리의 허리띠에 매달아 둔다.

하나님 말씀의 진리를 기회가 있는 대로 말하라. 당신 자신과 타인에게 가급적이면 자주 성경을 인용하라. 하나님의 진리의 말씀에는 인간을 해방시키는 능력이 있음을 늘 상기하라.

가슴과 다리를 무장함

신자들은 영적인 전사로 완전 무장해야한다. 에베소서 6:14-15에 보면 진리의 허리띠 외에 2가지 더 다른 병기가 언급되어 있다. "그러므로 여러분은 진리로 허리를 동이고, 정의의 가슴막이를 하고, 버티어 서십시오. 발에다가는 평화의 복음을 전할 채비를 하십시오"(표준새번역).

'정의(righteousness)'라는 것은 예수 그리스도를 믿음으로부터 정립되는 하나님과의 바른 관계를 뜻한다(로마서 4:3-4 참조). 종종 우리는 자신이 저지른 실수를 중심으로 자기 자신을 바라본다. 그러나 예수 그리스도를 믿고 회개한 후로는 십자가의 용서라는 안경을 쓰고 자신을 바라보아야 한다. 그리스도인은 하나님의 아들 예수 그리스도, 죽임을 당하신 어린양을 중심으로 자신과 세상을 바라본다. 인생에 문제가 발생하면, 마귀는 우리에게 다가와, 죄를 지었기에 벌 받는 것이라고 말한다. 그리고는 문제가 심각하기에 앞으로도 소망이 없을 거라고 덧붙인다. 그러나 우리는 예수의 이름으로 마귀를 대적해야한다. 그러나 그러려면 우리가 예수 그리스도 안에서 의롭다는 사실에 대한 강한 확신이 필요하다.

동시에 발에는 평화의 복음이 신겨졌는지도 확인해야한다. 주님은 우리가 하나님과 평화를 누리며 살고, 다른 사람과도 화목하게 살기를 원하신다. 야고보서 3:18에 따르면 "화평하게 하는 자들은 화평으로 심어 의의 열매"를 거둔다고 한다. 타인과 화평케 살기만 한다면 많은 장애물들이 제거되고 인생살이가 상당히 순조로워질 것이다. 누구의 잘못이든 상관없이, 일단 화평이 깨지면 그 다음부터는 걷잡을 수 없는 길로 가게 된다. 그렇기에 주님은 우리를 화평케 하는 자로, 즉 그리스도 안에서 화해시키는 자로 부르고 계신 것이다. 불화의 문제가 심각해지면 제3자의 도움이 필요하다. 많은 경우에 주님은 지역교회의 장로들을 화평케 하는 중재자로 세우신다. 그리고 실제적인 상황 가운데서 우리는 늘 예수 그리스도가 화목을 가져오는 분임을 선포해야한다.

할 수 있거든 너희로서는 모든 사람과 더불어 화목하라(로마서 12:18)

그러므로 예물을 제단에 드리려다가 거기서 네 형제에게 원망들을 만한 일이 있는 것이 생각나거든 예물을 제단 앞에 두고 먼저 가서 형제와 화목하고 그 후에 와서 예물을 드리라 (마태복음 5:23-24)

주님의 요구는 어떤 희생을 치르고라도 먼저 평화를 추구하고, 나머지는 다 주님께 맡기라는 것이다. 왜냐하면 오직 하나님만이 인간의 마음을 바꾸실 수 있고, 오직 하나님만이 진정한 화해를 이룩해내실 수 있기 때문이다.

믿음의 방패 들기

로마시대에 병사들이 가장 의존했던 무기 중 하나는 방패였다. 방패는 가로 2피트, 세로 4피트짜리 철판으로, 군사들은 전투 시 방패 뒤에 서서 자신의 몸을 가렸다. 그리고 사방으로부터 날아오는 화살을 막기 위해 병사들은 방패를 이리저리 돌려 대었다. "모든 것 위에 믿음의 방패를 가지고 이로써 능히 악한 자의 모든 불화살을 소멸하고"(에베소서 6:16).

당신과 나는 가끔 한심한 현실을 바라보며 낙담하게 된다. 그러나 믿음의 방패로 낙담되는 상황으로부터 오는 좌절감을 막아내면 승리의 길로 나아갈 수 있다. 악한 자가 쏘아대는 불화살에는 의심, 암울함, 비난, 두려움, 혼란하고 당혹스러움을 조장하는 것들이 있을 수 있다. 원수가 불화살을 쏘아대며 공격해 들어올 때에, 우리는 믿음의 방패로 막아야 한다. 그래야만 불시험에 들지 않게 된다. 그런데 어디에서 그런 믿음이 생기는가? "그러므로 믿음은 들음에서 나며 들음은 그리스도의 말씀으로 말미암았느니라"(로마서 10:17). 이제부터는 주님의 말씀을 삶에 적용함으로 믿음의 방패를 튼튼케 하여, 악한자의 불화살 공격으로부터 상처를 입는 일이 없도록 하자. 혹시라도 불화살로 인하여 불이 붙었다면, 하나님의 말씀을 선포하고 믿음으로 불을 끄도록 하자.

우리는 인스턴트 시대에 살고 있다. 그래서 사람들은 성질이 급하고 순식간에 결과를 보기 원한다. 그러나 그리스도인들은 믿음으로 인내하는 법을 배워야한다. 대처할 수 없는 상황에 빠진 것처럼 느끼는 순간에도, 하나님의 축복의 말씀이 참인 것으로 계속 믿어야 한다. 하나님은 신실하시다. 그렇기에 우리는 믿음의 방패를 치켜들고 자신감을 가지고 하나님을 계속 신뢰할 수 있다.

수년 전에 나는 믿음으로부터 벗어난 아들을 둔 한 여인을 만났다. 비록 아들은 반항하고 있었으나 어머니는 하나님께서 아들에게 직접 말씀해 주실 것을 굳게 믿고 있었다. 그녀는 특별히 이사야 59:21인 "여호와께서 이르시되 내가 그들과 세운 나의 언약이 이러하니 곧 네 위에 있는 나의 영과 네 입에 둔 나의 말이 이제부터 영원하도록 네 입에서와 네 후손의 입에서와 네 후손의 후손의 입에서 떠나지 아니하리라 하시니라 여호와의 말씀이니라"를 그녀에게 허락하신 약속의 말씀으로 믿고 굳게 붙잡았다. 이 어머니는 하나님의 말씀을 진짜로 믿기로 결심한 것이다. 그녀가 믿음의 방패를 들어 올렸을 때에, 성령께서는 전혀 의외의 장소인 로큰롤 콘서트 장에서 그 아들이 양심에 가책을 느끼게 하시고 다시 주께 돌아오도록 인도하셨다. 오늘날 그는 목회자로 봉사하고 있다. 우리는 오직 믿음으로 살고, 눈에 보이는 것으로 살지 않는다는 사실을 기억하자.

투구와 검

많은 그리스도인의 전쟁은 마음 안에서 발생한다. 그리스도인의 전쟁이든 세상의 전쟁이든, 이길 승산이 거의 없다고 판단되면 전투를 계속하기가 무척 어려워진다. 그러므로 구원의 투구로 생각을 보호하는 것이 중요하다. 아무리 적의 공격이 극심하고 전투가 치열해도 머릿속이 구원의 소망으로 가득하면 분발하여 계속 버틸 수 있다. 구원의 투구는 하나님의 약속에 입각한 안전과 보호를 보장해준다.

> 구원의 투구와 성령의 검 곧 하나님의 말씀을 가지라 모든 기도와 간구를 하되 항상 성령 안에서 기도하고 이를 위하여 깨어 구하기를 항상 힘쓰며 여러 성도를 위하여 구하라 (에베소서 6:17-18)

구원받는다는 것은 단지 죄의 용서를 받고 천국에 가서 영원히 하나님과 살아간다는 것만 의미하는 것이 아니다. 구원은 치유, 귀신축출, 어두움의 세력으로부터의 자유 등을 포함한다. 나는 서구사회와는 달리 의료장비를 전혀 갖추지 못한 나라들을 많이 방문한다. 그런 나라에 사는 그리스도인들은 매사에 하나님의 기적을 기대한다. 그들의 믿음으로 인하여 나타나는 기적이 얼마나 많은지! 그들이 믿는 하나님은 '기적의 하나님'이다. 구원의 투구는 어두움의 세력으로부터 오는 사고의 혼돈을 막아주며, 하나님의 위대한 구원과 놀라운 치유에 의존하도록 도와준다.

주께서는 이제 마지막 병기인 성령의 검을 사용하라고 하신다. 군사의 병기 중에 방어와 공격을 동시에 할 수 있는 건 칼이다. 그리스도인들에게 있어서 날카로운 칼과 같은 무기는 하나님의 말씀이다. "하나님의 말씀은 살아 있고 활력이 있어 좌우에 날선 어떤 검보다도 예리하여 혼과 영과 및 관절과 골수를 찔러 쪼개기까지 하며 또 마음의 생각과 뜻을 판단하나니"(히브리서 4:12).

우리가 하나님의 말씀으로 무장될 때에, 우리 안에 살아 계시는 성령께서는 몰려오는 유혹을 물리칠 수 있게 도와주신다. 성도는 자신의 판단에 의존하는 것이 아니라 늘 성령께서 주시는 지혜에 의존한다. 하나님의 진리를 알면 사단의 거짓말을 간파하기가 수월해진다. 하나님의 말씀을 마음의 중심에 놓으면 죄의 유혹을 물리칠 수 있다(시편 119편 11절).

예수님은 지옥의 권세가 절대로 교회를 넘보지 못할 것을 예언하셨다(마태복음 16:18). 사실 그리스도인으로 우리들은 원수의 영토를 침범하고 정복할 것을 명령받았다. 그것보다 못한 것은 용납될 수 없다. 하나님의 말씀을 심각하게 받아들이고, 고백하고, 믿고, 당신의 삶을 통해 살아내고, 영적인 것을 체험하라.

경계하며 우리의 지경을 지켜내기 위해서는 영적인 완전무장이 필요하다(에베소서 6:13 참조). 진리의 허리띠를 띠어야하고, 의의 가슴막이도 착용해야한다. 복음의 평화의 신을 신고, 믿음의 방패도 들어야한다. 덧붙여서 구원의 투구를 착용하며, 성령의 검도 사용해야한다. 이 모든 병기는 우리를 보호해주며, 우리가 효과적인 기도를 드릴 수 있도록 도와준다. 사도 바울은 우리가 늘 기도해야하며, 깨어서 여러 성도들을 위해 기도해야 한다고 했다. 그리스도인은 서로를 위해 기도해주는 사명을 받은 자들이다. 영적 전쟁은 치열한 기도의 전쟁이다. 영적 전쟁은 선택사항이 아니다. 영적 전쟁은 죽고 사는 사활이 걸린 문제이다.

모든 기도와 간구를 하되 항상 성령 안에서 기도하고 이를 위하여 깨어 구하기를 항상 힘쓰며 여러 성도를 위하여 구하라(에베소서 6:18)

행동으로 나서기

우리는 진실로 서로를 위해 기도해야한다. 기도로 우리는 영적 전쟁터로 들어가 전투를 벌이며, 하나님과 협력함으로 승리의 환희를 맛보게 된다. 사도 바울은 에베소서 6:19-20에서 성도들에게 자기를 위해 기도해 줄 것을 부탁하고 있다.

또 나를 위하여 구할 것은 내게 말씀을 주사 나로 입을 열어 복음의 비밀을 담대히 알리게 하옵소서 할 것이니 이 일을 위하여 내가 쇠사슬에 매인 사신이 된 것은 나로 이 일에 당연히 할 말을 담대히 하게 하려 하심이라

복음을 담대히 전하는 것은 주님의 뜻이다. 그렇지만 자신이나 남을 위해서 기도하지 않으면 그런 담대함을 얻을 수 없다. 우리가 소그룹, 교회, 주일학교 학생들, 지역사회, 가정, 그리고 일터를 위해 기도하면 하나님의 말씀이 이 세대에 담대히 증거되는 것을 체험하게 될 것이다. 한번은 내가 영국에 있을 때 길거리에서 만난 청년에게 복음을 담대히 전하라는 성령의 재촉을 받은 적이 있다. 내가 믿기로 나에게 그런 담대함이 생긴 것은 나를 위해 간구하는 많은 기도의 용사들 덕분이라고 생각한다.

사도 바울처럼 위대한 전도자도 배후에 기도가 필요했다면 우리들은 얼마나 더 많이 서로를 위해 기도해주어야 할 것인가! 지상명령이 수행되기 위해서는 많은 기도가 필요하다. 신자들이 기도의 사람들이 되지 않는 이상 기적은 일어나지 않는다. 주변에 아는 선교사들을 위하여 늘 기도하라. 하나님의 전신갑주를 취하면서 매일 기도하라. 하늘로부터 내려오는 주님의 지시를 들어보아라. 그러면 예수님이 이 시대에 우

리를 주님의 제자 삼는 사역에 사용하시는 것을 체험하게 될 것이다.

　신앙적으로 실패하는 사람들은 주로 영적 무장을 제대로 하지 않은 까닭이라는 것이 나의 경험으로부터 얻은 결론이다. 아침에 기상하면 진리로 허리를 동여매라. 그리고 그것을 큰 소리로 선포하라. 예수 그리스도 안에서 의롭다함을 이미 받았다는 확신을 절대로 잃지 말라. '믿음으로 의롭다 하심을 받았으니 나는 우리 주 예수 그리스도로 말미암아 하나님과 화평을 누린다'라고 적혀진 의의 호심경을 늘 붙이고 다녀라(로마서 5:1 참조). 당신은 의롭다. 누구라도 언제라도 당신에게 해를 끼친 사람을 예수님의 이름으로 온전히 용서하며 살아라. 그리고 가능하다면 모든 사람과 화평을 도모하라(로마서 12:18 참조). 믿음의 방패를 치켜들고 악한 자의 불화살에 상처를 입지 않도록 자신을 방어하라. 혹시라도 불이 붙었다면, 시원한 하나님의 말씀으로 소화하라. 구원의 투구로 안전감을 누리라. 예수 그리스도로 인하여 당신은 거듭났으며, 당신의 인생은 이미 변했다. 그러므로 하나님의 말씀을 취하여, 담대하고 공격적으로 어둠의 세력을 대면하라. 주께서 지시하신 영적 갑옷을 입고, 그리스도의 군사로 기도에 힘써라. 이제 당신은 실제 행동으로 나설 때가 되었다. 전쟁터로 나아가 전투를 벌이라! 이 세상은 그들을 해방시켜줄 복음의 능력을 기다리고 있다.

복습문제

1. 히브리서 3:13에 따르면, 우리는 얼마나 자주 타인을 격려해야하는가? 우리는 어떤 방식으로 서로를 북돋아 주고 있는가?

2. 당신의 발을 넘어뜨려 영적 전투에서 능력을 발휘하지 못하도록 방해하는 사탄의 수법에는 어떤 것들이 있을까? 하나님의 말씀과 그분의 진리는 어떤 방식으로 당신을 견고하게 서도록 해주는가?

3. 어떻게 의로움을 얻을 수 있을까? 화평케 하는 자가 되려면 무엇을 해야 하는지 구체적으로 설명해보아라.

4. 사탄의 "불화살"로부터 우리는 자신을 어떻게 보호할 수 있을까?

23장

잃은 자를 찾아
제자로 만들기

진정한 의미에서의 전도

하나님은 전도에 우리가 보통 생각하는 것보다 더 큰 가치를 두신다. 왜 그럴까? 하나님은 사람의 영혼을 무척 사랑하시기 때문이다. "하나님이 세상을 이처럼 사랑하사 독생자를 주셨으니 이는 그를 믿는 자마다 멸망하지 않고 영생을 얻게 하려 하심이라"(요한복음 3:16). 많은 경우에 교회나 성도는 내적으로만 성장하곤 한다. 외부의 사람들을 도우려 하기보다는 내적인 것에만 신경을 쓴다는 말이다. 그러나 하나님은 밖을 바라보고 외부로 나아가도록 우리를 부르셨다. 하나님의 심장은 세상 전체와 전 세계의 인류로 향해 뛰고 있다. 전도란 그리스도에 관한 좋은 소식을 다른 이들과 나누는 것이다.

그렇지만 내 생각에는 많은 그리스도인들이 전도에 관해 판에 박힌 사고방식을 가진 듯싶다. 어떤 이들은 전도란 남의 집 문을 두드리며 전도지를 나누어주는 것이라고 생각한다. 물론 그것도 일종의 방법이라면 방법이겠으나, 주님께서는 모든 사람을 다 그런 길로 부르고 있지는 않으신다고 나는 생각한다. 혹은 전도란 대형 전도 집회로 사람을 인도하는 것이라고 생각하는 사람들도 있다. 대형 전도 집회는 참으로 좋은 발상이다. 그러나 대형 전도 집회를 개최할 여건은 모든 교회에 주어져 있지 않다.

나는 전도란 예수 그리스도를 너무나 사랑한 나머지, 가는 곳마다 예수님이 필요한 사람에게 예수님을 소개하는 것이라고 생각한다. 모든 성도에게는 하나님과 아무런 관계를 맺고 있지 않은 사람들에게 하나님이 우리의 삶에 행하신 일들을 나누며 예수님에 관한 복음을 받아들일 것을 권유할 의무가 있다.

선한 사마리아인의 비유에 보면(누가복음 10:33-37 참조), 사마리아인은 객사하기 일보 직전인 사람을 발견하고 도와주었다. 그렇지만 그 당시 종교 지도자들은 외면하고 도움의 손길을 주지 않았다. 사마리아인은 인생행로에 하나님이 놓으신 사람을 돕는 하나님 나라의 원리를 실천으로 옮긴 사람이다. 예수님은 "네 마음을 다하며 목숨을 다하며 힘을 다하며 뜻을 다하여 주 너의 하나님을 사랑하고 또한 네 이웃을 네 자신 같이 사랑하라"(누가복음 10:27)는 원리를 상당히 강조하셨다.

하나님을 사랑하는 것과 이웃을 사랑하는 것은 사실상 서로 밀접하게 연결되어 있다. 잃은 자에 대한 긍휼과 궁핍한 자에 대한 자비의 행위는 하나님을 사랑한다는 것의 외적인 표시이다. 예수님은 사마리아인의 비유를 주신 후에 곁에 있던 종교 지도자에게 다그쳐 물으셨고 다음과 같은 답을 얻어내셨다.

네 생각에는 이 세 사람 중에 누가 강도 만난 자의 이웃이 되겠느냐 이르되 자비를 베푼 자니이다 예수께서 이르시되 가서 너도 이와 같이 하라 하시니

라(누가복음 10:36-37)

그리스도인의 모든 행실은 자비와 사랑이라는 동기로부터 유발되어야 한다. 누가복음 15장에서 예수님은 이웃 사랑의 본보기가 되는 세 가지 이야기를 해 주셨다. 첫째 이야기는 잃은 양의 비유다. 100마리의 양이 있었는데, 한 마리를 잃었다. 그래서 목자는 그 잃은 양을 찾기까지 산천을 헤매고 돌아다녔다. 둘째 이야기는 잃은 돈에 관한 비유다. 동전을 잃은 주인은 모든 노력을 경주하며 발견될 때까지 하루 종일 찾아 헤맨다. 셋째 이야기는 아버지가 돌아가시기 전에 미리 유산을 챙겨 집을 뛰쳐나간 탕자의 비유다. 성경은 말씀하기를 그 아버지는 탕자가 돌아오기를 기다리다가, 탕자가 귀가하자마자 환대하며 다시 아들로 맞아들였다고 한다.

보다시피, 하나님은 특히 마음이 상한 자나 영적으로 잃어버린 자에게 우선권을 두신다. 하나님은 주변에 사랑할 수 없거나, 사랑하기 싫은 자들에게 다가가 그들을 돌보라고 그리스도인을 부르셨다. 하나님은 우리를 그렇게 사용하심으로 그분의 목적을 이루신다. 예수님은 우리를 사람을 낚는 어부로 부르셨다. "예수께서 이르시되 나를 따라오라 내가 너희로 사람을 낚는 어부가 되게 하리라 하시니"(마가복음 1:17).

이제부터는 사람을 낚아 예수 그리스도 안에서 그들을 믿음으로 인도하는 법을 배워보자.

오이코스 원리

예수님과 초대교회는 어떻게 사람들을 믿음의 길로 인도했을까? 나는 종종 그 비결을 '오이코스 원리'라고 명명한다. '오이코스'는 헬라어로 가정 혹은 가족을 뜻한다. 그런데 그 가족은 우리가 정기적으로 접촉하는 모든 사람을 포함한다. 즉 오이코스는 우리와 공동체를 이루고 있는 사람들 혹은 인간관계의 영향권 안에 들어와 있는 사람 모두를 포괄적으로 지칭하는 말이다.

사도행전 10장에 보면 고넬료라는 인물이 등장한다. 그는 자신의 권속과 더불어 하나님을 경외하고, 가난한 자들에게 후히 베풀고, 하나님께 정기적으로 기도를 드린 인물로 알려져 있다. 그런데 하루는 그가 환상을 통해 하나님의 놀라운 계시를 받았다. 하나님은 그에게 사자를 보내어 베드로를 부르고, 그로부터 하나님의 메시지를 들으라고 지시하셨다. 베드로가 온다는 소식을 듣고 흥분한 고넬료는 다음과 같은 일을 하였다. "이튿날 가이사랴에 들어가니 고넬료가 그의 친척과 가까운 친구들을 모아 기다리더니"(사도행전 10:24). 즉 고넬료는 자신의 '오이코스'를 전부 불러 모은 것이다. 고넬료가 자신의 오이코스(친척과 가까운 친구들)를 초대한 까닭에 그들도 복음을 듣고 예수 그리스도를 믿게 되었다고 나는 생각한다.

하나님께서 오이코스를 사용하여 사람들을 예수 그리스도에게 인도한 실례는 사도행전 16장에도 나온다. 사도 바울과 실라가 감옥에 갇혔을 때 그들은 기도와 찬양으로 하나님께 영광을 돌렸다. 그러자 지진이 발생하고 기적적으로 옥문이 열렸다. 그 광경을 지켜본 간수는 죄수들의 도주에 책임을 져야하기에 자결하려 했다. 바울은 그를 진정시키며, 다른 모든 죄수들은 그대로 있다고 안심시켜 주었다. 바울이 간수와 복음을 나누었을 때 그는 그의 오이코스(일가족 모두)를 데리고 와서 예수님을 영접하였다. 우리들 모두에게는 하나님이 주변에 보내신 사람들이 있게 마련이다. 복음을 가장 효과적으로 그리고 쉽게 전할 수 있는 사람들이 바로 그들이다. 이 세상 어디에 살든, 지상명령을 수행할 수 있는 절호의 찬스는 친분관계를 통해 제공된다. 사람들은 진리를 알기 원한다. 그들은 믿음직스러운 친지나 친구가 진리를 전해주기를 기다리고 있다.

당신은 당신 주변에 있는 오이코스 구성원의 명단을 종이에 적어볼 수 있을 것이다. 기도하면서 그중 2명에서 3명에게 집중할 수 있게 해달라고 성령께 요청하라. 그들을 위해 지속적으로 기도하며, 기회를 만들고, 접촉해 보아라. 그들이 아직 구원받지 못했다면, 당신은 그들을 전도해야한다. 그들이 신앙생활에 대하여 아직도 허우적거리고 있다면, 당신이 영적 아비와 어미가 되어 참된 제자가 되도록 그들을 키워줄 수 있을 것이다.

초대교회에서는 매일 구원받는 자가 더하여졌다고 한다(사도행전 2:47 참조). 그런데 사도행전을 더 읽어 내려가다 보면, 주께서 교회를 다음 단계로 끌어올리신 것을 볼 수 있다. 교회에 교인의 숫자가 증가했다는 것이다. "그리하여 온 유대와 갈릴리와 사마리아 교회가 평안하여 든든히 서 가고 주를 경외함과 성령의 위로로 진행하여 수가 더 많아지니라"(사도행전 9:31).

하나님의 뜻은 교회에 새신자가 더해짐으로 교인이 수적으로 증가하는 것이다. 교인이 기하급수적으로 증가하려면, 일단 우리 자신의 문제로부터 눈을 떼고, 예수 그리스도의 능력과 생명을 맛보기 원하는 외부인들에게 다가가야 한다. 그러면 하나님의 나라가 팽창되고, 우리의 영적 성장이 가속화되는 것을 체험하게 될 것이다. 예수님은 지상에서 2가지 종류의 말씀을 하셨다. 하나는 하나님께 사람들에 관해 말씀하신 것이고(기도), 또 다른 하나는 사람들에게 하나님에 관해 말씀하신 것

(전도)이었다. 주님은 우리도 동일한 일을 하도록 부르신다.

당신의 오이코스에 있는 사람들의 종류

당신의 오이코스 내지는 당신과 친분관계에 있는 사람들의 종류는 다양할 것이다. 우선 먼저 가족과 친척들을 꼽을 수 있다. 삼촌, 이모, 고모들은 근거리에 있지 않다 해도 모두 당신의 오이코스에 속하는 사람들이다. 그들과 정기적인 접촉을 하면, 더 가깝게 느껴질 것이다. 둘째는 동일한 취미생활로 당신과 접촉하는 사람들도 당신의 오이코스에 낀다. 그들은 당신과 함께 운동을 하거나 컴퓨터를 하거나 뜨개질을 한다. 세 번째 동일한 지역에 사는 사람들도 당신의 오이코스 안에 넣을 수 있다. 물론 같은 동네에 사는 이웃들은 모두 오이코스에 속한다.

같은 직장에서 함께 일하는 동료들은 네 번째 범주에 속한다. 다섯 번째 범주에 속하는 사람은 당신이 정기적으로 접촉하는 사람들이다. 예컨대 가정 주치의, 치과의사, 자동차 정비사, 학교 직원, 동급생, 외판원 등이다. 일반적으로 오이코스 그룹에 속하는 사람들은 당신이 복음을 전할 때 다른 사람들보다 복음에 더 잘 반응한다. 왜냐하면 그들은 당신을 잘 알고 신뢰하기 때문이다. 이는 당신이 그들과 좋은 인간관계를 맺은 결과이다.

누가복음 5:29에 보면, 레위가 예수님을 자기 집으로 초대했을 적에, 친지와 더불어 비즈니스에 관련된 사람들도 함께 초대했던 걸 볼 수 있다. "레위가 예수를 위하여 자기 집에서 큰 잔치를 하니 세리와 다른 사람이 많이 함께 앉아 있는지라."

레위는 이미 다른 세리들과의 친분관계를 형성했기에, 그들은 레위의 초대에 흔쾌히 응하였다. 그래서 예수님은 레위의 친지들에게 복음을 나눌 기회를 잡을 수 있었다. 우리도 마찬가지로, 우리의 오이코스들을 전도의 장소로 초대하면, 그들을 완전히 해방시킬 만한 강력한 복음을 예수님이 그들에게 직접 제시하실 것이다.

나다나엘은 빌립의 오이코스에 속한 사람이었다. 그들은 같은 지역에 살았다. 그리고 친분관계를 사용하여 빌립은 나다나엘을 예수님에게로 인도하려 하였다. 요한복음 1:45에는 "빌립이 나다나엘을 찾아 이르되 모세가 율법에 기록하였고 여러 선지자가 기록한 그이를 우리가 만났으니 요셉의 아들 나사렛 예수니라"는 말이 기록되어 있다.

성경에는 친분관계 때문에 예수님을 만난 많은 이들의 기록이 나온다. 오래 전에 우리 교회의 소그룹 리더는 자신의 소그룹에 속한 한 여인으로부터 전화를 받았다. "혹시 거룩한 물(Holy Water: 성수)있으세요?" 그렇지만 그 소그룹의 리더는 가톨릭(천주교)의 배경이 없는 사람이었기에 도대체 무엇을 요구하는지 알 수 없었다. 그래서 보다 자세한 내역을 캐물으니, 자신의 딸과 그 딸의 남자친구의 집에 이상한 일이 발생하고 있다고 했다. 스토브 위에 놓은 물건이 저절로 튕겨 나가는 등 도저히 불가해한 초자연적 사건들이 발생하고 있다는 것이었다. 그래서 소그룹 리더는 그녀의 딸과 딸의 남자친구 집에 기도하러 가도 좋겠느냐고 문의했다.

"물론이죠. 그런데 나도 거기에 함께 참석하고 싶습니다"라고 그 여인은 대답했다.

그래서 그 소그룹 리더와 그의 아내는 젊은이들이 사는 집으로 향했다. 거기에서 하나님의 말씀과 예수 그리스도에 관한 복음을 전하니, 젊은 남자가 예수님을 영접했다. 그리고 그 남자의 여자 친구도 역시 주님을 신실하게 따를 의향을 비쳤다. 그리고 그들 둘은 얼마 안 가서 결혼했다. 그런데 그 집안을 어지럽히던 악한 영의 장난은 그들이 영적으로 해방되는 순간부터 완전히 사라졌다. 이런 구원의 사건은 소그룹이라는 오이코스가 가족관계라는 오이코스와 연결되면서 발생한 것이다. 오이코스 전도전략은 이렇게 효과적이며 때로는 폭발적인 결과를 창출해낸다!

멘토링에 시간을 투자하라

예수님은 제자를 만들어내라고 우리를 부르셨다. 제자 양성의 핵심은 마가복음 3:14-15에서 찾아볼 수 있다. "이에 열둘을 세우셨으니 이는 자기와 함께 있게 하시고 또 보내사 전도도 하며 귀신을 내쫓는 권능도 가지게 하려 하심이러라."

예수님은 하나님 나라의 원리를 가르쳐주고 그 나라의 권세를 나누어줄 사람들이 필요했기에, 열두 명을 택하여 그들과 함께 삶을 나누셨다. 예수님은 자신의 삶의 모델을 통해 제자들에게 하나님 나라의 원리들이 전달되기를 원하셨다. 제자 양육은 이러한 종류의 멘토링 혹은 모델링을 통한 훈련의 과정을 거치며 시행된다.

예수님은 제자들과 친구로 동행하며 함께 사역의 현장에서 일하셨다. 그래서 나중에 제자들도 예수님이 하시던 일을 혼자서도 할 수 있도록 훈련시키셨다. 제자를 삼는다는 것은 친구로서 돌봐주는 것과 그리스도 안에서 신앙과 인격이 성장하도록 훈련시키는 것을 포함한다. 제자훈련은 제자에게 종교적으로 할 일을 지시하는 것이 아니다. 제자를 삼는 사역은 자신의 삶을 내어주는 사역이다. 그런 사역에는 영적 성장에 도움이 되는 일이라면 시간을 아낌없이 투자하는 것이 필요하다. 예수 그리스도 안에서 바르게 살게 하기 위해 멘토는 기도해주고, 격려해주며, 하나님의 말씀에 집중할 수 있도록 도와준다.

성경의 제자도는 현대의 코칭과 일맥상통하는 점이 있다. 스포츠 팀의 코치는 선수들이 최대의 실력(혹은 잠재력)을 발휘하도록 돕는 자이다. 성도라면 결국 남을 돕는 사역에 관여해야한다. 전도와 선교 그리고 제자양육에 관여하지 않으면 개인의 신앙과 교회는 정체된다. 정체되지 않더라도, 외부로 자라며 뻗어나가지 못하고 안으로만 자라나는 경우가 발생한다. 이는 마치 안으로 굽어지는 발톱과도 같은데, 결국은 자기 자신을 찌르기에 고통을 당하게 되어 있다. 하나님의 뜻은 언제나 교회가 외부의 사람들에게 관심을 가지고 다가가서, 복음으로 그들을 훈련시키는 것이다.

세계적으로 유명한 사해(Dead Sea)는 고여 있는 물이다. 사해에는, 물이 들어가기만 하지 나가지는 않는다. 그렇기에 생명이 있기는 있어도 활발하게 자라지 못하고 늘 죽음의 세력 하에 있다. 그러나 신도가 다른 사람에게 베풀면서 나누어주면, 그리스도의 생명과 능력이 우리 안으로 막힘없이 술술 흘러 들어오게 된다.

본을 보이며 배우고 가르치라

나는 기타 연주를 좋아한다. 그래서 수년간 사람들에게 기타를 가르치는 즐거움을 누렸다. 사실 나에게 배운 제자들이 지금은 나보다 기타를 더 잘 친다. 만일 내가 당신에게 기타를 가르쳐준다면, 나는 기타를 가지고 당신 곁에 앉을 것이다. 그리고는 손가락을 기타 프렛의 어디에 위치시킬 것인지 보여주고, 기타 줄을 타는 법도 가르쳐 줄 것이다.

동일한 원리가 하나님의 나라에도 적용된다. 신자는 교회의 외부인사들에게 어떻게 예수 그리스도의 제자가 되어, 주님을 사랑하고, 하나님 나라를 위해 봉사할 것인지 가르쳐주며 훈련시키는 사람들이다. "아니, 저는 그리스도인이 된지 이제 겨우 일 년도 채 안되었는데, 어떻게 그런 일을 감당할 수 있나요?"라고 묻는 신자도 있을 것이다. 하지만 새 신자도 전도할 수 있다. 지난 1년 남짓한 기간 동안 주님께서 어떤 놀라운 일들을 행하셨는지 간증하면 된다. 믿자마자 바로 밖으로 나아가 주변에 있는 불신자들이 하나님의 나라로 들어올 수 있도록 도와주는 것은 하나님의 뜻이다. 참으로 반가운 소식은 복음으로 이웃에게 접근할 때 모든 것을 알아야하는 것은 아니라는 것이다. 모든 문제의 해답은 하나님이 갖고 계시지 우리가 갖고 있는 것이 아니기 때문이다. 당신은 모든 문제에 대한 해답을 가지고 있지 못하지만 하나님은 가지고 계시다는 것을 솔직하게 모든 이들에게 터놓고 이야기하라. 신명기 29:29의 말씀을 새겨보자. "감추어진 일은 우리 하나님 여호와께 속하였거니와 나타난 일은 영원히 우리와 우리 자손에게 속하였나니 이는 우리에게 이 율법의 모든 말씀을 행하게 하심이니라."

모르는 것에 대해 의심을 품기보다는, 성경을 통해 이미 계시되어진 것에 책임을 지는 삶이 절실히 요구된다. 어디로 가야할지 몰라 방황할 때 하나님은 영의 아비와 어미들을 보내어 영적 방향감각을 되찾도록 도와주신다. 그리고 나면 주님은 그런 도움을 받은 자들이 또한 영의 아비와 어미가 되어 성령의 능력으로 타인들에게 영향을 끼치게 하신다. 이렇게 서로 협력하여 사역하기만 하면, 우리 지역사회에 하나님의 나라가 세워지고 수십 내지는 수백 명의 사람들의 삶이 변화되는 것을 목격하게 될 것이다.

잠시 시간을 내어 이런 것을 한번 고려해 보아라. 당신이 알고 있는 모든 그리스도인들이 각자 두세 명의 새신자를 전도하여 예수님에 관한 복음의 진리와 더불어 주님과 동행하는 삶에 관해 가르친다고 상상해보라. 그리고 그렇게 키워진 "제자"들이 똑같은 일을 반복한다고 가정해 보라. 그 총체적인 결과는 엄청날 것이다. '배가의 원리'가 작용하면 항상 놀라운 결과가 창출되기 마련이다. 만일 당신과 내가 6개월 동안 수고하고 노력하여 몇몇 사람의 제자를 양육해내고, 그렇게 양육된 제자들이 리더가 되어 6개월 만에 또 다른 몇몇 제자들을 키워내는 그런 패턴을 계속 쉬지 않고 반복할 수만 있다면, 30년 안에 온 인류가 예수님의 제자로 변하게 된다.

집에서 손님 접대하기

전도와 제자를 키워내는 비결이 손님접대라는 사실을 아는가? 손님접대라는 건 주변의 사람들을 초대하여 육신의 음식과 영적 양식을 제공하는 걸 의미한다. 베드로전서 4:9에는 "서로 대접하기를 원망 없이 하고"라는 말이 나오는데, 이는 초대교회의 손님접대 습관에 관한 언급이다.

나는 주께서 가정집을 사용하여 하나님의 나라 세우기를 즐겨하신다고 생각한다. 믿는 자들의 집은 손님들이 와서 격려 받고, 성령 충만해지며, 예수 그리스도를 알아가는 장소가 되어야한다. 예수 그리스도가 당신의 집에 거주하심으로, 그곳에서는 틀림없이 하나님의 역사가 일어나게 되어 있다.

당신의 거주지뿐만 아니라, 당신이 가는 곳 어디라도 주님은 임재하신다. 왜냐하면 당신의 믿음으로 인하여 그리스도께서 당신 안에 거하시기 때문이다. 집이나 학교, 식당, 쇼핑몰에서도 그리스도의 임재를 경험하고 전파할 수 있다. 우리가 친분관계를 가진 사람과 아침 식사를 하며, 주님 안에서의 인생을 이야기하고, 서로의 삶을 나누며 울고 웃는 시간을 가질 때 하나님의 나라가 거기에 서게 된다. 그러므로 남을 대접하며 신앙적으로 삶을 나누는 일은 놀라운 축복을 받는 계기가 될 것이다. 제자를 삼으며 지상명령을 수행하는 일에 이보다 더 좋은 방법이 없을 정도이다.

신약의 사도행전이라는 책은 가정집에서 시작에서 가정집에서 마친다. 가정집은 하나님의 나라가 세워지는 일에 가장 중요한 장소 중에 하나이다. 어떤 대형교회 목사에게 "하나님의 집 주소가 어떻게 되나요?"라고 물어보았다고 한다. 그러자 그는 "하나님 나라의 집 주소는 그리스도인들의 집 주소와 동일합니다"라고 대답했다는 것이다. 다른 말로 하자면, 하나님은 그리스도인들이 있는 그 곳에 계신다는 말이다. 당신이 신자라면, 당신이 어디에 거주하든, 당신이 어디로 가든, 그곳이 바로 하나님이 계신 곳이다. 불신자 중에는 교회로 발걸음 향하기를 거리끼는 사람들이 있다. 그러나 당신과 친분관계가 있다면, 당신의 집에서 함께 식사하며 대화 나누는 것을 꺼려하지는 않을 것이다.

로마서 12:13은 신자들에게 자기 집을 개방하기에 힘쓰라고 한다. "성도들의 쓸 것을 공급하며 손 대접하기를 힘쓰라." "우리 집은 누구를 초대할 만큼 그렇게 좋은 집이 아닌데요"라고 말할 사람도 있을 것이다. 그러나 당신 집이 화려하건 누추하건 그런 문제는 별로 중요하지 않다. 진실로 당신이 하나님을 모시는 사람이라면, 사람들이 당신의 집에 머물 때에 하나님의 임재를 느끼게 된다는 사실이 중요할 뿐이다. 그리고 초대받은 손님은 당신의 집이 멋있는지 아닌지에는 별로 신경도 쓰지 않는다. 내 아내와 내가 처음 결혼했을 적에 우리는 집으로 손님들을 많이 초대했다. 그런데 그 당시 우리는 이동 주택(공장에서 만들어 부지에 갖다 세우는 작은 건물, 옮긴이)에서 살고 있었다. 많은 이들이 와서 북적이며,

함께 먹고, 잠자고, 기도하고 했지만, 아무도 우리 집이 작다고 불평한 사람이 없었다. 당신의 집 크기가 어떠하든 상관없이, 주께서 당신의 가정집을 사용하여 하나님의 나라를 세우신다는 것만 믿기 바란다.

영적인 씨앗 뿌리기

기도하고, 잃은 자를 전도하고, 제자를 삼는 일은 마치 정원에 씨를 뿌리는 일과 흡사하다. 기도, 격려, 제자 삼음으로 사람들의 인생에 씨를 뿌리면서 우리는 결국 열매를 수확할 것을 기대한다. 그래서 우리는 믿음으로 그 씨앗을 뿌린다.

정원에 씨를 뿌린 후에, 자꾸만 파보면서 '아무리 생각해도 열매가 맺히지 않을 것 같은데'라고 하면 정원은 망가진다. 그러므로 하나님 말씀의 진리로 씨앗을 뿌리고 있다면, 현재 눈에 보이는 현상을 넘어서서, 결국 때가 이르면 거두리라는 확신을 가져야한다. 왜냐하면 영적인 씨앗은 눈에 보이는 것으로 심지 않고 믿음으로 심는 것이기 때문이다.

마가복음 4장을 보면 씨앗을 뿌릴 때 별의별 일이 다 발생함을 알 수 있다. 우선은 곧 생명의 말씀을 듣기는 들었으나, 사탄이 즉시 와서 그들에게 뿌려진 말씀을 빼앗아 가버리는 일이 발생한다(마가복음 4:15 참조). 이런 경우라면 예수님의 이름으로 사탄을 결박하여 '믿어볼까 하고 시도하는 자'(seeker)의 마음을 자유롭게 해주어야한다. 그러면 구도자가 말씀을 듣고 반응할 수 있는 기회가 열리게 된다.

또한 말씀을 기쁨으로 받기는 하나 그 속에 뿌리가 없어 잠깐 견디다가 말씀으로 인하여 환난이나 박해가 발생하면 곧 시험에 들어 넘어지는 일이 발생한다(마가복음 4:16-17 참조).

또 다른 경우는, 사람들이 말씀을 받기는 받으나, 이 세상의 일에 지나치게 빠져있는 관계로, 예수 그리스도에게 헌신하지 못하는 일도 발생한다.

> 또 어떤 이는 가시떨기에 뿌려진 자니 이들은 말씀을 듣기는 하되 세상의 염려와 재물의 유혹과 기타 욕심이 들어와 말씀을 막아 결실하지 못하게 되는 자요(마가복음 4:18-19)

세상의 염려와 재물의 유혹과 기타 욕심으로 인하여 하나님의 말씀이 숨 막혀 죽는 일도 발생한다. 그러나 우리가 그런 방해를 기도로 막고, 좋은 말로 고무해주면, 인생의 가시로 인하여 말씀이 막히는 것으로부터 구해줄 수도 있다. 어려운 시기에는 추가적인 도움이 필요하다. 어떤 종류의 식물은 곧게 자라 오르게 하려면, 곁에 긴 막대기로 지지해 주어야한다. 그리고 끈으로 묶어주기도 한다. 하나님은 바로 그런 지지대가 되라고 당신과 나를 부르셨다. 어려운 이들을 붙들어주면서 그들이 스스로 설 수 있을 때까지 지지해 주는 그런 일들 말이다.

마지막으로 하나님의 말씀을 믿음으로 흔쾌히 받고, 어떤 역경에도 굴하지 않고 견디어 내어 열매가 맺히는 일도 발생한다. 이는 마가복음 4:20에 기록된 대로 많은 열매를 맺는 경우이다. "좋은 땅에 뿌려졌다는 것은 곧 말씀을 듣고 받아 삼십 배나 육십 배나 백 배의 결실을 하는 자니라."

하나님의 영이 그분의 말씀을 사람들의 영혼에 쏟아 부으시면, 예수님을 인정하는 사람들이 하나님의 나라로 몰려 들어오는 추수가 이루어진다. 이제 언젠가는 우리 모두 천국에서 수많은 무리들과 함께 주님 앞에 서게 될 것이다. 우리 곁에 서게 될 수많은 무리들은 누구인가? 그들은 우리가 뿌린 씨앗의 열매들이다. 물론 그렇게 배가되어 큰 무리를 이룬 것은 오직 하나님의 크신 은혜 덕분일 것이지만 말이다.

당신은 모더카이 햄(Mordecai Ham)이라는 사람의 이름을 들어본 적이 있는가? 오늘날 모더카이 햄을 아는 사람은 아마 거의 없을 것이다. 그렇지만 이 사람은 미국 교회사에 큰 영향력을 행사한 사람이다. 모더카이가 텐트 전도 집회에서 설교할 때 그 집회에 참석했던 열여섯 살의 소년이 그의 설교를 듣고 예수님을 영접했다. 그 소년이 바로 미국 역사상 가장 많은 사람들에게 복음을 전한 것으로 알려진 빌리 그래함이다. 누구든지 빌리 그래함 사역을 통해 결신한 사람이 있다면 그는 모더카이가 뿌린 씨앗의 열매라고 볼 수 있다.

100년 전에 DL 무디라는 전도자는 백만 명 이상을 예수 그리스도께로 인도하였다. 그렇지만 무디에게 복음을 전해준 사람은 그저 평범한 주일학교 교사로, 어린 소년소녀들과 신앙을 나누고자하는 소박한 생각을 실천한 사람일뿐이었다. 성경은 말하기를 겨자씨는 대단히 작지만, 자라면 위풍당당한 나무가 된다고 한다. 마찬가지로 우리도 "작은 영역"에서 충성하면, 주께서는 큰 추수로 축복해 주신다고 약속하셨다.

> 또 비유를 들어 이르시되 천국은 마치 사람이 자기 밭에 갖다 심은 겨자씨 한 알 같으니 이는 모든 씨보다 작은 것이로되 자란 후에는 풀보다 커서 나무가 되매 공중의 새들이 와서 그 가지에 깃들이느니라 (마태복음 13:31-32)

지상명령을 수행하는 과정은 영의 씨를 뿌리는 작업이다. 영적으로 좋은 씨는 특히 기도와 하나님의 말씀을 나누는 것과 선행을 독려하는 것을 통해 뿌려진다. 순종함으로 씨를 뿌리고 정성으로 돌보다보면 씨앗은 자라나게 된다. 그리고 배가되는 과정도 반복된다. 건강한 그리스도인은 이렇게 주변의 불신자들에게 다가가 삶을 나누고, 복음을 전파하고, 그들을 위해 늘 기도하는 사람이다. 이제 우리 일어나 함께 동역하며, 예수님의 지상명령을 완수하는 자들이 되자.

복습문제

1. 전도가 당신에게 의미하는 바는 무엇인가? 예수님은 어떻게 전도하셨나?

2. '오이코스'란 무엇인가? 당신의 오이코스에 속한 사람들의 명단을 적어보라.

3. 당신 자신이 제자를 훈련시킬 수 있는 실제적인 방안들을 적어보라.

4. 믿음과 타인의 삶에 영적 씨앗을 심는 일 사이에는 어떤 상관관계가 있을까?

24장

영적 아비와
어미 되기

영적 욕구

예수님은 열두 명의 제자들의 인생에 자신의 공생애 3년을 몽땅 투자하셨다. 이는 그의 자녀들을 위해 영적 부모로서의 역할을 감당한 매우 귀중한 시간들이었다. 현대인의 언어로 말하자면, 예수님은 일종의 멘토(경험 없는 사람에게 오랜 기간에 걸쳐 조언과 도움을 베풀어주는 유경험자 혹은 선배, 옮긴이)와 같은 역할을 담당하신 것이다. 이런 멘토링의 시간이 있었기에 제자들은 영적으로 무장되어 "가서 온 족속을 제자로 삼는"지상명령을 수행할 수 있었다.

영적 어미와 아비가 되는 멘토링에 관해서는 이미 앞서 간략하게 설명했다. 소그룹의 사람이 모여 훈련을 받는다는 점에서, '제자훈련'과 '멘토링'은 비슷한 모습을 가지고 있기는 하다. 하지만, 영적 자녀양육에는 다른 면모가 있다. 영적 자녀양육의 목표는 자녀의 영성과 성품을 개발시키고 고무시켜서, 결국 자녀 자신이 또 다른 영적 부모가 되기까지 키워주는 것이다. 그리고 영적 아비와 어미들은 타인을 훈련시키고 성장시킴으로, 자녀들에게 영적 유산을 전수시키는 자들이다.

새신자들에게는 그들을 격려하여 바른 신앙의 길로 걸어갈 수 있도록 양육해줄 사람이 반드시 필요하다. 내가 현재 시무하는 교회에 이전에 부교역자로 사역했던 한 목사님이 있었다. 그는 이십 대 중반에 예수 그리스도를 구세주로 영접했는데, 출석하던 교회의 칠십칠 세 되신 분이 자기를 그분의 날개 아래에서 멘토해주며 참된 제자가 되도록 키워주셨다는 것이다. 그리고 그것이 영적 성숙에 많은 도움이 되었다고 했다.

사도 바울은 고린도교회의 성도들에게 타인의 인생에 영속적인 영향을 미치는 영적 투자를 간과하지 말라고 부탁했다. 그는 교회 안에 성경 교사들이 있고 남을 가르치려드는 많은 사람들이 있지만, 새신자를 키워주는데 시간을 아낌없이 투자하는 사람들이 많지 않다는 지적을 했다. "내가 너희를 부끄럽게 하려고 이것을 쓰는 것이 아니라 오직 너희를 내 사랑하는 자녀 같이 권하려 하는 것이라 그리스도 안에서 일만 스승이 있으되 아버지는 많지 아니하니…"(고린도전서 4:14-15). 고린도교회의 많은 성도들은 영적으로 미성숙했는데, 이는 아마도 그들에게 영적 정체감을 심어주고, 영적 자양분을 먹여주면서, 합당한 영적 훈련을 시켜줄 영적 부모들이 거기에 많지 않았기 때문이라고 생각한다.

많은 경우에 새신자들은 그들의 영적 잠재력이 충분히 개발되어 충만히 쓰임을 받는 데까지 자라나지 못한다. 그들의 영적 성장이 중단되는 이유는 그들을 돌봐줄 영적 부모가 없기 때문이다. 그러므로 영적 부모란 자녀들의 영적 건강과 성장에 깊은 관심을 가지고 돌보는 이들이다.

아비의 마음

영의 자녀를 양육하며 그들이 성숙함에 이르기까지 돌봐주는 영적 부모가 왜 그리도 중요할까? 우선 첫째로는 그것이 종말을 향한 주님의 예언을 실현시키는 것이기 때문이다. "그가 아버지의 마음을 자녀에게로 돌이키게 하고 자녀들의 마음을 그들의 아버지에게로 돌이키게 하리라"(말라기 4:6).

하나님은 마지막 때에 육적이건 영적이건 간에 아비와 자녀의 관계를 회복시키기 원하신다. 그러면 조화를 이루는 가운데 차세대에게 영적 유산이 대물림된다. 좋은 영적 유산을 물려받으면 자손들은 망망대해에서 표류하는 것과 같은 막막한 삶을 살지 않게 된다. 모든 자녀들에게는 올바른 성품을 가지도록 키워줄 부모, 그리고 자신이 하나님으로부터 온 참으로 소중한 선물이라는 것을 끊임없이 상기시켜줄 부모가 필요하다. 참된 부모는 자녀들의 가슴에 기대감을 불어 넣어줌으로 그들이 자신감을 가지고 살도록 해주는 사람이다.

고린도전서 4:17에서 사도 바울은 고린도교회에 디모데를 파송하는 이유를 다음과 같이 밝혔다. "이로 말미암아 내가 주 안에서 내 사랑하고 신실한 아들 디모데를 너희에게 보내었으니 그가 너희로 하여금 그리스도 예수 안에서 나의 행사 곧 내가 각처 각 교회에서 가르치는 것을 생각나게 하리라." 영적 아비로서 사도 바울은 디모데를 철저히 훈련시켰다. 그런데 이제는 디모데가 교회에서 영적 아비노릇을 할 차례가 된 것이다. 이렇게 교회에서는 누군가 본을 보여줄 사람이 필요하다. 영적 아비와 어미의 본보기를 보여주면 영적 유산이 차세대로 전달되는데 큰 도움이 된다.

바울은 진정 신뢰할만하고 사랑스러운 자녀로 디모데를 키워냈다.

그러자 디모데가 또 다른 사람을 키워냈다. 바울은 디모데를 아들처럼 훈련시켰기에, 디모데가 고린도교회의 교인들도 잘 훈련시킬 것으로 믿고 맡겼다. 고린도교회가 그런 본보기를 그대로 따랐다면, 그들 스스로도 영적 아들과 딸들을 계속 생산해냈을 것이다. 이러한 종류의 멘토 관계는 영적 투자로, 성숙된 신자를 영속적으로 생산해내는 시스템이다. 이렇게 영적으로 무장된 신자들은 전 세계로 나아가 예수 그리스도의 복음을 능력 있게 전파한다.

성장단계

성경에 따르면 인생은 성장 단계를 거친다. 어린아이에서, 젊은이를 거쳐, 부모가 되는 단계 말이다. 그 신앙 여정의 각 시점마다, 우리는 특정한 방식으로 기능을 발휘하며 독특한 과업을 이루어낸다. 사도 요한은 요한1서 2:12-14에서 그 세 단계 모두에 관해 다음과 같이 기술하였다.

> 자녀들아 내가 너희에게 쓰는 것은 너희 죄가 그의 이름으로 말미암아 사함을 받았음이요 아비들아 내가 너희에게 쓰는 것은 너희가 태초부터 계신 이를 알았음이요 청년들아 내가 너희에게 쓰는 것은 너희가 악한 자를 이기었음이라 아이들아 내가 너희에게 쓴 것은 너희가 아버지를 알았음이요 아비들아 내가 너희에게 쓴 것은 너희가 태초부터 계신 이를 알았음이요 청년들아 내가 너희에게 쓴 것은 너희가 강하고 하나님의 말씀이 너희 안에 거하시며 너희가 흉악한 자를 이기었음이라

아비 됨은 하나님 아버지의 마음으로부터 우러나오는 부르짖음이다. 아버지 노릇을 제대로 하는 것은 하나님이 만드신 창조질서에서 참

으로 중요한 역할을 담당하는 것이다. 하나님은 각 성장의 단계에서 우리가 합당한 훈련을 받도록 계획하셨다. 어린 그리스도인은 이런 단계를 거치면서 결국 부모가 되기까지 성장한다. 그리고 오직 부모가 되었을 때에만 하나님 아버지의 마음을 알게 되고, 또한 아비와 어미로서의 역할을 감당할 만한 계시도 받게 된다.

그리스도 안에서 아기로, 청년으로, 그리고 아비로 있는 단계는 육신의 나이와는 상관없다. 이는 오직 믿음이 성숙해 가는 단계일 따름이다. 신체적으로 아이들은 일단 성장해야한다. 일단 성숙한 후에야 아버지와 어머니가 될 가능성이 열린다.

그렇지만 영적 부모가 되는 단계로 올라가지 않으면, 항상 영적 아이로 남아있게 된다. 아이는 미성숙하고 부모가 되는 기술을 아직 습득하지 못한 자이다. 그런 사람은 부모로서의 책임을 져서는 안 되고 질 수도 없다. 믿은 지 오래 되었으나 아직도 영적 아이로 남아 있는 경우도 있다. 슬픈 일이긴 하지만, 교회에서는 이런 일이 종종 발생한다. 특히 교회에서 사람을 키워주는 훈련이 없을 경우 이런 일이 더 많이 발생한다.

그러나 현재 주님은 신약의 교회를 회복시키고 계신 중이다. 그래서 많은 이들이 소그룹에 가담하여 거기에서 양육을 받고 있다. 내가 믿기로, 소그룹은 영적 부모로 자라나기에 가장 적합한 '이상적인 장소'이다. 왜냐하면 소그룹 환경에서는 각자에게 "사역의 기회"가 주어지기 때문이다. 그리고 피차가 서로에게 꼭 필요한 관계로 연결될 기회도 주어진다. 그리고 본보기(modeling)와 전수(impartation)라는 방법으로 영적 재생산이 자연적으로 발생한다.

하나님의 의도는 새신자가 영적 아기와 영적 청년의 시절을 거쳐 결국 영적 부모의 단계에까지 이르는 것이다. 사도 바울은 분명히 기술하기를, 그의 최대의 관심은 각자 그리스도인이 완전한 자로 세워지는 것이라고 하였다. "우리가 그를 전파하여 각 사람을 권하고 모든 지혜로 각 사람을 가르침은 각 사람을 그리스도 안에서 완전한 자로 세우려 함이니"(골로새서 1:28).

예수님의 의도는 아직도 변하지 않았다. 영적으로 성숙하고 무장한 후에 모든 신자는 영적 부모가 될 수 있다. 그러나 그렇게 되기까지는 계속 성숙의 단계를 거치면서 진보에 진보를 거듭하며 성장해 나가야한다.

아동기에서 청년기로

그리스도의 몸에서 영적 아기가 탄생하는 것은 참으로 경이로운 사건이다! 요한1서 2:12에 따르면, 그들은 죄의 용서함을 받은 이들이다. "자녀들아 내가 너희에게 쓰는 것은 너희 죄가 그의 이름으로 말미암아 사함을 받았음이요." 죄 사함을 받으면 곧바로 하나님과의 관계로 들어갈 수 있으며, 다른 성도들과의 사귐도 가능해 진다. 영적 아기 혹은 초신자는 구세주로부터 은혜를 받을 수 있을 정도로 영적으로 살아난 자이다. 그들은 영적 필요가 있을 때마다 기도로 직접 주님께 구한다. 신학적으로 그의 기도에 문제의 여지가 있는 경우에도, 초신자가 드리는 기도에 대해서는 하나님께서 즉각 응답하시는 것을 본적이 있는가? 하나님 아버지는 어린 신자들을 돌보는 일에 민첩하시다.

초신자들의 주된 관심사는 죄의 용서, 천국입성, 그리고 하늘 아버지를 알아가는 것이 될 것이다. 육신의 자녀가 부모를 알아가듯, 영적인 자녀도 부모를 알아간다. 물론 하나님에 대한 완벽한 지식을 습득하지는 못하지만 말이다. 육신의 자녀가 그렇듯이, 영적인 자녀도 때론 미성숙함을 드러내고, 사탄-마귀에게 쉽게 속아 넘어가기도 한다. 그들에게는 누군가 계속적인 신앙의 확신과 돌봄을 제공해줄 사람이 필요하다. 그들은 아직도 신앙에 관해 잘 알지 못함으로 때로는 엉뚱한 일을 저지르기도 한다. 이 시기에 영적 부모가 함께 시간을 보내면서 바른 길로 인도해주면 많은 도움이 된다.

예수 그리스도 안에서 계속적인 신앙 성장이 이루어지지 않으면 어떤 일이 발생할까? 오늘날 교회 안에는 새신자뿐만 아니라 오래된 신자 중에도 영적 아기가 있다. 믿은 지는 오래되었으나 영적 성숙함으로 들어서지 못한 신도는, 나이는 먹었으나, 영적 성장의 단계라는 측면에서 보면 아직도 어린아이다. 그들 육신의 나이는 20대, 30대, 40대, 50대일 수 있다. 그러나 수년간 교회를 다녔어도 아직도 영적 미성숙의 상태에 머물고 있다. 그들의 특색을 살펴보면, 교회 안에서 자기중심적이고, 불평하고, 야단법석을 떨며, 자기 마음대로 되지 않으면 붉으락푸르락 하며 성질을 부린다. 하나님이 '있는 그 모습 그대로' 사랑하신다는 사실조차 받아들이지 않으려고 한다. 혹은 실패할 때에 자기연민의 감정에 휩싸여 뒹굴기도 한다. 슬프지만 이것이 오늘날 교회에 만연한 실상이다. 이런 아기들에게는 성장하며 영적 성숙의 다음 단계로 옮겨가야만 하는 것이 절실하다.

영적 청년은 더 이상 숟가락으로 떠 먹여서 키워야만 아기들이 아니다. 요한1서 2:14에 따르면 청년은 그 안에 하나님의 말씀이 거한다고 한다. "청년들아 내가 너희에게 쓴 것은 너희가 강하고 하나님의 말씀이 너희 안에 거하시며 너희가 흉악한 자를 이기었음이라." 영적 청년들은 말씀으로 원수의 계획을 물리치는 자들이다. 그들은 문제가 생길 때마다 교회의 다른 사람에게 도움을 요청하러 뛰어갈 필요가 없게 된 사람들이다. 왜냐하면 하나님의 말씀을 자신 스스로에게 적용할 수 있는 단계에 이르렀기 때문이다. 그들은 마귀가 그들을 유혹해 올 때에 어떻게 그것을 극복하는지 알고 실천에 옮긴다. 그들은 하나님의 말씀과 기도라는 병기를 효과적으로 사용하여 능력을 발휘한다.

그러나 영적 청년들도 계속 고무될 필요가 있다(디모데전서 4:12 참조). 물론 그들은 말씀과 성령 안에서 강인하기는 하다. 그들은 경건의 훈련, 기도, 그리고 말씀을 연구하는 영성으로 무장되어 있다. 그리고 예수 그리스도를 위해 일할 기본자세도 갖추고 있다.

그러나 민감한 영적 분별력 그리고 도덕적 판단력을 아직 갖추지 못한 영적 젊은이들은 가끔 미혹되기도 한다. 선과 악, 귀신과 천사, 하나님과 사탄의 역사를 구별하는 능력이 아직 온전히 발달되지 못했기 때문이다. 그래서 성경은 유혹에 빠지게 하는 세상 정욕과 혈기를 조심하라고 그들에게 경고하고 있다(디모데후서 2:22 참조).

영적인 청년들은 어느 정도의 영적 성숙을 달성한 이들이기는 하나 아직 영적 부모가 될 정도로 성장한 사람들은 아니다. 그들은 종종 논쟁적이 되기도 하고 교만해지기도 한다. 그들은 최근 유행하는 세미나에 참석한 후나 종교적인 베스트셀러 서적을 탐독한 후에, 마치 자신들이 모든 것을 다 알고 가장 옳은 사람인 양 행동한다. 그래서 그들은 영적 부모들의 도움으로 자제될 필요가 있다. 그들은 계속 더 성장하여 많은 훈련을 거치면서 결국 부모가 되는 기쁨을 맛보는 단계에까지 이르러야 한다. 오해를 피하기 위하여 다시 반복하는데, 이런 영적 성숙의 단계는 육신의 나이와는 무관하다. 육신적으로 아무리 나이가 지긋해도 아직 영적 아기로 머물 수 있는 반면, 육신의 어린 나이에도 영적 부모가 될 수 있다는 말이다.

영적 아비와 어미를 규정하기

　영적인 청년이 어떻게 영적 부모로까지 성장할 수 있을까? 방법은 오직 한 가지밖에 없다. 자녀를 가지는 것이다. 자녀를 가지는 방법에는 2가지가 있다. 직접 낳든지 아니면 입양하는 것이다. 직접 낳는다는 말은 자신이 전도하여 예수 그리스도를 믿도록 인도하고, 차후에 계속 돌보면서 키워낸다는 말이다. 입양한다는 것은 다른 사람이 전도하여 이미 새신자가 된 사람 내지는 기존 신자를 멘토링해주는 것을 의미한다. 바울의 경우, 빌레몬서 1장 10절의 "갇힌 중에서 낳은 아들 오네시모"라는 표현대로, 오네시모를 직접 전도하여 그리스도에게로 인도하였다. 그래서 오네시모가 그의 아들이 된 것이다. 디모데도 역시 바울의 영적 아들이었다. 그러나 디모데는 이미 할머니와 어머니의 영향으로 그리스도인이 되었으므로, 바울에게는 영적으로 입양한 아들이라고 할 수 있다(사도행전 16장 참조).

　영적 아비와 어미들은 그리스도와 동행하며 영적으로 성장하여 신앙과 인격이 무르익고 성숙된 사람들이다. 이들은 요한1서 2:13에서 '아비'라 불린 사람들이다. "아비들아 내가 너희에게 쓰는 것은 너희가 태초부터 계신 이를 알았음이요…" 이는 하나님의 말씀을 깊이 연구하는 중에 예수 그리스도에 관한 심오한 진리를 깨닫게 되었다는 것을 암시한다. 또한 주님과의 깊은 관계를 형성하고 있으며 예수님에 대한 열정도 품고 있다는 것도 시사한다.

　성숙한 그리스도인은 예수님을 닮아 가는 삶, 즉 하나님의 아들과 같은 아비가 되는 일로의 부르심에 온전히 깨어있는 자들이다. 그들은 영적인 부모가 된다는 것이 무엇인지 충분히 이해하며, 어떤 대가를 치르고라도 그 사명을 완수할 각오가 된 사람들이다.

그리스도인으로서 성숙의 단계로 훌쩍 올라서는 비결은 역시 영의 부모로서의 역할을 담당해 보는 것이다. 영의 부모 지망생들은 진짜로 영적 부모가 된다고 생각하면 더럭 겁이 나기도 하지만, 그들 자신의 영적 부모의 조언과 도움을 받으며 믿음의 발걸음을 옮기면, 놀라운 영적 성취감을 맛볼 수 있게 될 것이다.

영적 아비와 어미들은 종종 '멘토' 혹은 '코치'라 불린다. 왜냐하면 자녀들이 영적 여정의 길에서 당하는 온갖 장애물들을 넘어설 수 있도록 훈련시키거나 조언해 주기 때문이다. 영적 코치는 당신이 인생의 경주에서 승리하도록 돕는 사람이고, 당신에게 '반드시 할 수 있다'고 힘과 용기를 북돋아 주는 사람이다.

간단히 말해서 영적 아비와 어미는 이렇게 정의될 수 있을 것이다. "영혼의 아들과 딸들이 하나님께서 주신 잠재력을 충만히 발휘하도록 돕는 자."

성숙한 영적 부모가 곁에 있으면, 영적 자녀들은 귀감이 되는 부모를 따라하며 영적으로 강건하게 자라날 수 있게 된다. 육신의 부모는 가르치고, 훈련시키고, 본을 보여주고, 역할 모델을 제공한다. 또한 육신의 부모는 변화되어야 할 자녀들의 태도를 지적하고 그들의 행동을 교정해 준다. 마찬가지로 영적 부모들도 새신자로 하여금 그들의 삶을 예수 그리스도의 빛 아래서 진솔하게 바라보게 하며, 사고방식, 행동, 언어습관 등이 믿는 자로서 합당한 것이 되도록 변화를 도모한다.

영의 자녀라는 후사

우리들 자신에게 영적 아비와 어미가 존재하든지 아니든지 상관없이, 우리들은 영적 아비와 어미가 될 수 있다. 모든 신자는 예수님과의 동역자가 되어 주님과 함께 이 땅에서 사역하며, 영적으로 성장할 필요가 있는 사람의 부모가 되어 그들을 제자로 키워낼 것을 결심할 수 있다.

그러면 어디로부터 시작할 수 있을까? 초대교회 교인들은 무계획적으로 그들의 신앙을 전파하지 않았다. 그들은 서로 협력하고 조직하여 '체계적'으로 주님의 일을 하였다. 그들은 분담하기도하고 협력하기도 하면서 팀을 이루어 지상명령을 완수하도록 경주했다. 하나님은 도움이 필요한 사람들을 우리 주변에 항상 보내 주신다. 그리고 주님은 "우리를 통해" 그 분의 목적을 이루신다. 그러므로 그리스도인은 이웃들의 필요에 늘 민감하게 반응하며, 관심을 가지고 그들에게 접근하여 도움의 손길을 뻗어야한다. 그리고 적절한 기회에 영적 부모가 되어 그들을 훈련시키는 일에 헌신해야한다. 그러면 불신자들이 예수님의 형상을 닮은 자들로 변화될 것이다. 새신자는 그리스도 안에서 성장하면, 영혼의 부모의 본을 따라, 결국 그들도 역시 제자를 만드는 사역자가 된다. 아브라함은 "여러 민족의 아버지"(창세기 17:4 참조)가 될 것이라는 약속을 받을 때 나이가 구십구 세였다. 갈라디아서 3장 29절에는 "너희가 그리스도의 것이면 곧 아브라함의 자손이요 약속대로 유업을 이을 자니라"고 기록되어 있다. 그렇다면 하나님께서 그리스도를 믿는 신자들을 통해 많은 자손들을 낳고자하신다는 것은 분명한 사실이다. 신자들의 영향력으로 탄생한 이 "여러 민족" 혹은 일단의 큰 무리는 영적 혈통을 이루게 될 것이다. 그들은 하나님 나라에서 우리의 후세들이다. 우리에게 이런 일이 발생하는 것은 우리가 바로 약속대로 유업을 이을 자들이기 때문이다. 하나님은 우리에게 영적인 후손들을 주시고 싶어 하신다.

오래 전에 나는 카리브해 지역에서 선교사로 활동하는 빌(Bill)이라는 사람의 영적 아버지 노릇을 했다. 내가 카리브해의 바베이도스 지역을 방문했을 때 빌은 그 섬에 관한 흥미로운 역사를 설명해주었다. 현재 바베이도스에 살고 있는 대부분의 사람들을 원래 감비아를 중심으로 한 주변 서부 아프리카에서 노예로 팔려온 사람들이라는 것이다. 그런데 빌은 오늘날 많은 바베이도스 사람들을 감비아에 선교사로 파송하는 사역을 감당하고 있다고 했다. 그러면서 그는 다음과 같이 나에게 감동을 주는 말을 덧붙였다. "래리 목사님, 감비아에서 현재 결신하는 수많은 신자들은 래리 목사님의 영적 후사입니다. 당신은 나 한 사람의 영적 아비 역할을 담당하셨지만, 사실 더 넓게 보면 수많은 감비아 사람들의 영적 아비이기도 하십니다." 내가 처음 빌의 멘토가 되었을 때 사실은 나 자신도 젊은 청년이었다. 그 당시 나는 양계장을 운영하는 농부로 작은 성경공부 그룹을 인도했다. 나에게 훈련을 받은 빌은 그 후로 전 세계를 돌아다니며 젊은이들을 훈련시켰고, 그로 인하여 예수를 믿는 사람들이 우후죽순처럼 자라났다! 나는 빌로 인하여 진정 깊은 감동을 받았다. 마치 내가 큰 유산을 물려받은 그런 기분이었다.

영적 유산을 남겨라

영의 자녀는 모든 그리스도인들에게 약속된 하나님의 선물이다. 하나님이 아직도 우리를 이 땅에 살게 하시는 이유는, 이 시대에 영적 부모들이 되게 하려는 목적에서이다. 그리고 우리의 자녀들도 부모가 되는 일이 반복된다면, 우리들은 수많은 영적 자손들을 기대할 수 있게 된다. 이렇게 자손만대로 영적 유산이 이어지는 일은 종말까지 계속 되어야 한다.

우리로부터 시작되어 열매 맺은 수많은 영적 자손들은, 주님의 심판대 앞에 설 때에 우리의 기업과 상급이 될 것이다. "우리의 소망이나 기쁨이나 자랑의 면류관이 무엇이냐 그가 강림하실 때 우리 주 예수 앞에 너희가 아니냐 너희는 우리의 영광이요 기쁨이니라"(데살로니가전서 2:19-20). 당신이 무슨 일을 하는 사람이든, 주부, 학생, 공장 노동자, 교회의 목회자, 큰 기업의 경영진과 같은 다양한 일에 종사할지라도 당신이 그리스도인이라면 영적 자녀와 손자와 증손자들을 출산할 신성한 축복과 의무를 가지고 있다. 이 세상에서 당신이 가난한 무명인사로 살았다 하더라도, 당신이 천국에 이르면 영적 부모가 되었던 것을 주께서는 위대한 업적으로 간주해 주실 것이다. 당신은 하나님께서 약속하신 풍성한 기업을 자손들에게 전달해 줄 사명을 가진 사람이다.

정성을 다해 한 번에 한 사람의 제자를 키워내고, 그 제자가 또 다른 제자를 잘 키워내는 사역이 충실히 이행되기만 하면, 머지않아 지상의 모든 족속은 예수 그리스도의 복음을 듣게 될 것이다. 이 성경의 원리는 대단히 간단하다. 그렇지만 예수 그리스도께서 지시한 지상명령을 온전히 수행하는 그리스도인들의 숫자는 생각보다 많지 않다. 그렇기에 이제 우리는 회개하고 제자를 삼는 사역에 최우선권을 두어야하겠다.

하나님은 영적 아비와 어미를 통한 사역이라는 영적 배가의 법칙을 사용하신다. 당신과 내가 주님께 순종하는 자세로, 우리 주변에 있는 한 사람, 두 사람, 세 사람, 네 사람의 불신자에게 깊은 관심을 가지고 다가가서 예수님을 전하기 시작하여 그들을 영적 자녀로 삼으면, 하나님의 나라가 머지않은 장래에 온 세상에 설립되는 것을 목격하게 될 것이다. 하나님은 영적 부모 됨을 통한 '배가의 원리'로 하나님의 나라를 이 세대에 실현시키시기 원하신다. 우리가 영적 자녀들과 함께 시간을 보내며 그들을 깊이 사랑해주는 그곳이 바로 하나님의 나라가 세워지는 곳이다.

당신은 본서를 통해 그리스도인의 삶에 대한 기반을 닦았다. 이제는 이런 영적 지식을 나누어줄 '전도 대상자'를 보내 달라고 기도하라. 그리고 그들의 삶에 영적 성장을 도모하는 과정 중에 당신도 함께 더욱 성숙해지기를 축원한다.

나는 지금이 종말의 때고, 큰 영적 부흥의 역사가 막 시작되는 시점에 우리가 서 있다고 생각한다. 그러므로 하나님의 백성은 큰 영적 수확을 기대하며 늘 깨어서 준비하는 자세로 살아야한다. 영적 부모들은 영적 자녀들을 신앙의 날개 아래 품으며 주께서 내리시는 지시에 순종해야하겠다.

우리 신자들은 성령의 담지자들이다. 하나님은 우리에게 성령을 부어주셔서 그 성령이 우리를 통해 차고 넘쳐흘러 불신자들에게까지 전달되게 하신다. 사도행전 2:17에는 "하나님이 말씀하시기를 말세에 내가 내 영을 모든 육체에 부어 주리니 너희의 자녀들은 예언할 것이요 너희의 젊은이들은 환상을 보고 너희의 늙은이들은 꿈을 꾸리라"는 예언이 기록되어 있다.

결국 당신과 나는 하나님 앞에 서게 될 것이다. 하나님 앞에 서게 될 때에 나는 거기에 나 혼자만 서있기를 원치 않는다. 당신은 어떤가? 우리 모두 우리의 영적 자녀, 손자, 그리고 수많은 우리들의 영적 후손들과 함께 그 자리에서 주께 영광 돌리는 자들이 되자. 하나님은 우리 모두가 '영적 유산'이라는 위대한 업적을 남기고 가는 사람들이 되기를 원하신다. 하나님은 당신이 타인의 멘토가 되고, 그를 제자로 훈련시키며, 그들도 영적 아비와 어미가 되도록 양육해주는 사람이 되기를 간절히 바라시며 지금 당신을 부르고 계신다.

복습문제

1. "가서 모든 민족을 제자로 삼는 일"에 충분한 준비를 갖추도록, 당신의 영적 부모들이 당신을 무장시킬 필요가 있다고 생각하는가? 당신 자신이 그런 일을 하는 영적 아비나 어미가 될 의향은 없는가?

2. 새신자가 자라나 영적 부모가 되기까지 거쳐 가야 하는 성장단계는 무엇인가? 만일 이 단계를 거치며 자라나지 않으면 어떤 일이 발생하는가?

3. 영적 아기의 특징 몇 가지를 열거해 보아라. 영적 청년들의 특징은 어떠한가?

4. 영적 유산(후사)이란 무엇인가? 당신이 영적 부모 밑에 있거나 당신 자신이 영적 부모가 되는 것은 예수님의 지상 명령을 수행하는 일과 어떤 관련이 있는가?

기독교 기본 진리 위에 삶을 세우라

지은이 래리 크라이더
펴낸이 김혜자
옮긴이 김유태

1판 1쇄 인쇄 2011년 4월 15일 | 1판 1쇄 펴냄 2011년 4월 15일

등록번호 제16-2825호 | 등록일자 2002년 10월
발행처 쉐키나 출판사 | 주소 서울시 강남구 대치2동 982-10
전화 02) 3452-0442 | 팩스 02)3452-4744
www.ydfc.com
www.shekinahmall.com

값 12,000원
ISBN 978-89-92358-57-6 03230

* 잘못된 책은 바꿔 드립니다.
쉐키나 미디어는 영적 부흥과 영혼의 추수를 위해 책, CD, Tape, 영상물들의 매체를 통해 하나님 나라가 7대영역(가정, 사업, 정부, 교육, 미디어, 예술, 교회)으로 확장되는 비전으로 나아가고 있습니다.